Ha

historia argentina

DIRECTOR DE LA COLECCIÓN

José Carlos Chiaramonte

Las guerras civiles
(1820-1870)

Gustavo L. Paz

Paz, Gustavo
 Las guerras civiles : 1820-1870. - 1a ed. - Buenos Aires : Eudeba, 2007.
384 p. ; 21x14 cm. - (Historia argentina)

ISBN 978-950-23-1596-6

1. Historia Argentina. I. Título
CDD 982.04

Eudeba
Universidad de Buenos Aires

1ª edición: Septiembre de 2007

Imagen de tapa: *Batalla de Caseros: ataque de la caballería*, 1856-1857 (detalle) de Juan Manuel Blanes, óleo sobre tela, 80 x 235 cm. Palacio San José, Museo y Monumento Nacional Justo José de Urquiza, Concepción del Uruguay, Entre Ríos, Argentina.

© 2007
Editorial Universitaria de Buenos Aires
Sociedad de Economía Mixta
Av. Rivadavia 1571/73 (1033) Ciudad de Buenos Aires
Tel.: 4383-8025 / Fax: 4383-2202
www.eudeba.com.ar

Diseño de tapa: *Silvina Simondet*
Diagramación general: *Félix C. Lucas*
Corrección y diagramación general: Eudeba

Impreso en Argentina.
Hecho el depósito que establece la ley 11.723

LA FOTOCOPIA
MATA AL LIBRO
Y ES UN DELITO

No se permite la reproducción total o parcial de este libro, ni su almacenamiento en un sistema informático, ni su transmisión en cualquier forma o por cualquier medio, electrónico, mecánico, fotocopia u otros métodos, sin el permiso previo del editor.

Colección Historia Argentina

Los libros de esta colección de Eudeba se proponen poner al alcance del lector un conjunto de documentos, que han sido seleccionados por historiadores especializados. En cada uno de los casos, se ha tratado de escoger a destacados historiadores que, merced a su especialización pudiesen no sólo realizar una adecuada selección de textos dentro de los límites que permite el formato de la colección, sino también elaborar una introducción capaz de informar sobre las características del período abarcado y la posible significación de los documentos incluidos.

Si el conocimiento del pasado, además de un tema atractivo por sí mismo, es una imprescindible herramienta para la comprensión del presente, es necesario, por eso mismo, ahondar el esfuerzo por despojar a la historia nacional de los prejuicios, mal o bien intencionados, con que suele ser abordada. El lector no encontrará así en estos libros lo que con algo de humor se suele llamar "una historia de malos y de buenos". Como escribíamos hace años al comenzar la edición de una revista universitaria, nos anima también ahora el propósito de llegar a un público amplio "con la esperanza de contribuir a disipar equívocos que rodean asiduamente la producción historiográfica en los países latinoamericanos. Equívocos provenientes de esa tendencia simplificadora, generada en el terreno político y desarrollada quizás a veces con la mejor de las intenciones, que fuerza la interpretación del pasado para adecuarlo a la explicación de los problemas del presente. Con una estructura similar a la del llamado *etnocentrismo*, que tantos escollos ha sembrado en el campo de las ciencias sociales, el anacronismo de moldear los conflictos históricos por proyección de los de nuestros días, ha hecho estragos en la historiografía latinoamericana".

La intención no es juzgar sino tratar de comprender, una comprensión que en buena medida dependerá del diálogo que el lector entable con los autores de las introducciones y también con los de los documentos, sabiendo de antemano que no todas las preguntas podrán ser contestadas por esos textos ni por sus seleccionadores.

José Carlos Chiaramonte

*A mis padres, Beatriz y Oscar,
con profundo cariño y gratitud*

Agradecimientos

Agradezco al Profesor José Carlos Chiaramonte quien me encomendó la misión casi imposible de reunir en un breve volumen documentos sobre las guerras civiles argentinas del siglo XIX. Deseo agradecer al Profesor Chiaramonte y a Fernando Rocchi por su revisión de la Introducción en su primera forma, y especialmente a María Inés Schroeder cuya atenta, erudita e inteligente lectura colaboró a mejorar la Introducción y salvó al autor de incurrir en algunos errores y omisiones.

Índice

Introducción 13

I. El año XX 53

II. Unitarios y federales (1824-1831) 93

III. Las guerras del rosismo (1831-1852) 167

IV. El país dividido: Buenos Aires
    y la Confederación (1852-1862) 251

V. Buenos Aires y la reacción
   del interior (1862-1870) 307

Cronología 367

Bibliografía 375

Introducción

Al reflexionar sobre los sucesos ocurridos entre 1810 y 1840, el canónigo Juan Ignacio Gorriti, jujeño y unitario, afirmaba en su *Autobiografía política* que "no es lo mismo romper un yugo que adquirir la libertad". Para quienes como Gorriti habían participado activamente de la Revolución de Mayo y de las guerras de independencia y habían apoyado los intentos fracasados de organización constitucional de 1819 y 1826, el país de 1840 todavía no había adquirido la libertad. Por el contrario, después de 1830 había caído irremediablemente en manos de caudillos federales a quienes Gorriti tildaba de oportunistas y llamaba "arequitos, o gobernadores de por vida". Otro unitario norteño, Teodoro Sánchez de Bustamante, calificaba despectivamente los gobiernos de estos caudillos provinciales como "esas administraciones desgreñadas", en directa alusión a la raíz popular rural de su base política. Por el otro lado, los caudillos provinciales que habían derrotado al Congreso y Directorio en 1820 y alzado con el poder con el derrumbe del Congreso de 1824-1827 consideraban que ellos representaban la voluntad de los pueblos quienes libremente rechazaban todo intento de organización centralista. Estas posiciones encontradas hicieron que las tensiones que provenían de la época de la independencia adquirieran el carácter de confrontación armada. La violencia pasó a ser parte integral de la vida política del nuevo país. En efecto, en los setenta años que median entre 1810 y 1880 las provincias argentinas experimentaron 50 de guerra y sólo 20 de paz.

¿Cuáles eran las raíces de este conflicto? Esta pregunta acució a los contemporáneos de los sucesos desde el mismo momento de su inicio hacia 1820. El general José María Paz, activo partícipe de las guerras civiles entre 1820 y 1850, esbozó una explicación en sus lúcidas *Memorias póstumas* (1855). Para Paz el surgimiento de las guerras civiles se debía a "la lucha de la parte más ilustrada contra la porción más ignorante; en segundo lugar, la gente de campo se oponía a la de las ciudades; en tercer lugar, la plebe se quería sobreponer a la gente principal; en cuarto, las provincias, celosas de la preponderancia de la capital, querían nivelarla; en quinto lugar, las tendencias democráticas se oponían a las miras aristocratizantes y aun monárquicas".

Militar formado en las luchas por la independencia, Paz descubría en la movilización de las poblaciones rurales para la guerra la inauguración de las tendencias democráticas que marcaron los conflictos políticos en el Río de la Plata. Y situaba el comienzo de estos conflictos hacia 1815, cuando por influjo del "protoanarquista", "archicaudillo" oriental, José Gervasio Artigas habían comenzado a aflorar entre los "pueblos" –aun en Buenos Aires– las tendencias federales ("anarquistas" era el término aplicado entonces) que llevaron al derrumbe de las autoridades centrales en 1820.

El otro gran observador de las guerras civiles argentinas, Domingo Faustino Sarmiento, apuntaba que el enfrentamiento entre dos ámbitos físicos y culturales radicalmente diversos, la ciudad y la campaña, explicaban las luchas civiles que le habían tocado vivir desde su juventud. En su *Facundo. O civilización y barbarie* (1845), Sarmiento esbozó una explicación de los orígenes profundos de esas luchas cuyas raíces cree haber encontrado en "los elementos contrarios, invencibles, que se chocan; hubiéranse asignado su parte a la configuración del terreno y de los hábitos que ella engendra; su parte a las tradiciones españolas y a la conciencia nacional, inicua, plebeya, que han dejado la Inquisición y el absolutismo hispano; su parte a la influencia de las ideas opuestas que han trastornado el mundo político; su parte a la barbarie indígena; su parte a la civilización europea; su parte, en fin, a la democracia consagrada por la Revolución de 1810, a la igualdad, cuyo dogma ha penetrado hasta las capas inferiores de la sociedad".

Porque para Sarmiento y Paz eran las tendencias democráticas de la sociedad argentina inauguradas por la Revolución de Mayo el factor principal que explicaba el surgimiento de los poderes militares provinciales apoyados en el control que ejercían sobre poblaciones rurales ya movilizadas. Estos caudillos, cuyas tropas –observaba el general Paz– oponían a las regulares una "guerra de entusiasmo" que él encontraba deplorable pero muy efectiva, fueron los personajes dominantes de la política argentina hasta bien entrado el siglo XIX cuando, desde Buenos Aires y con el apoyo de las pequeñas oligarquías liberales provincianas, el gobierno central acometió su sometimiento al estado nacional.

Como ha señalado Tulio Halperin Donghi, las elites urbanas tardo-coloniales del Río de la Plata (a las que pertenecen por cuna el general Paz y Sarmiento) vieron drásticamente disminuidos su poder y fortuna, a consecuencia de la guerra de la independencia. El vacío dejado por estas elites –cuyo lugar en la sociedad y en la política se puso en cuestión desde 1820 sobre todo en las provincias– fue cubierto por nuevos actores, jefes militares o caudillos quienes, a caballo de la movilización por la guerra, cimentaban su recientemente adquirido poder en las milicias rurales que respondían a su mando.

Según el reciente análisis de Eduardo Míguez, la profunda movilización popular de la primera mitad del siglo XIX respondía, más que a un vacío de poder, a la apelación de las elites a los sectores populares para dirimir sus conflictos de facción. La ausencia de un consenso dentro de las elites provinciales que les permitiera resolver sus enfrentamientos conducía a choques violentos en los que se involucraba, como hemos visto, a los sectores populares movilizados. El ejército y las milicias no eran elementos disciplinadores de estos sectores sino todo lo contrario: al ampliar la participación de las clases populares en las luchas políticas de las elites, el reclutamiento forzoso de tropas y las acciones de los cuerpos militares se transformaban en disruptores del precario y débil orden establecido.

Tanto Paz como Sarmiento (y también Benjamín Villafañe en sus *Reminiscencias históricas de un patriota*) detienen su mirada en los rasgos de personalidad de estos caudillos que los hacían populares entre las masas rurales y temibles para las elites provinciales. Además del poderío militar asentado en la movilización de la población rural, los caudillos compartían con sus seguidores un estilo de vida rural –real o cuidadosamente elaborado– que los acercaba a sus bases de poder. Facundo Quiroga, Juan Manuel de Rosas, Estanislao López, tenían fama de ser diestros jinetes. Entre sus tropas estos señores de la guerra participaban de la vida cotidiana de sus soldados: se vestían a la usanza gaucha, compartían sus comidas, juegos y bromas. Conocían y empleaban el lenguaje de la gente rural; tenían, como dice el general Paz sobre Martín Güemes, la "elocuencia de los fogones". Podían dejar pasar una treta de alguno de sus gauchos, sólo para mostrar que eran cómplices en su picardía, o ser ferozmente crueles en caso de indisciplina o deslealtad.

La forma que tomó la movilización rural en las guerras civiles del siglo XIX argentino fue la montonera. Para las elites urbanas amenazadas por el poder de caudillos y montoneras, los montoneros eran rebeldes, delincuentes, personajes marginales de las áreas rurales sin ley ni respeto por el orden y la propiedad. Sabemos que no era así. Heredera de las milicias rurales movilizadas por la guerra de la independencia, la montonera se componía de gauchos, pobladores de la campaña con variada inserción en la tenencia de tierras y la producción. Eran pequeños propietarios, arrendatarios con diversas situaciones, peones, agregados; agricultores, pastores o una combinación de ambos. Los identificaba la lealtad a un jefe a quien reconocían como uno de ellos pero en una escala superior, a quien los unía una proximidad física y simbólica, pero también la certeza de que serían protegidos por él en caso de necesidad y, eventualmente, recompensados por su participación en la guerra. Como ejemplo de esta identificación personal valga el caso de un gaucho que gritaba en una pulpería de Caucete, San Juan, en 1862, "Me cago en los salvajes [unitarios], soi hijo de Peñaloza y por él muero, si hai alguien que me contradiga salga a la calle…". En el Buenos Aires de Rosas esta identificación con el caudillo y con su régimen era alimentada por una serie de rituales y festividades que incorporaban a los gauchos al mundo político.

Sería erróneo pensar que las montoneras y los caudillos eran exclusivamente federales. Durante las guerras civiles del rosismo los unitarios también movilizaron tropas y concitaban lealtades. En su campaña "libertadora" de 1840-1841, el general Juan Lavalle contaba con una fuerza reclutada entre las poblaciones rurales del litoral a quienes compensaba con generosas carneadas de ganado y les permitía licencias similares a las que los federales otorgaban a la montonera. En la década de 1860, sin embargo, las rebeliones de Ángel Vicente Peñaloza y Felipe Varela sumaron muchos gauchos que veían en ellos a los campeones de una causa muy popular en las provincias con la que se identificaban, la defensa del federalismo. Estas rebeliones sólo pudieron ser reprimidas por la acción contundente de las fuerzas nacionales; las elites liberales no lograban movilizar tropas tan efectivamente como sus enemigos.

Otras interpretaciones de las guerras civiles ponen énfasis en sus orígenes económicos al remarcar los irreconciliabes intereses de Buenos Aires con los del resto de las provincias. El primero en explorar sistemáticamente este tema fue Juan Álvarez quien en *Las guerras civiles argentinas* (1914) señalaba que la disparidad de recursos materiales y fiscales y la mayor imbricación de Buenos Aires con los mercados mundiales explican no sólo la preponderancia de la provincia porteña en la política de la época sino también la férrea defensa que en todo momento hizo de sus más caros privilegios. Entre ellos debe destacarse el monopolio de las rentas de Aduana que las provincias querían nacionalizar y Buenos Aires conservar bajo su exclusivo dominio. La navegación de los ríos interiores era un tema conexo que enfrentaba a Buenos Aires con sus vecinas del litoral que deseaban forzar a la primera a que permitiera su navegación irrestricta y el acceso directo de las segundas a mercados externos. Miron Burgin en *Aspectos económicos del federalismo argentino* y más recientemente Tulio Halperin Donghi en *Guerra y finanzas en los orígenes del estado argentino (1791-1850)* estudian del impacto de la guerras civiles sobre las finanzas de las provincias argentinas de la primera mitad del siglo XIX. Las cuentas públicas develan, como era esperable, la enorme disparidad de recursos fiscales entre Buenos Aires y las provincias del interior, así como el gran peso de los gastos militares en los escuálidos presupuestos provinciales. La penuria financiera del interior contribuye a explicar las tensiones políticas internas a las provincias (donde los empréstitos forzosos sobre los comerciantes eran recurrentes), entre las provincias (el botín de guerra era siempre un aliciente para una invasión) y el final triunfo de Buenos Aires sobre la Confederación en 1862. Sólo después de esa fecha las rentas de Buenos Aires (sobre todo las de la Aduana) fueron nacionalizadas y administradas por el gobierno nacional.

1. El año XX

A comienzos de 1820 la victoria de los caudillos del Litoral, Estanislao López de Santa Fe y Francisco Ramírez de Entre Ríos, sobre las fuerzas directoriales en la batalla de Cepeda abría una nueva etapa política que fue una divisoria de aguas en la corta historia independiente del Río de la Plata. La disolución del Directorio y del Congreso había sido precipitada por la sublevación de parte del Ejército del Norte estacionado en Arequito en 1819 y por la prédica y acción federalista de José Gervasio Artigas desde 1813. La desaparición de las autoridades centrales produjo una situación inédita en la novel república: por primera vez desde 1810 no había gobierno general. De este modo, cada territorio o provincia que las componía se constituyó en una entidad soberana que debía organizarse políticamente.

Las provincias habían surgido a lo largo de la década de 1810 como desprendimientos de las antiguas y más extensas Intendencias coloniales. Al desaparecer el gobierno central en 1820 las provincias asumieron su soberanía y comenzaron a organizar sus autoridades. La principal de ellas era la Junta o Sala de Representantes en la que residía el poder legislativo, y en algunos casos también el de dictar constituciones. Los representantes eran por lo general miembros de los grupos sociales y económicos más poderosos de la sociedad provincial. En la mayoría de los casos las Legislaturas provinciales sancionaron constituciones o estatutos que organizaban las instituciones provinciales y estipulaban las relaciones entre el gobierno y los habitantes de la provincia. De acuerdo con el principio de división de poderes las legislaturas creaban un poder ejecutivo en la figura de un gobernador cuyas acciones debían estar controladas por las legislaturas, y un poder judicial. En consonancia con la ideología republicana las leyes fundamentales de las provincias hacían residir la soberanía en el "pueblo" concebido ahora como un conjunto de individuos con iguales derechos y obligaciones. La conformación de una base de ciudadanos iguales ante la ley (que había comenzado en la década previa) constituyó una verdadera revolución política que incorporó a sectores previamente excluidos de la representación política. La institución de elecciones periódicas de renovación de autoridades legislativas y ejecutivas proporcionaba legitimidad (al menos teórica) a las autoridades provinciales.

Sin embargo la realidad política era muy diferente. Los gobernadores de provincia eran frecuentemente caudillos, jefes militares que lograron imponer su voluntad sobre las instituciones por la fuerza de las armas. La bases sociales del poder de los caudillos estaban en los sectores rurales de la provincia (y en el caso de Rosas también en la llamada "plebe urbana"), lo que les permitía movilizar milicias en apoyo de sus políticas. Estanislao López y Francisco Ramírez en el litoral, Juan Bautista Bustos en Córdoba, Felipe Ibarra en Santiago del Estero, Juan Facundo Quiroga en las provincias del oeste argentino, y más tarde Juan Manuel de Rosas en Buenos Aires son ejemplos de caudillos provinciales con arraigo popular entre los habitantes de las campañas.

La victoria de los caudillos federales a comienzos de 1820 había impuesto una situación caótica a la humillada Buenos Aires, en la que se sucedieron ese año gobierno tras gobierno que se identificaban o como continuadores del Directorio o como simpatizantes de los federales triunfantes. Sólo a fines de 1820 la provincia logró organizar un gobierno estable presidido por un militar de las guerras de la independencia, Martín Rodríguez. La elección de Rodríguez como gobernador de Buenos Aires marcó el ascenso al poder del llamado "Partido del Orden". Formado por algunos de los políticos que participaron en gobiernos de la primera década revolucionaria, y apoyado por comerciantes y propietarios rurales hartos del caos en el que se había debatido la provincia por un año, este partido se consagró a organizarla. Al contrario de las otras provincias, Buenos Aires no sancionó una constitución sino que la legislatura dictó una serie de leyes que organizaban sus instituciones.

Mientras que las provincias del interior se debatían en sus constantes problemas financieros, fruto de los escasas posibilidades de conexión comercial con los mercados externos y de las constantes guerras, Buenos Aires vivió en la década de 1820 una época de prosperidad. Esta época, de expansión económica y de reformas políticas, fue llamada "la feliz experiencia". Durante el gobierno de Rodríguez comenzó un proceso de expansión de la frontera agraria hacia el sur de la provincia. Las tierras conquistadas a los indígenas mediante expediciones militares (Rodríguez mismo lideró una) consolidaron la economía pastoril que desde fines de la colonia había brindado prosperidad a Buenos Aires. La expansión de la economía pastoril permitió que se enriqueciera un grupo de familias propietarias de estancias y saladeros cuyas fortunas se basaban en la exportación de cueros, carne salada y sebo a mercados externos. Estas familias constituían también el grupo político más poderoso de la provincia.

Rodríguez llamó a colaborar con su gobierno a Bernardino Rivadavia (que había sido secretario del Primer Triunvirato), recientemente vuelto de Europa donde se había embebido de las ideas liberales. Desde el Ministerio de Gobierno Rivadavia emprendió un ambicioso plan de reformas. Estas tendían a la organización de un estado moderno en la provincia. De este modo se suprimieron instituciones coloniales como el cabildo, los fueros militar y eclesiástico y algunos conventos, y se creó un sistema de enseñanza pública presidido por la Universidad de Buenos Aires. Una de las reformas políticas más importantes fue la ley electoral de 1821 que otorgaba el sufragio universal a los varones mayores de 21 años. A pesar de la baja participación electoral, esta ley fue un instrumento legitimador de los gobiernos porteños y una respuesta a las convulsiones políticas de 1820 cuando bandas armadas o tumultos populares podían invocar la representación del "pueblo". Desde entonces esa representación sólo pudo ser invocada por medio de las elecciones.

Quedaba aún la cuestión pendiente de la organización constitucional del país, que sólo podía lograrse mediante la reunión de un congreso general. Entre 1820 y 1821 las provincias firmaron varios tratados entre ellas con el fin de convocar el ansiado congreso. El gobernador de Córdoba, Juan Bautista Bustos, había comenzado a trabajar las voluntades de los gobernantes de las otras provincias para reunir un congreso allí. Buenos Aires boicoteó prolijamente esa y toda otra iniciativa que no llevara su liderazgo. A comienzos de 1822 Buenos Aires y las provincias del litoral acordaron en el Tratado del Cuadrilátero el cese de hostilidades y la posibilidad de convocar a un congreso general. En 1823, luego de dos años de estabilidad institucional, reformas administrativas y prosperidad económica, Buenos Aires tomó la iniciativa de convocar a las provincias a un congreso que se reuniría en la vieja capital al año siguiente. Era un riesgo calculado si se tiene en cuenta la disparidad de recursos y de poder que existía entre esa provincia y las del resto del país. Sólo cuatro años después de haber sido derrotada en 1820 por los caudillos litorales, Buenos Aires se ponía una vez más a la cabeza de las Provincias Unidas del Río de la Plata.

2. Unitarios y federales (1824-1831)

A fines de 1824 los diputados de las provincias comenzaron a llegar a Buenos Aires. Ellos habían sido elegidos por el principio de proporcionalidad de acuerdo con la población de cada provincia, método que garantizaba que la representación porteña fuera la más numerosa. Esta también era la más coherente en cuanto a sus objetivos políticos: la constitución del país con el liderazgo de Buenos Aires. Pero en el primer año de sesiones del Congreso la desconfianza de los diputados de las otras provincias –que recordaban la arrogancia porteña de oportunidades anteriores– les impuso moderación. Fruto de ella fue la Ley Fundamental de 1825 que creaba un embrión de poder nacional al delegar las relaciones exteriores y los asuntos de guerra en el gobierno de Buenos Aires y estipulaba claramente que la constitución que dictara el Congreso debía ser sometida a las provincias para su aprobación o rechazo.

El Congreso se convirtió en el primer escenario de las disputas entre dos grupos políticos con perspectivas opuestas sobre la organización del país. Estas disputas se dirimieron en dos frentes: uno exterior con el Brasil, y otro interior con la provincia de Buenos Aires y con las otras provincias. En 1816 Brasil decidió la invasión de la Banda Oriental (hoy Uruguay) y su incorporación como provincia Cisplatina. En Buenos Aires esta acción causó gran preocupación pero, ocupado en sus asuntos internos, el gobierno no actuó de forma inmediata. En 1825 un grupo de orientales partió de Buenos Aires con el objetivo de organizar la campaña contra la ocupación brasilera y conseguir su expulsión. El levantamiento de la población rural redujo la presencia de los brasileros a Montevideo, protegida por la armada imperial, y los triunfantes orientales decidieron anexar ese territorio a las Provincias Unidas, lo que significaba una declaración de guerra con el Brasil. Sospechando de la complicidad del gobierno de Buenos Aires en la invasión Brasil declaró la guerra a las Provincias Unidas y el Congreso a su vez la declaró al Brasil.

La guerra duró hasta 1828 y tuvo consecuencias políticas muy importantes que aceleraron las posiciones centralizadoras en el Congreso; en él existía una facción belicosa de signo centralista que vio en la guerra la oportunidad de avanzar su plan político. A esta facción se le oponía un grupo de diputados federales recientemente incorporados al Congreso cuando este decidió la duplicación de sus miembros para ampliar su base de representación. Muchos de estos eran porteños que representaban a provincias del interior (como Manuel Dorrego, diputado por Santiago del Estero). En primer lugar, la facción centralista en el Congreso creyó conveniente concentrar el poder ejecutivo en una sola persona. El nombramiento recayó en el ex ministro Rivadavia que había regresado poco antes una vez más de Europa. En segundo lugar, la existencia de un gobierno nacional exigía su sostenimiento mediante una base de poder desde donde ejercer su autoridad. El Congreso sancionó la Ley de Capitalización de Buenos Aires que nacionalizaba el territorio de la ciudad y todas sus dependencias y rentas (entre ellas las de la Aduana). Además la provincia era dividida en dos entidades políticas separadas por el río Salado que contaban con administraciones y sistemas rentísticos distintos.

Esta ley fue recibida con enorme controversia y provocó la fractura definitiva de los diputados en el Congreso en los partidos unitario (conocido entonces como "partido ministerial") y federal. Lo que disgustaba a la oposición porteña federal era que los unitarios —como eran llamados los que apoyaban estas leyes y al presidente Rivadavia— habían provocado no sólo la desaparición de las instituciones de Buenos Aires sino sobre todo la pérdida de los privilegios económicos de la provincia, en particular las rentas de aduana que quedaban a cargo del gobierno nacional. De este modo, los unitarios no lograron contar con el amplio apoyo que había concitado el Partido del Orden desde 1820 entre los terratenientes y comerciantes poderosos de Buenos Aires, para quienes la Ley de Capitalización aparecía como la muerte de la provincia.

En 1826 el Congreso sancionó una Constitución que adoptaba la forma de gobierno republicana, representativa en unidad de régimen. Si bien reconocía el derecho de las provincias a su autonomía, el poder ejecutivo nacional designaba a los gobernadores de ternas propuestas por las provincias y los consideraba sus delegados. Esta cláusula irritó a la mayoría de las provincias del interior que para entonces ya estaban bajo la hegemonía de líderes federales. En el litoral el hombre fuerte de Santa Fe, Estanislao López, rechazó de plano la constitución unitaria. En el interior hizo lo mismo el poderoso caudillo de La Rioja Facundo Quiroga, quien desde 1825 había comenzado a extender su predominio sobre las provincias del norte (con la excepción de Salta) y de Cuyo y era crecientemente el principal sostén militar del gobierno de Bustos en Córdoba. Quiroga capitalizaba no sólo la irritación de los otros gobernadores ante la Constitución unitaria sino también el sentimiento popular que calificaba a Rivadavia y su grupo de antirreligioso. Bajo el lema "Religión o Muerte" Quiroga y sus seguidores se levantaron contra el control de Buenos Aires. Era evidente que el gobierno nacional no controlaba la situación en las provincias, las cuales, en su mayoría, rechazaron la Constitución.

Sin el control del interior que impugnó la obra del Congreso, y sin el apoyo Buenos Aires cuyas clases dirigentes resistían la pérdida de su capital y la división de la provincia, el presidente Rivadavia renunció a mediados de 1827. Poco después se disolvía el Congreso dando fin a una nueva tentativa de organización institucional.

La provincia de Buenos Aires retomó sus instituciones y como gobernador fue elegido Manuel Dorrego, un militar de la guerra de la independencia quien en 1815, y sobre todo desde 1820, se había convertido en el líder de los federales de Buenos Aires. Con arraigo entre las clases populares urbanas, Dorrego era considerado poco confiable por los terratenientes y grandes comerciantes que, habiendo sido el principal sostén del Partido del Orden a comienzos de la década de 1820, ahora estaban a la búsqueda de un nuevo dirigente que restaurara el orden en la provincia. Y lo encontrarían poco después en Juan Manuel de Rosas.

Entre 1828 y 1831 se desarrolló el enfrentamiento armado de los dos partidos que se disputaban el control del país: unitarios y federales. La guerra con el Brasil, que no había sido adversa a las armas de las Provincias Unidas, terminó con la firma de un tratado de paz impulsado por Gran Bretaña, por el cual se reconocía al Uruguay como país independiente. Este acuerdo fue aceptado rápidamente por el gobernador Dorrego, encargado de las relaciones exteriores de todas las provincias, quien necesitaba la paz para fortalecer la posición política de su partido. Pero fue muy mal recibido por el ejército nacional, cuyos oficiales temían que al regresar al país se los licenciara sin paga ni honores.

El 1 de diciembre de 1828 el líder de los militares que poco antes habían vuelto a Buenos Aires, Juan Lavalle, organizó una rebelión contra Dorrego de signo político unitario. El otro jefe unitario, José María Paz, se dirigió al interior con fuerzas militares a fin de organizar allí una rebelión que derrocara a los caudillos provinciales federales. Lavalle fue proclamado gobernador de Buenos Aires por una asamblea *ad-hoc* sin ningún carácter representativo. En un acto político que se caracterizó en la época como brutal, pero que contó con la bendición de parte de la dirigencia unitaria, capturó e hizo fusilar al gobernador depuesto, Dorrego. La época de las disputas políticas daba paso a la de guerra abierta.

La reacción federal porteña no se hizo esperar. Los gauchos de la campaña bonaerense organizados en milicias bajo el liderazgo de Juan Manuel de Rosas se levantaron contra el gobernador Lavalle, a quien los federales porteños consideraban un usurpador del poder. Sitiado en la ciudad y sin poder controlar la campaña que se hallaba en abierta rebelión y en completo poder de Rosas, Lavalle fue derrotado en la batalla de Puente de Márquez en abril de 1829. Luego de varias negociaciones entre Rosas y Lavalle, éste pactó su retirada de la provincia. La legislatura federal disuelta por Lavalle en diciembre de 1828 fue restaurada y en diciembre de 1829

—un año después del golpe de Lavalle— elegía a Juan Manuel de Rosas gobernador de la provincia de Buenos Aires con facultades extraordinarias. La legislatura porteña lo declaró "Restaurador de las Leyes", que era lo mismo que decir del orden institucional del que la provincia gozaba desde 1821 quebrado por el golpe unitario del año anterior. Líder del triunfante federalismo porteño, Rosas contaba con una fuerza miliciana rural que lo acompañaba desde 1820, con el ascendiente sobre la plebe urbana que había heredado del malogrado Dorrego, y con el apoyo de los hacendados y comerciantes de Buenos Aires que veían en él la garantía del orden perdido desde 1827.

El predominio del federalismo en la provincia de Buenos Aires y en todo el litoral era un hecho contundente. Pero en el interior esto no era aún así. Allí las fuerzas de Paz habían derrotado en dos oportunidades a las milicias riojanas de Facundo Quiroga en las batallas de La Tablada y Oncativo. Desde Córdoba, de la cual se convirtió en gobernador desplazando a Bustos, Paz envió fuerzas militares a las otras provincias del norte y oeste para desalojar a los gobernadores federales y reemplazarlos por unitarios. A mediados de 1830 las provincias controladas por Paz formaron una Liga del Interior que le confería el Supremo Poder Militar. Poco después la Liga retiraba a Buenos Aires la representación de las relaciones exteriores que las provincias le habían otorgado. Esto significaba una declaración de guerra.

En el Litoral las provincias federales se preparaban también para la guerra. Atemorizados por los avances de Paz en el interior los gobernadores federales de Buenos Aires, Santa Fe y Entre Ríos enviaron representantes a la ciudad de Santa Fe a fin de firmar un pacto de alianza entre ellas. El 4 de enero de 1831 firmaron el Pacto Federal, una alianza político militar a la que las demás provincias podían incorporarse a medida que adhiriesen a la forma de gobierno federal. Uno de sus artículos más importantes contemplaba la posibilidad de reunir un Congreso Nacional a fin de organizar el país, y creaba una Comisión Representativa, organismo provisorio formado por un representante por provincia. La cuarta provincia litoral, Corrientes, sólo se adhirió más tarde en protesta a la política económica porteña de favorecer las importaciones por el puerto de Buenos Aires y así cobrar rentas de aduana en forma exclusiva.

A comienzos de 1831 el país se presentaba dividido en dos grandes entidades políticas rivales, la liga del Interior de signo unitario y la del Litoral federal, a punto de entrar en guerra. Apoyado por los ejércitos de Santa Fe y Buenos Aires, Facundo Quiroga recuperó parte de las provincias interiores poco antes de que el general Paz cayera inesperadamente prisionero de las milicias santafecinas en mayo de 1831. La prisión del Jefe Militar de la Liga del Interior y la participación de los ejércitos del Litoral a favor de Quiroga brindaron el triunfo a la Liga Litoral. La derrota de las fuerzas de la Liga unitaria comandadas por Gregorio Aráoz de Lamadrid en la Ciudadela de Tucumán trajo aparejada la uniformidad política del país, ahora en manos de los federales, bajo el predominio de los tres caudillos más importantes, Rosas, López y Quiroga. Los unitarios porteños y del interior debieron emigrar y refugiarse en países vecinos, Chile, Uruguay y Bolivia. Se abría para ellos la dolorosa experiencia del exilio.

3. Las guerras civiles del rosismo (1831-1852)

El triunfo del federalismo en 1831 significó, paradójicamente, el triunfo de Buenos Aires. Desde que se reunió por primera vez la Comisión Representativa en Santa Fe, por órdenes de Rosas los diputados de Buenos Aires se dedicaron a persuadir a los representantes de las otras provincias de que no era conveniente la inmediata reunión de un Congreso. Rosas y los diputados porteños argumentaban que las condiciones para tal reunión sólo estarían dadas después de la completa pacificación del país que estaba aún lejos de haberse logrado.

La política de Rosas era la de instituir una confederación de estados independientes, las provincias, las que unidas mediante pactos (el Pacto Federal funcionaba como un acuerdo general) delegaran la representación de las relaciones exteriores sólo en el gobernador de una de ellas. De este modo la más favorecida era Buenos Aires. Esta provincia tenía la economía más próspera gracias a su vinculación comercial con los mercados exteriores y las rentas de la aduana, rédito de esa vinculación mercantil. La independencia de Buenos Aires, celosamente resguardada por Rosas, le permitía preservar las rentas de su aduana para sí y no compartirlas con ninguna otra provincia y emplearlas para financiar las empresas de defensa de su sistema político. Esta postura era resentida por las otras provincias del Litoral (sobre todo por Corrientes, con cuyo gobernador el representante de Buenos Aires se trabó en larga polémica económica) y luego por las del Interior que tras la derrota de Paz se unieron al Pacto Federal. Tanto Quiroga como López deseaban una organización más rápida mediante la reunión de un Congreso. Pero paulatinamente Rosas fue convenciendo a sus aliados políticos (no sin presiones, como por ejemplo sobre el gobernador Pedro Ferré, de Corrientes) de la inconveniencia del Congreso.

Rosas terminó su mandato como gobernador de Buenos Aires en 1832 y se retiró a la campaña desde donde organizó una expedición a la frontera indígena que permitió la incorporación de nuevas tierras y consolidó la expansión ganadera que enriquecía a los hacendados porteños. En su ausencia los federales de Buenos Aires se habían dividido entre quienes apoyaban su política de posposición del Congreso constituyente (los federales "apostólicos") y quienes se oponían a la misma y veían con desconfianza la acumulación de poder de Rosas y promovían la sanción de una constitución (los "cismáticos"). Estos últimos llegaron a ser mayoría en la Legislatura porteña durante el gobierno de Juan Ramón Balcarce, pero en 1833 se gestó un movimiento orquestado por los partidarios de Rosas en cuya organización tuvo un papel muy destacado Encarnación Ezcurra, su esposa. La llamada "Revolución de los Restauradores" terminó con la disidencia dentro del federalismo porteño. Muchos federales doctrinarios se exiliaron en una segunda ola de emigración política.

Luego de dos gobernadores interinos Rosas volvió al poder en 1835. Para ese entonces ya había convencido a los dos grandes caudillos federales, López y Quiroga, de la inconveniencia de convocar un congreso que organizara el país. A tal punto era esto así que cuando en 1834 Rosas envió a Quiroga como mediador en la disputa entre los gobernadores federales de Tucumán y Salta, Alejandro Heredia y Pablo de la Torre, el caudillo riojano llevaba consigo una carta de Rosas, datada en la hacienda de Figueroa, con los fundamentos de tal postergación.

El interior volvió a conmoverse en 1835 con el asesinato de Facundo Quiroga en Barranca Yaco, cuando regresaba a Buenos Aires de su misión en el norte. Rosas presentó este hecho como un complot unitario, y una razón más para postergar la organización del país. Pero en realidad era un ajuste de cuentas entre jefes federales: el gobernador federal de Córdoba, Reinafé, y sus hermanos resentidos de la hegemonía del riojano sobre el interior habían mandado asesinar a Quiroga con la anuencia del gobernador santafecino Estanislao López, quien no le profesaba simpatía alguna.

El asesinato de Quiroga consolidó el poder de Rosas en la provincia de Buenos Aires y favoreció la expansión de su predominio y el de Buenos Aires sobre el Interior. En Buenos Aires la Legislatura porteña otorgó a Rosas la "suma del poder público", que era la facultad de legislar y enjuiciar a la par que de ejercer el ejecutivo. Rosas amplió su influencia sobre las provincias al intervenir en la elección del nuevo gobernador de Córdoba, y al solicitar con éxito que los hermanos Reinafé, conjurados en el asesinato de Quiroga, fueran juzgados en Buenos Aires al aplicar el principio de representación de las relaciones exteriores a este suceso que él consideraba de carácter interprovincial.

La hegemonía de Buenos Aires sobre el interior hacia fines de la década de 1830 era indisimulable. Buenos Aires esbozó un gesto gentil hacia las provincias interiores cuando dictó la Ley de Aduanas de 1836, que sólo instauraba un proteccionismo muy atenuado para algunas producciones provinciales (como maíz, maderas, y algunos textiles) pero que no ponía en riesgo su privilegiado vínculo con los mercados exteriores.

Pero entre 1838 y 1841 el rosismo, a pesar de su fortaleza, enfrentó una seria crisis tanto interior como exterior; ambos aspectos estaban íntimamente relacionados. Entre 1838 y 1840 en el litoral una flota francesa bloqueó los accesos al puerto de Buenos Aires en protesta por cláusulas discriminatorias contra los ciudadanos franceses residentes y por razones comerciales que incluían derechos aduaneros más altos para los productos franceses que tocaran primero Montevideo, donde el comercio francés era dominante. El conflicto se resolvió con un tratado que garantizaba a los franceses los mismos privilegios que a mediados de los años '20 se habían otorgado a los ingleses.

Pero la crisis francesa se complicó con un levantamiento unitario en el Litoral tibiamente alentado por los oficiales de la escuadra francesa en el Plata. A la muerte de Estanislao López (1838) los unitarios con Lavalle a la cabeza intentaron tomar el poder por la fuerza, pero sin éxito. Su derrota en la batalla de Quebracho Herrado consolidó la posición de Rosas en el Litoral que forzó la designación de gobernadores adictos a su régimen en Santa Fe y Entre Ríos. Sólo Corrientes se rebeló contra Rosas en varias oportunidades a lo largo de la década de 1840, pero fue finalmente derrotada por las fuerzas de los jefes provinciales rosistas del Litoral (Justo José de Urquiza, entre ellos). Fue durante estas luchas cuando, como observan el general Paz y Benjamín Villafañe, los jefes militares unitarios, y sobre todo Lavalle, adoptaron el estilo bélico y organizativo (que según Paz toleraba demasiadas licencias) de las montoneras federales. Villafañe se hace eco de esta transformación de Lavalle cuando dice que "[e]l caudillo desgreñado y demasiado indulgente con los suyos, había reemplazado en él al hombre de orden severo en otro tiempo".

Esta crisis en el litoral tuvo su correlato en una similar en el interior. Entre 1837 y 1839 la Confederación Argentina junto a Chile entraron en guerra con la de Perú y Bolivia. El teatro de la guerra fueron las provincias del extremo norte (Tucumán, Salta y Jujuy), que debieron soportar sus costos financieros y humanos. El caudillo federal tucumano Alejandro Heredia, que conducía la guerra y ejercía un protectorado —tal su título oficial— sobre las otras provincias norteñas, fue asesinado en 1838. Estas provincias, en cuyas clases dirigentes había amplios sectores que no eran afectos al avance del federalismo rosista, y que resentían la guerra que habían tenido que pelear y costear, formaron en 1840 una Liga o Coalición del Norte. Inspiradas en ideas liberales introducidas por la Nueva Generación Argentina (ver más abajo), y bajo el lema "Libertad, Constitución o Muerte" la Coalición demandaba sobre todo la reunión de un congreso constituyente, reclamo que Rosas se apresuró a denominar unitario. Las campañas del general Gregorio Aráoz de Lamadrid en el oeste andino, unidas a la de un derrotado Lavalle que se replegó desde Santa Fe a Tucumán terminaron desastrosamente. Las derrotas de Lamadrid a manos del general rosista Ángel Pacheco en Rodeo del Medio (Mendoza) y la de Lavalle en Famaillá (Tucumán) a manos del oriental Manuel Oribe finalizaron con la rebelión.

La represión de las fuerzas rosistas no se hizo esperar y se ejerció con inusitada violencia. Las escenas de terror ejemplarizador estaban a la orden del día: varios líderes de la rebelión fueron ejecutados y sus cabezas puestas en picas para su despliegue público; algunos lograron huir a Chile o Bolivia engrosando las filas de la emigración política. El propio Lavalle fue muerto en un oscuro tiroteo cuando pasaba la noche en Jujuy en su retirada hacia el norte. Sus seguidores le ahorraron la infamia de que su cabeza fuera expuesta en una pica al descuartizar su cadáver, carnearlo y transportarlo en petacas a Bolivia fuera del alcance de las fuerzas rosistas. A fines de 1841 la Coalición estaba desarmada y poco después en todas las provincias del norte se imponían gobernadores federales adictos a Rosas.

La crisis de 1838-41 produjo un fuerte endurecimiento del régimen rosista con sus opositores. Fue el momento de la acción en Buenos Aires de la mazorca, o Sociedad Popular, una especie de policía política al servicio de la "pureza" federal que creó un clima de terror en la ciudad. Fue también el momento de la imposición de la "divisa punzó", o distintivo rojo símbolo del federalismo, y de otros símbolos federales cuyo uso se hizo obligatorio. Y, sobre todo, fue el momento de la persecución de toda oposición política.

Hasta ese momento la oposición a Rosas se conformaba por los viejos unitarios, desplazados luego de la derrota de Lavalle en 1829 y emigrados a países limítrofes, y por los federales porteños antirrosistas que habían perdido el poder a mediados de la década de 1830. A estos grupos se vino a sumar otro, formado por jóvenes que no habían tenido actuación en la política revolucionaria, y que se identificaban a sí mismos como miembros de la "Joven Generación". La Generación del '37, como se la conoce, contaba como miembros a Esteban Echeverría, Juan Bautista Alberdi, Vicente Fidel López y Juan María Gutiérrez entre los más famosos. Inspirados por el socialismo de Saint Simon y el romanticismo liberal francés, en un primer momento estos jóvenes, que se reunían periódicamente en el Salón Literario y publicaban sus ideas por medio de revistas, intentaron ser los intelectuales que guiaran al rosismo hacia la consecución de una organización constitucional de corte liberal. El enrarecimiento del clima político por la crisis de 1838-43, la censura imperante en Buenos Aires y las persecuciones por sus ideas los hizo buscar prudentemente refugio en Montevideo, Chile o Europa.

Entre 1845 y 1848 una nueva crisis externa amenazó la Confederación rosista. Esta vez una flota combinada francesa e inglesa bloqueó el puerto de Buenos Aires en protesta por la prohibición de hecho impuesta por esta provincia de libre navegación de los ríos Paraná y Uruguay, lo que impedía el comercio directo con las provincias litorales y el Paraguay. La ventaja de esta exclusividad era obvia para Buenos Aires: el monopolio en la importación y el cobro de rentas de Aduana. En 1848 la presión del bloqueo cesó al darse cuenta las potencias bloqueadoras que estaban perdiendo negocios. Rosas, triunfante, volvió a restringir la navegación del Paraná.

Hacia 1848 el predominio rosista sobre el país era incontrastable y con él de la omnipotente Buenos Aires. Desde Buenos Aires Rosas controlaba la situación política de todo el interior. En el litoral sólo Montevideo quedó como un bastión de la oposición al rosismo en el Plata. Sitiada por las fuerzas rosistas conducidas por el presidente uruguayo Manuel Oribe que controlaba la campaña oriental, y dependiente cada vez más para su defensa del apoyo de las escuadras británica y francesa estacionadas en el Plata, Montevideo (la "Nueva Troya") se convirtió en el punto de convergencia de los emigrados: viejos unitarios, federales desafectos a Rosas y los jóvenes intelectuales de la Nueva Generación planeaban desde allí el deseado fin del rosismo.

En el interior, la derrota de la Coalición del Norte en 1841 y la represión rosista inauguró una época de uniformidad política federal en las provincias. Esa misma uniformidad estaba plasmada en la pervivencia en el poder de caudillos "mansos", quienes dejando atrás pretensiones hegemónicas y actitudes belicosas de caudillos "señores de la guerra" como Ramírez o Quiroga se preocupaban por no contrariar al Restaurador y no disputarle el poder que de hecho ejercía sobre la Confederación. Estos caudillos podían tener rasgos de tolerancia (y hasta de gentileza) con sus adversarios políticos locales. Es el caso de Nazario Benavides, que toleró durante un tiempo la presencia del joven Sarmiento en San Juan. Es también el caso del caudillo rosista de Jujuy, José Mariano Iturbe, que hizo la vista gorda al retorno de unitarios desde Bolivia a mediados de la década de 1840.

La reacción contra el sistema rosista provino de su flanco más débil, el Litoral. Aquí la política económica porteña de exclusividad comercial nunca había sido bien recibida. Desde 1830 Corrientes había protestado por ella, y a fines de la década de 1840 era evidente que las provincias litorales, sobre todo Entre Ríos, la resentían. Esta provincia experimentó en esos años un fuerte desarrollo de la ganadería vacuna, por lo que sus producciones competían con las de Buenos Aires. La única forma de exportarlas era a través de Buenos Aires, cuya política de cierre de los ríos interiores no permitía el comercio directo del Litoral con los mercados exteriores. La otra salida para la producción pecuaria era el envío de ganado al Brasil, relación comercial establecida en la década de 1840.

A mediados de la década de 1840, la provincia de Corrientes protagonizó un levantamiento contra Buenos Aires y Rosas. Encabezado por los hermanos Joaquín y Juan Madariaga (que habían arrebatado poco antes el poder a federales rosistas), el levantamiento culminó con la firma de los Tratados de Alcaraz con el gobernador de Entre Ríos y Jefe del Ejército de Operaciones de la Confederación, Justo José de Urquiza. Entre otras cosas, estos tratados permitían a

Corrientes establecer alianzas con gobiernos extranjeros, atribución exclusiva del Gobernador de Buenos Aires como encargado de las relaciones exteriores. Muy mal recibidos por Rosas, su desconocimiento forzó a Urquiza a reaundar la guerra contra los Madariaga a quienes derrotó en Vences a fines de 1847, restableciendo la hegemonía rosista sobre Corrientes. Algunos historiadores datan el descontento de Urquiza con la política de Rosas en ese momento, que maduraría unos años después.

En 1850 la provincia de Entre Ríos, el Brasil y Montevideo establecieron una alianza antirrosista. A mediados de 1851, en el llamado "pronunciamiento" el gobernador de Entre Ríos Justo José de Urquiza retiraba la delegación de las relaciones exteriores a Rosas, lo que significaba el rompimiento de Entre Ríos con la Confederación Argentina. Poco después Corrientes seguía a Urquiza. La primera victoria de la nueva coalición fue el levantamiento del sitio de Montevideo, mantenido por Rosas desde 1842. A fines de 1851 un ejército de veinte mil soldados, la mayoría entrerrianos y correntinos, con colaboración de brasileros y orientales, se ponía en marcha hacia Buenos Aires. La batalla final se dio en Caseros el 3 de febrero de 1852: una sola acción decidió la suerte de Rosas y su sistema. Derrotado, el gobernador se embarcó hacia su prolongado exilio en Inglaterra donde falleció en 1877.

¿Cuál era la herencia del rosismo? En primer lugar después de veinte años de manejo del país desde Buenos Aires, la hegemonía de esta provincia parecía bien afirmada. En la década de 1840, Rosas había logrado imponerse como jefe informal de la Confederación Argentina mediante el control de la mayoría de las situaciones provinciales, con la excepción ya comentada de algunas del Litoral. Rosas se situaba en la cúspide de una jerarquía de caudillos que estaban acostumbrados a brindarle apoyo y lealtad. Los sucesos posteriores probarían que esa hegemonía era efímera y que debía ser reconquistada. Además, la economía que Buenos Aires representaba, la de las exportaciones pecuarias a los mercados atlánticos, se había consolidado durante el régimen rosista y era la que en definitiva primaría en la Argentina del futuro cercano. La gran deuda pendiente del rosismo era la organización constitucional del país, a la que Rosas se había opuesto con éxito con la excusa de su inconveniencia ante los conflictos políticos, razón que mal ocultaba su acérrima defensa de los más caros privilegios de Buenos Aires.

4. El país dividido: Buenos Aires y la Confederación (1852-1862)

Con el derrocamiento de Juan Manuel de Rosas a comienzos de 1852 se abrió una nueva etapa política en la Argentina. El principal problema que debía enfrentar el vencedor de Rosas, Justo José de Urquiza, y los gobernadores provinciales era la organización política del país, intentada varias veces y tantas otras postergada.

Urquiza, como anteriormente Rosas, fue encargado por los gobernadores provinciales de la representación de las relaciones exteriores de la Confederación Argentina, lo que le otorgaba una primacía entre los demás gobernadores. En mayo de 1852 los gobernadores o sus delegados se reunieron en San Nicolás de los Arroyos, al norte de la provincia de Buenos Aires, para debatir acerca de la organización política de la Confederación. El Acuerdo de San Nicolás, firmado el 31 de ese mes, decidía convocar rápidamente a un Congreso constituyente formado por dos diputados por cada provincia. Los gobernadores también otorgaron a Urquiza el mando de las fuerzas militares, reglamentaron la libre navegación de los ríos interiores y la nacionalización de las aduanas provinciales.

El acuerdo levantó la oposición enfurecida de los dirigentes políticos de Buenos Aires, quienes veían en él una amenaza a los tradicionales privilegios de la provincia, sobre todo el manejo de la aduana porteña y sus cuantiosos recursos. Tampoco deseaban conceder la igualdad de representación a las otras provincias: desde la independencia, Buenos Aires había sostenido la representación según criterios de cantidad de población que siempre la favorecían ya que era la provincia más poblada. La oposición porteña se tradujo en el rechazo del Acuerdo de San Nicolás por la legislatura provincial en junio de 1852. Esto provocó la renuncia del gobernador urquicista Vicente López y Planes y el ascenso a la gobernación del grupo más radicalmente opositor a Urquiza.

Luego de múltiples conflictos con Urquiza, que reaccionó asumiendo personalmente por un tiempo la gobernación de Buenos Aires, y con sus delegados y simpatizantes –uno de los cuales, el Coronel Hilario Lagos, sitió la ciudad de Buenos Aires por un par de meses–, el 11 de septiembre de 1852 los opositores porteños a Urquiza y al Acuerdo decidieron separarse de la Confederación Argentina. El resultado de esta separación fue la existencia de dos entidades políticas autónomas, pero que se consideraban pertenecientes a una misma "nación": la Confederación Argentina formada por la totalidad de las provincias con excepción de Buenos Aires, y el Estado de Buenos Aires separado del resto.

Las provincias de la Confederación reunidas en Congreso Constituyente en Santa Fe sancionaron su Constitución el 1 de mayo de 1853. Ella estaba inspirada en el pensamiento liberal de la época y sobre todo en los escritos de Juan Bautista Alberdi (entre los cuales *Bases y puntos de partida para la organización política de la Republica Argentina* fue fundamental) y en las constituciones de los Estados Unidos y de Chile, y se asentaba en la existencia de pactos preexistentes entre las provincias, en particular el Pacto Federal de 1831 y el Acuerdo de San Nicolás. La Constitución de 1853 establecía la forma de gobierno representativo, republicano y federal, la división de poderes en ejecutivo (con amplios poderes), legislativo (bicameral con diputados elegidos por distrito a razón de la cantidad de población y dos senadores por provincia) y judicial (con una Corte Suprema y jueces federales), reconocía y otorgaba derechos y garantías individuales a las personas y reglamentaba el funcionamiento institucional del estado. La Constitución incluía también dos cláusulas irritantes para los porteños: la nacionalización de las aduanas y la federalización de la ciudad de Buenos Aires.

Poco después, en marzo de 1854, Urquiza fue elegido presidente de la Confederación Argentina, y como vicepresidente fue electo Salvador María del Carril, un viejo unitario de San Juan. Las autoridades de la Confederación (el Congreso, el Presidente y sus ministros) se instalaron en Paraná, provincia de Entre Ríos, declarada capital provisoria en tanto durase la separación de Buenos Aires.

Entretanto el Estado de Buenos Aires también sancionaba su propia constitución, en 1854, la primera que tuvo la provincia en toda su historia. La dirigencia política porteña, que apoyaba abiertamente la filosofía política del liberalismo, se debatía en ese momento entre dos opciones en sus relaciones con el resto del país. Algunos, opositores recalcitrantes de la Confederación y de Urquiza, sostenían la conveniencia de una secesión completa de Buenos Aires del resto de las provincias; eran los llamados "autonomistas" acaudillados por Valentín Alsina, gobernador de la provincia en dos oportunidades (1853 y 1857-59). Otros, por el contrario, partidarios de la unificación de Buenos Aires con la Confederación y de la formación de un estado nacional liderado por Buenos Aires, eran llamados "nacionalistas", liderados por Bartolomé Mitre, político destacado en los sucesos de junio y septiembre de 1852 y gobernador de la provincia en 1860.

Buenos Aires contaba con grandes recursos que provenían de las rentas de la Aduana; con ellos podía hacer frente a los gastos del estado sin dificultades. El gobierno imprimía papel moneda respaldado por las rentas de Aduana que era ampliamente aceptado por la población de la provincia. La situación de la Confederación, por el contrario, era delicada debido a las dificultades financieras para cubrir los gastos del gobierno. Ante la escasez de recursos el gobierno confederado buscó varias soluciones. Primero intentó la emisión de papel moneda, que ante la falta de respaldo fracasó como instrumento financiero; luego la creación de nuevos impuestos como la contribución territorial (a la propiedad inmueble, que recaudaban las provincias) que incrementó poco la recaudación, y también la contratación de préstamos de bancos y casas comerciales del exterior (la más importante el Banco Mauá del Brasil). En una suerte de guerra económica con Buenos Aires, la Confederación finalmente implantó en 1857 aranceles aduaneros diferenciales (más altos) a los productos importados que hicieran escala en el puerto de Buenos Aires y de allí se embarcaran hacia Rosario, principal puerto de la Confederación. Esta medida sólo tuvo efectos moderados sobre el comercio de la Confederación; los grandes comerciantes nacionales y extranjeros seguían prefiriendo el puerto de Buenos Aires como puente de entrada y salida de mercancías.

Las relaciones entre la Confederación y el Estado de Buenos Aires en la década que duró la separación (1852-1862) estuvieron teñidas en general de una mutua desconfianza, y en ocasiones de verdaderos enfrentamientos. Las tensiones entre los dos bloques escalaron desde 1857 (el año de los derechos diferenciales) como resultado de la intransigencia de la dirigencia política de ambas entidades y de algunas intromisiones en la política interna de una en la otra, hasta llegar a una situación de guerra entre ambas en 1859. Las fuerzas de la Confederación derrotaron a las de Buenos Aires en Cepeda (23 de octubre de 1859). Por un momento parecía que Buenos Aires debía resignarse a ser parte integrante de la Confederación Argentina en los términos que esta le imponía por las armas.

En 1860 Buenos Aires juraba fidelidad a la Constitución de 1853, aunque se reservaba el derecho de introducirle reformas. Después de la reunión de una comisión revisora de la constitución la provincia rechazaba las dos cláusulas más irritantes de la misma: la federalización de la ciudad de Buenos Aires y la nacionalización de la aduana. A cambio se comprometía a entregar al gobierno confederado la suma de un millón y medio de pesos mensuales, que este tan desesperadamente necesitaba para hacer frente a los gastos que la última guerra había incrementado.

Ese mismo año Urquiza terminaba su período presidencial. Como la constitución prohibía su reelección se abrió una feroz competencia por la sucesión (algo que se haría muy común en la historia argentina) entre el vicepresidente Del Carril y el ministro del interior Santiago Derqui. Con más apoyos en las provincias, y con la bendición de Urquiza, Derqui fue elegido presidente. Mientras tanto, Buenos Aires también cambiaba sus autoridades: Bartolomé Mitre era elegido gobernador en 1860. Con él llegaba al poder el líder de la facción liberal nacionalista y su proyecto de una nación argentina unificada encabezada por Buenos Aires.

Los años 1860 y 1861 estuvieron caracterizados por intensos conflictos políticos entre la Confederación y Buenos Aires que desembocaron en una guerra abierta. La incorporación de Buenos Aires a la Confederación nunca se realizó por completo. Ante el rechazo de los diputados porteños al Congreso Nacional ambas partes se prepararon para la batalla. La Confederación estaba, como era habitual, en bancarrota financiera y además debilitada políticamente ya que las relaciones entre el presidente Derqui y Urquiza, que aún conservaba poder y ascendiente en las provincias, se habían deteriorado. Urquiza veía con preocupación el acercamiento de Derqui a los hombres de Buenos Aires, sobre todo a la facción de Mitre, y temía que el Presidente hiciera demasiadas concesiones políticas a los porteños.

El detonante del conflicto lo dieron los enfrentamientos políticos entre facciones federales y liberales en varias provincias del interior, sobre todo en Corrientes y en San Juan. En esta última provincia una seguidilla de asesinatos políticos cometidos por ambas facciones (del federal Valentín Virasoro, del liberal Antonino Aberastain) tensaron el clima político entre la Confederación y Buenos Aires, que intervenían activamente en la política local. Mitre y Urquiza se acusaban mutuamente en su correspondencia de promover la guerra civil que estalló muy poco después.

En la batalla de Pavón (17 de septiembre de 1861) los ejércitos de Buenos Aires liderados por Mitre se impusieron a los de la Confederación encabezados por Urquiza, quien sorpresivamente se retiró del campo de batalla. Dueño de la situación política, Mitre se apresuró a invadir el territorio de la Confederación. El presidente Derqui, carente de todo apoyo político y militar, renunció y marchó al exilio, no sin antes acusar veladamente a Urquiza por su defección en Pavón. Mitre negoció con Urquiza su neutralidad comprometiéndose a no amenazar su dominio sobre Entre Ríos y asumió el mando de una país que sería poco después violentamente reunificado. Desde Buenos Aires las tropas porteñas convertidas en ejército nacional se lanzaron a la conquista del interior.

5. Buenos Aires y la reacción del interior (1862-1870)

El 25 de mayo de 1862 un nuevo Congreso nacional se reunió en Buenos Aires, lo que no ocurría desde 1827, cuando se había disuelto el que había elegido a Bernardino Rivadavia primer presidente de las Provincias Unidas. Bartolomé Mitre, encargado provisionalmente del gobierno nacional, fue elegido presidente poco después y asumió la presidencia de una Argentina reunificada el 12 de octubre de ese año.

El programa presentado por Mitre a las provincias era, según sus palabras, la aplicación de la Constitución de 1853 en todos sus aspectos. Las prioridades de su programa eran la constitución de las autoridades nacionales, Presidente, Congreso y Suprema Corte de Justicia, la nacionalización de la aduana de Buenos Aires, y la federalización de esa ciudad para convertirla en la sede de las autoridades nacionales.

El primer problema que debió enfrentar la administración de Mitre fue vencer las resistencias provinciales al nuevo orden. Esas resistencias provinieron de dos frentes: la provincia de Buenos Aires, cuya clase política veía con malestar que su ciudad capital pasara al ámbito político federal, y las provincias del interior que desconfiaban de los planes políticos de los liberales de Buenos Aires.

La cuestión capital, como se la llamó en esa época, marcó la medida de los límites del poder del nuevo gobierno nacional. Poco después de reunido el Congreso Nacional Mitre envió un proyecto de federalización de Buenos Aires que este aprobó, pero fue rotundamente rechazado por la Legislatura porteña. Luego de difíciles negociaciones ambas partes aceptaron una "solución de compromiso": la provincia de Buenos Aires aceptaba a las autoridades nacionales como huéspedes en la ciudad que seguía siendo sólo capital provincial. La negativa porteña a la federalización de Buenos Aires creó la extraña situación de una Argentina sin capital definitiva y de autoridades nacionales sin sede fija. Esta situación se prolongó hasta 1880, cuando un movimiento político militar encabezado por líderes provinciales obligaría a la provincia de Buenos Aires a ceder su capital a la nación.

En las provincias el plan de Mitre fue aceptado sólo por una minoría. Si bien luego del triunfo de Buenos Aires en Pavón se impusieron en varias provincias gobiernos liberales, todavía existían caudillos federales de gran popularidad entre la población rural que seguían el distante pero siempre presente liderazgo de Urquiza. Para ellos el triunfo de Buenos Aires, de la que habían aprendido a desconfiar desde la independencia, sólo podía significar una mayor ruina para las provincias del interior. Este sentimiento de desconfianza era más fuerte en las provincias del norte y oeste del país, que resistieron más vigorosamente la reorganización política desde Buenos Aires. Entre ellas La Rioja se destacó por la acción de dos caudillos locales de la década de 1860, Ángel Vicente Peñaloza (el Chacho) y Felipe Varela.

Acompañado de su montonera de gauchos, campesinos de los llanos de La Rioja empobrecidos por la guerra civil y hambrientos de tierra y agua, y desplazado él mismo de la política por gobiernos liberales apoyados por Buenos Aires, el Chacho Peñaloza (1798-1863) se rebeló contra el gobierno nacional en dos oportunidades en 1862 y 1863. El gobierno enfrentó la rebelión del federalismo del interior con violencia. La "guerra de policía", como se llamó a la represión de los levantamientos acaudillados por el Chacho, estuvo a cargo de las tropas porteñas comandadas por oficiales orientales (Paunero, Arredondo, Sandés, Rivas) a quienes Mitre había confiado esas tareas. Las operaciones fueron supervisadas por el comisionado de guerra y posterior gobernador de San Juan, Domingo Faustino Sarmiento, acérrimo opositor de las montoneras.

En 1862 el Chacho movilizó su montonera en apoyo del gobernador federal de Tucumán Celedonio Gutiérrez, quien estaba amenazado por los hombres fuertes del mitrismo en el norte, los hermanos Taboada de Santiago del Estero. Después de haber sido desplazado de Tucumán el Chaacho retornó a La Rioja y desde allí puso sitio y ocupó San Luis. El general Mitre autorizó al General Paunero, jefe de los operativos militares en el interior, a llegar a un arreglo de paz con Peñaloza prometiéndole una amnistía a cambio de la deposición de las armas por el Tratado de la Banderita en mayo de 1862. Peñaloza y los federales del interior esperaban ansiosamente que su líder político, el General Urquiza, se pusiera a la cabeza de una amplio movimiento que restaurara el predominio federal sobre el país, que derrocara a Mitre y a la orgullosa Buenos Aires. La paz con las fuerzas nacionales les permitía ganar tiempo y recuperar las fuerzas de sus empobrecidos seguidores. El Chacho y Urquiza intercambiaron correspondencia en ese momento, pero el apoyo de Urquiza nunca se hizo efectivo.

En 1863 la montonera del Chacho se movilizó una vez más. En carta al presidente Mitre explicaba las razones de su rebelión: los abusos cometidos por las tropas nacionales contra él y sus gauchos no le dejaban opción. Luego de haber apoyado una rebelión federal en Córdoba en mayo, Peñaloza retornó a La Rioja donde fue completamente derrotado en la batalla de Las Playas en junio de 1863. A fines de ese año Peñaloza fue muerto a lanzazos por un destacamento del ejército nacional en su hogar y frente a su familia, una cruel acción que mereció dura crítica de federales como José Hernández y que liberales porteños y provincianos justificaron en aras de la pacificación del país. En un acto que recordaba las atrocidades cometidas en los primeros años de la década de 1840, la cabeza cercenada del Chacho fue puesta en una pica y exhibida públicamente como símbolo de castigo ejemplar para sus seguidores.

Pocos años después, en 1866 y 1867, el caudillo catamarqueño Felipe Varela se levantó contra el gobierno nacional al grito de "Federación o Muerte" y "Viva la Unidad Americana". Varela luchaba a favor de las autonomías provinciales y en contra de la política exterior del gobierno nacional que estaba en guerra con Paraguay. La Guerra de la Triple Alianza (1865-1870), que enfrentaba a Paraguay con los aliados Brasil, Argentina y Uruguay, era muy impopular en el interior a causa de los reclutamientos forzosos de gauchos para las tropas nacionales que eran enviados semidesnudos y engrillados para el frente. Varela y sus seguidores interpretaban las alianzas externas de Mitre como una traición a los principios republicanos con que se había fundado la Argentina. La alianza con el Imperio del Brasil y la negativa de ayuda a Chile y Perú amenazados por una armada española indicaban un complot monárquico del cual era parte la administración mitrista.

Las montoneras de Varela también fueron desbandadas por las tropas nacionales, y el caudillo y sus seguidores debieron huir hacia el norte perseguidos por el ejército. Luego de saquear las ciudades de Salta y Jujuy para recompensar a su tropa en su paso hacia Bolivia, Varela se refugió finalmente en Chile donde murió poco después víctima de la tuberculosis. Era el fin de las montoneras. Poco a poco las autoridades nacionales extendieron su control efectivo al interior del país apoyadas en la fuerza que les daba el control del ejército nacional.

En 1870 se produjo la última de las resistencias federales en las provincias, en este caso en Entre Ríos. El general Urquiza seguía siendo gobernador y hombre fuerte de la provincia y, a pesar de sus claudicaciones desde Pavón, líder de los restos del viejo partido Federal. Sin embargo, su negativa a resistir los avances de las autoridades nacionales sobre las autonomías provinciales, su prescindencia (publicada en cartas y artículos periodísticos) en las rebeliones federales de Peñaloza y Varela, su tibia crítica y final apoyo a la guerra del Paraguay (a la que colaboró enviando un contingente entrerriano), y su cada vez menos disimulada aprobación del gobierno del presidente Sarmiento, con quien estableció una cordial relación luego de su visita a Entre Ríos, erosionaron su legitimidad ante sus seguidores en su propia provincia.

Ricardo López Jordán (1822-1888) era uno de los lugartenientes más encumbrados y de mayor confianza de Urquiza. Descendiente del caudillo Francisco Ramírez, era miembro del círculo íntimo de los colaboradores de Urquiza, a quien había secundado en el mando de tropas en varias campañas. Como comandante de las milicias entrerrianas desde su juventud, López Jordán conocía bien los problemas de la población rural de su provincia (la falta de tierras, el empleo precario) y gozaba de gran ascendiente sobre ella.

En abril de 1870 López Jordán se puso al frente de un movimiento para desplazar a Urquiza del gobierno y de la escena política provincial. Los conjurados discutieron la posibilidad de expulsar al general y enviarlo al exilio. El movimiento rebelde era muy riesgoso por el enorme prestigio de que aún gozaba su oponente. Aunque discutido, Urquiza era el líder del federalismo y la persona más rica y poderosa de Entre Ríos. Pero la conjura contaba con amplio apoyo en la provincia, inclusive de allegados muy cercanos a Urquiza que franquearon la entrada al Palacio San José, residencia habitual del general, ubicado en las cercanías de Concepción del Uruguay.

En un confuso y muy discutido hecho, el 11 de ese mes una partida rebelde con orden de capturar a Urquiza lo asesinó en su propia residencia a la vista de su familia. Unos días después dos de sus hijos fueron también ultimados por los rebeldes. Desde ese momento se ha discutido la participación que le cupo a López Jordán en el magnicidio; el jefe rebelde asumió la responsabilidad política del hecho.

Unos días después la legislatura de la provincia lo elegía gobernador. En su "Discurso" al aceptar el cargo, y en un "Manifiesto" que dirigió a los pueblos de la República, López Jordán desplegó su interpretación de los hechos. Si bien lamentaba el asesinato de su anterior jefe, el líder rebelde reivindicaba su lucha como una defensa de las instituciones de la provincia amenazadas por la "dictadura" de Urquiza, y las autonomías provinciales cercadas por la ampliación de la injerencia de las autoridades nacionales.

La reacción del gobierno nacional fue rápida. Tropas nacionales enviadas para reprimir la rebelión desembarcaron en Gualeguaychú una semana después de los hechos. El gobierno de Sarmiento decretó el estado de sitio en la provincia, declaró a López Jordán y a sus seguidores reos de rebelión y finalmente envió la intervención federal, medida fuertemente discutida en el Congreso Nacional donde una minoría defendía la posición de los rebeldes.

López Jordán y su milicia de unos 12.000 hombres resistieron el embate de las más numerosas y mejor equipadas tropas nacionales marchando por toda la provincia, pero finalmente fueron derrotados en Ñaembé en enero de 1871. Acompañado de algunos de los comandantes rebeldes más cercanos, López Jordán se exilió en Brasil. Retornó a Entre Ríos en 1873 para encabezar otra fallida rebelión. Apresado y juzgado en 1876, se fugó de la prisión y marchó nuevamente al exilio. Poco después de retornar a la Argentina, cayó asesinado en las calles de Buenos Aires en junio de 1888. Se dice que la familia Urquiza recompensó con dinero a la familia del asesino.

El fin de las resistencias interiores hacia 1870 puso fin al período de guerras civiles iniciado en 1820 e inauguró uno de expansión y consolidación del estado nacional. Este se construyó mediante un proceso gradual de centralización de las decisiones políticas y de la fuerza para aplicar esas decisiones por parte de las instituciones nacionales, cuyo poder fuera reconocido como legítimo en todo el territorio nacional. Entre 1862 y 1880, período fundamental en la formación del estado argentino, las autoridades nacionales fueron capaces de expandir su control sobre las provincias, vencer oposiciones internas y enfrentar conflictos externos. Para lograr imponer su autoridad y captar el apoyo de las elites provinciales, los gobiernos nacionales hicieron uso principalmente de tres instrumentos: el ejército, las agencias y burocracia estatales (sobre todo la Justicia Federal) y los subsidios económicos a las provincias.

La constitución de un ejército nacional fue indudablemente el instrumento de poder político más importante en la expansión del control de las autoridades nacionales sobre las provincias. Desde 1862 los gobiernos nacionales de Mitre y Sarmiento enviaron al ejército a enfrentar las resistencias de caudillos federales del interior, que reprimieron ferozmente, e instalaron regimientos en las provincias para intervenir rápidamente en caso de conflictos políticos locales y volcar el apoyo provincial a favor del gobierno nacional.

Si las resistencias interiores cesaron a consecuencia del control estatal establecido sobre las provincias, el sistema político presentó en la década de 1870 un alto grado de inestabilidad. En 1874, en ocasión de la sucesión presidencial de Sarmiento, se produjo una lucha entre las facciones enfrentadas. El candidato favorito de Sarmiento era su ministro de Justicia e Instrucción Pública, Nicolás Avellaneda, quien estaba respaldado por facciones políticas provinciales con el nombre de "partido nacional" (que había sido formado poco antes por una coalición de gobernadores del interior) y por el autonomismo porteño de Adolfo Alsina. El otro candidato era el ex presidente Mitre, quien no aceptó su derrota en las elecciones y provocó una revuelta armada que las tropas nacionales no tardaron en reprimir. Detrás de la rebelión de Mitre se ocultaba el verdadero problema que había enfrentado a Buenos Aires con el resto de las provincias desde los primeros años independientes: la defensa de los privilegios y el poder de Buenos Aires. La renuencia de Buenos Aires a someterse a las instituciones nacionales en 1827, 1831, 1852, 1861 y 1874 se repitió con renovada fuerza a fines de la década de 1870 en ocasión de la sucesión del presidente Nicolás Avellaneda (1874-1880). Avellaneda enfrentó en 1880 el levantamiento de la provincia de Buenos Aires tanto en contra de la elección de Julio Argentino Roca como en defensa de su autonomía. La derrota de las milicias porteñas permitió al gobierno nacional imponer a Buenos Aires la federalización de la ciudad y convertirla en capital de la nación. La frase del nuevo presidente Julio Roca "Paz y Administración", contenida en su mensaje inaugural al Congreso Nacional, resumía de manera muy elocuente la voluntad de clausurar definitivamente la época de las guerras civiles.

***

Esta selección documental comienza en 1820 con la disolución del gobierno central heredero de la experiencia revolucionaria de Mayo y el fracaso del intento constitucional de 1819 y termina con la última intentona de resistencia provincial a la expansión de los poderes nacionales en 1870. Ampliar el período hasta 1880 hubiera permitido llegar a la cancelación de uno de los principales conflictos, el lugar de la provincia de Buenos Aires en la nación, pero esta década, y sobre todo la rebelión porteña de ese año, merecerían un volumen propio. Por eso he preferido terminar el estudio preliminar y la selección documental en 1870, momento de la última resistencia provincial a la expansión del poder de las autoridades nacionales sobre el interior.

Los documentos recorren cincuenta años de historia organizados en cinco secciones que corresponden a momentos claves en el proceso histórico de las guerras civiles: el Año XX; Unitarios y Federales (1824-1835); Las guerras del rosismo (1835-1852); El país dividido: la Confederación y el Estado de Buenos Aires (1852-1862) y Buenos Aires y la reacción del interior (1862-1870).

Los documentos provienen casi en su totalidad de obras publicadas que contienen relatos, observaciones y comentarios contemporáneos a los hechos. Abarcan una variada y heterogénea gama de escritos: memorias, partes de guerra, correspondencia, relatos de viajeros, documentos oficiales, proclamas, manifiestos, tratados interprovinciales, versos, coplas y cantares populares. Con una sola excepción, no hay documentos originales de archivo, y sólo unos pocos no han sido previamente reproducidos en otros textos. Sólo en la "Introducción" se hace referencia a interpretaciones o elaboraciones históricas o sociológicas posteriores, pero no se las incluye como texto en la sección de documentos.

Los criterios de esta selección documental son muy amplios y responden a la intención de presentar los más diversos aspectos y perspectivas de este vasto tema. A modo de ejemplo se mencionan algunos: la organización de las milicias, el carisma de los caudillos, la persecución a los opositores, la guerra económica, la emigración. Además se ha procurado introducir, en la medida de lo posible, testimonios que contengan una dispersión geográfica amplia que incluya a varias provincias argentinas del siglo XIX.

La "Introducción" presenta al lector el contexto en el que se produjeron los documentos seleccionados y le propone una guía para ayudar a recorrerlos. La relación documental puede leerse de corrido como un relato a varias voces, o fijar la atención sólo en algunos aspectos o hechos que despierten interés. Para facilitar el derrotero por los documentos cada uno está precedido por un título (que no tenía en el original) que describe brevemente el contenido; a continuación se indica la procedencia del documento. El libro se complementa con una cronología del período y una bibliografía (no exhaustiva) destinada a aquellos lectores interesados en ampliar sus conocimientos sobre las guerras civiles argentinas. La bibliografía incluye tanto obras clásicas y consagradas sobre el tema como importantes estudios recientes.

I. El año XX

1. Los "anarquistas" según la opinión directorial (1819)
"Campaña contra los disidentes federalistas", en La Gaceta *(miércoles 15 de diciembre de 1819).*

Van en aumento las probabilidades de que se pondrá un breve término a esta ominosa lucha. S. E. el Supremo Director estaba hace días a la gurupa sobre el Arroyo del Medio que divide los territorios de Santa Fe y de esta provincia. Los anarquistas habían dividido por mitad sus reuniones: 600 hombres ocupaban el Rosario y los otros 600 estaban de observación en la Herradura jurisdicción de Córdoba. Del Arroyo del Medio al Rosario hay doce leguas, y S. E. después de haber experimentado el entusiasmo de sus tropas, meditaba moverse rápidamente sobre los disidentes, que se supone abandonen su posición. ¿Por qué pelean los anarquistas? ¿Quiénes son ellos? ¿Cuáles sus cualidades y sus medios de establecer un sistema cualquiera regular? Se les atribuye la pretensión de establecer la federación –¿y hay alguno entre sus jefes que sepa ni siquiera pronunciar correctamente aquella voz? Hasta ahora no hemos oído explicar razonablemente a los pretendidos federalistas cuáles son los alcances de su sistema. Hubo un tiempo que en Buenos Aires se asomó el deseo de reducirse a sólo una provincia, aun excluyendo a Santa Fe, que es pueblo de su dependencia provincial, y a nadie asentó peor la proposición que a los partidarios de tal régimen. Los federalistas quieren no sólo que Buenos Aires no sea la capital, sino que como perteneciente a todos los pueblos divida con ellos el armamento, los derechos de aduana y demás rentas generales: en una palabra, que se establezca una igualdad física entre Buenos Aires y las demás provincias, corrigiendo los consejos de la naturaleza, que nos ha dado un puerto, y unos campos, un clima y otras circunstancias que le han hecho físicamente superior a otros pueblos, y a la que por las leyes inmutables del orden del universo ésta afecta cierta importancia moral de un cierto rango. Los federalistas quieren en grande, lo que los demócratas jacobinos en pequeño. El perezoso quiere tener iguales riquezas que el hombre industrioso, el que no sabe leer optar a los mismos empleos que los que se han formado estudiando, el vicioso disfrutar el mismo aprecio que los hombres honrados, y hasta el de cierta estatura, que no se eleve más sobre la tierra el que la tiene mayor –una perfecta igualdad. Si no es de esta clase de sistema lo que entienden por federación, entre nosotros, los que son sus partidarios, que se sirvan explicarnos sus conceptos. Nosotros no negamos que la federación absolutamente considerada sea buena; pero los que sostienen que relativamente a nuestras provincias es adoptable, y sin inconvenientes, deben manifestarnos los elementos con que cuentan para la realización de su proyecto. Después de discutirse el punto en grande descenderemos a examinar el tiempo de su ejecución, y preguntaremos si es oportuno el de guerra, y de una guerra tal como en la que estamos. ¿Cuándo una provincia federada, por ejemplo aquélla a cuya cabeza esté Artigas, rehúse concurrir al cumplimiento de los pactos establecidos, cuál será el medio de reducirla a su deber? Es bien notorio que él no se aviene con que la provincia federada del Entre Ríos, de Corrientes, etc., se sustraigan a su dependencia soberano despótica: él confía en que su gente ha de ir a su voz a donde él mande: ¿qué se haría en este caso? Se reunirán todas las provincias para someterle a la obediencia, iríamos a pelear –¿contra quiénes? ¿Contra nuestros hermanos? Entonces nada hemos adelantado con la federación que se supone medio de evitar el que se derrame sangre de hermanos contra hermanos. Concluyamos: el establecimiento del orden no dejará jamás de tener obstáculos: el Soberano Congreso compuesto de los representantes de todos los pueblos que han querido asistir, no habiéndose exceptuado uno solo de la convocación, nos ha dado una ley constitucional cuya observancia hemos jurado: muramos si es preciso cumpliendo tan sagrado deber, y al exhalar nuestro último aliento, elevaríamos los ojos tranquilos al cielo para darle gracias porque nos hacía concluir nuestra carrera con dolores, sí, pero no con remordimientos.

2. La sublevación del ejército en Arequito
Gregorio Aráoz de Lamadrid, Memorias *[1850], Buenos Aires, Eudeba, 1968, T. I, pp. 146-151.*

Pocos días después del retiro de nuestro general a Tucumán, retrocedió el jefe de estado mayor del ejército, general Francisco Fernández de la Cruz, con todo él, hasta situarse en la Villa de los Ranchos. Allí empezaron a notarse síntomas de revolución entre algunos oficiales, y el coronel mayor Juan Bautista Bustos, que había venido a incorporarse al ejército con sus desertores, fue nombrado jefe de estado mayor por el general Cruz.

Así que se notaron los primeros síntomas entre algunos oficiales de los cuerpos y teniendo el general Cruz algunos comprobantes, empezó por separar del ejército no al cabeza de la revolución, que era Bustos, sino solamente a unos cuantos oficiales subalternos como al entonces ayudante Eugenio Garzón, Ventura Alegre, y no recuerdo qué otros, los cuales fueron despachados no recuerdo si a Mendoza. Pero esta medida no era por cierto la que debía el general tomar, pues no deben con justicia castigarse las manos auxiliares cuando se dejan impunes las cabezas que las dirigen; por consiguiente seguía el jefe del estado mayor, Bustos, ganando terreno entre algunos oficiales e infundiendo recelos al general del ejército y a muchos de los jefes principales de los cuerpos.

Lleno el general Cruz de antecedentes, nos había reunido dos o tres veces en su casa, y secretamente, a todos los coroneles, incluso el teniente coronel y jefe del 2, Bruno Morón, que merecía nuestra confianza, para consultar el partido que debería tomarse con el coronel mayor Bustos, que era el cabeza principal. Todos los compañeros se encogían de hombros, conocían que sin separar a dicho jefe no se cortaría el mal, pero no se atrevían a aconsejar al general que diera ese paso resueltamente, en razón de justos temores que tenían de complicidad en algunos de sus oficiales y tal vez de la misma tropa.

Me acuerdo que resueltamente dije yo al general en presencia de todos ellos no una, sino todas las veces que nos reuníamos al efecto: "¡Si el señor general quiere autorizarme, ahora mismo voy y fusilo al general Bustos en presencia de su regimiento! No tengo yo temor alguno de que ningún individuo de mi cuerpo me sea infiel, al menos en la tropa!", pero el general nunca se atrevió.

Llegó entre tanto el tiempo de abrir nuevamente la campaña sobre Santa Fe, por orden del nuevo Director de Estado señor general Rondeau, y marchamos; no sé si al llegar a Fraile Muerto o más allá, nos encontró un convoy de sesenta carretas que nos mandaba el gobierno, cargadas de paños y demás géneros para vestir al ejército, y dichas carretas tuvieron que volver, y seguir el convoy la marcha de éste.

El jefe de estado mayor, general Juan Bautista Bustos, que había esperado torpemente a dar el escandaloso paso de la revolución cuando estuviésemos más inmediatos al enemigo, y por consiguiente al Director Supremo que había salido

I. El año XX

de Buenos Aires también a campaña, contra el gobernador López, había dispuesto que los cuerpos de caballería dieran el servicio de avanzadas por compañías, y en la marcha, por expresa orden del general en jefe Francisco Fernández de la Cruz, ocupaba yo la vanguardia con mi regimiento de húsares y desde que llegamos al Saladillo habían principiado ya las fuerzas santafecinas a molestarnos en la marcha, pero sin otro suceso que el correr éstas cuantas veces se nos aproximaban, y me iba yo sobre ellos,

Llegamos en este orden, con el ejército, a la posta de Arequito, caída la tarde, el 7 de enero del año 20 con porción de fuerzas santafecinas en circunferencia del ejército y disparándonos algunos tiros a la columna, las cortas partidas que se aproximaban, fiadas en sus buenos caballos; cuando acampado el ejército sobre la costa del río Tercero o Carcarañá, ordena el general Bustos que el servicio de caballería se hiciese desde aquella noche por escuadrones, designándome el lugar en que debía yo colocar el 1º, que lo componían todos mis húsares, y lo mandaba el capitán José o Mariano Mendieta, tarijeño; por la razón ya expresada de haber reducido a uno la tropa de que se componían los dos y formar el 2º con los doscientos infantes que me había dado el general Manuel Belgrano.

Aprestado ya todo el escuadrón marché yo mismo a colocarlo en el punto designado y sacando de él al teniente Segundo Roca con una partida de veinte hombres les hice pasar el río, y que se situara en el frente que ocupaba yo por esta banda con el 2º escuadrón, y me retiré a mi campo después de encargarles mucho la vigilancia. El sargento mayor de mi cuerpo era entonces un N. López, paraguayo, que había sido capitán de uno de los cuerpos de infantería, al cual, llamándole, le previno todo el cuidado con que era preciso que marcháramos desde aquella noche, agregándole que velaríamos en ella los dos, él hasta las 12 y yo hasta el día, para cuyo efecto le ordené que al retirarse de mis visitas al escuadrón me recordara, pues estaba yo mal dormido y me iba a recoger temprano.

El motivo que tuvo el jefe de estado mayor Bustos para nombrar el servicio por escuadrones había sido, como lo supe al siguiente día, en razón de que todos mis oficiales de húsares estaban metidos en la revolución y no habiendo podido conseguir de ninguno de ellos que se resolvieran a prenderme en esa noche, como lo debían hacer con los coroneles Zelaya, Pinto y Domínguez, sus mismos oficiales, prendiéndolos, y saliendo con sus cuerpos, pues mis oficiales le habían asegurado que no podrían hacerlo por el gran ascendiente que tenía yo con la tropa, la cual no lo consentiría.

Con motivo de dicha resistencia había dispuesto Bustos mandarme llamar a su tienda como jefe de estado mayor, y prenderme así que estuviera dentro; para cuyo efecto tenía ya nombrada la guardia de su cuerpo que debía hacerlo; pero habiéndole manifestado el coronel graduado Alejandro Heredia que era el teniente coronel de dragones, y el comandante del escuadrón del mismo cuerpo José María Paz, que era expuesto este paso en razón de que yo no me entregaría impunemente preso, pues era más probable que atropellaría la guardia y daría voces que frustrarían la revolución o podrían frustrarla, habían acordado por fin el robarme la tropa de toda mi confianza por aquel medio y sustraerme dormido, juzgando, sin duda, que dueños ya de ella y manifestada la revolución les sería fácil engañarla. ¡Cuánto se engañaban!

Durmiendo estaba yo en mi carretilla, cuando me despierta el centinela que tenía a la puerta por haberse sentido un tiro, en cumplimiento de la orden que tenía; me levanté al instante y mandando enfrentar mi caballo monto y mando que me sigan cuatro húsares de los diez que conservaba a mi lado, para tener un centinela que me despertara por la noche, en los ratos que dormía, pues eran los de mi mayor confianza. Corro con ellos hacia el escuadrón avanzado, después de haber reconvenido al mayor, por no haberme recordado, pues era cerca de la una y era la parte a donde se había sentido el tiro, y al alcanzarse en esto el teniente coronel Emilio Salvigni, edecán del general en jefe, que venía a llamarme con mi cuerpo de parte de dicho general, y a avisarme la revolución hecha por el jefe del estado mayor, Bustos, añadiéndome haberse llevado dicho jefe los regimientos nueve y diez de dragones y que a sus coroneles los tenía presos.

"Diga usted al general que voy ahora mismo", díjele al edecán, y corrí adonde estaban de avanzada mis húsares. ¡Grande fue mi sorpresa al no encontrar ni al capitán Mendieta ni a individuo alguno del primer escuadrón! Corro hacia la posta que estaba distante de nuestro campo como un cuarto de legua, o poco más, llamando a voces al capitán Mendieta, y nadie me respondía, vuélvome de carrera al lugar donde había colocado el sargento Ayrala, con la caballada, y no lo encuentro; corro en seguida al río por el frente donde había mandado colocar el teniente Segundo Roca y doy las voces para que venga y tampoco me responde. No me quedó ya duda de que los oficiales se habían llevado al cuerpo, y corrí al segundo escuadrón y mandándolo montar a caballo, marché con todo él, bramando de coraje, al cuartel general, y di cuenta al general en jefe de la desaparición de mis húsares, que habían sido avanzados por orden del jefe del estado mayor, y llevándose toda la caballada.

El general, que se hallaba reunido con los coroneles Ramírez, de artillería, Aparicio del 3 y el teniente coronel Morón del segundo, se quedó pasmado al oír mi relación, no menos que los demás, pero los tranquilicé diciendo que adivinaba el motivo de haberme pedido Bustos nombrase a mis húsares de servicio, pero que no obstante no los consideraba perdidos a mis soldados. Preguntó el general a todos los jefes presentes su opinión respecto al partido que deberíamos tomar para salvar al resto del ejército: todos, menos yo, se encontraban indecisos entre si deberían marchar adelante a reunirse al supremo Director, el brigadier general Rondeau, que estaba en el Rosario, y posta de la Horqueta, o se regresaría para Mendoza o Tucumán. Yo fui el único que opiné resueltamente que debíamos irnos sobre los revoltosos en el acto y batirlos.

El general Cruz y los demás jefes se opusieron por temor de perder el ejército, aun cuando lográramos batirlos y temían además que parte de sus soldados estuviesen contaminados. Aclaraba en esto el día y estaban los revoltosos formados en el frente de la posta de Arequito, y les insté nuevamente a que marcháramos sobre ellos, ofreciéndome ir por delante con mi escuadrón segundo y prometiéndoles que a mi vista se me reuniría el primero de húsares, pero fue en vano. Dije entonces al general (pues había prevalecido la opinión de abandonar el convoy y pasar a reunirse al Director): "Puesto que no se atreven a atacar a unos infames compañeros, soy de opinión que sería indigno el premiarlos con el convoy. Este premio pertenece de justicia a los valientes y fieles soldados que se han mantenido firmes al lado de su general y sus jefes; que se distribuya ahora mismo entre los cuerpos que nos acompañan cuanto quieran y puedan llevar, y que quemándose todo lo demás marchemos en el acto a reunirlos al Supremo Director, cuya operación podremos hacerla antes de 48 horas". ¿Y qué comerá nuestra tropa cercados por los montoneros y tal vez perseguidos por los mismos nuestros?", dijo no sé cuál de los jefes. "Llevaremos los bueyes de nuestras carretas, le dije, y por lo que respecta a los montoneros de López, yo les respondo que no se acercará ninguno a la redonda del ejército, dénseme todos los caballos de los jefes y oficiales de infantería y esto me basta".

Se combinó entonces en que marcháramos llevando las carretas con el convoy, pero después que hubiese comido la tropa, mis instancias fueron inútiles para que marcháramos en el acto sin comer, y dejando las carretas vacías.

Se mandó carnear, pero antes de esta operación se salieron de disparada de la formación sublevada ocho o diez húsares y se me reunieron a mí que estaba a su frente. Éstos me impusieron haber llevado los oficiales el escuadrón y la caballada hacia la posta diciendo que iba el regimiento a sorprender al enemigo, el primer escuadrón por un lado, y yo con el 2º, por el otro.

Todos los húsares, me dijeron dichos hombres, empezaron a manifestar desconfianza, diciendo públicamente, si fuéramos a batir a los montoneros, el coronel no había de ir con los infantes sino con nosotros; cuando en esto se avista un hombre de poncho blanco por la parte de atrás y grita uno de los oficiales "el coronel", a cuya voz corrieron todos los oficiales hacia la cabeza; que la tropa toda, al observar dicha corrida de los oficiales así oyeron mi nombre, paró de golpe, pero que a este mismo tiempo se presentó el teniente coronel de dragones Alejandro Heredia con todo su cuerpo y colocando una fuerza a retaguardia de los húsares los proclamó como que iban con ellos a batir a los montoneros y mandó continuar la marcha hasta la posta; que mi tropa no supo de tal revolución hasta que estuvo incorporada a los demás cuerpos, y supo que los jefes de éstos estaban presos, que si no se habían reunido todos era porque los tenían al medio, y que ellos fiados en sus buenos caballos habían partido a todo trance, a escape desde la formación.

Quizá parecerá a muchos cansada e innecesaria esta relación que acabo de hacer, pero no así a los militares de juicio y que conocen cuánto importa en el que manda, ser justo con el soldado y obtener de él respeto y estimación por sus hechos, pues éstos son los que me han hecho merecer la estimación del soldado en todas partes y encontrar, como pocos, tantos hombres voluntarios que me han seguido al peligro cuantas veces se ha ofrecido en diferentes pueblos, y aunque esto es notorio no está de más expresarlo.

Habiendo acabado de comer la tropa, emprendimos la marcha tomando yo la vanguardia y quedando los revolucionarios algo distantes de nosotros, esto es, el 9, el 10 y dragones como he dicho; pero así que acabó de moverse nuestra fuerza, esto es, la artillería, el 2, el 3 y mis húsares se habían movido también aquéllos amenazando nuestra retaguardia. Marchaba yo en persecución de gruesas partidas de santafecinos que se habían aproximado por vanguardia, cuando recibo orden del general en jefe para volver sobre los revolucionarios que amenazaban ya nuestra retaguardia. ¡Aseguro a mis lectores que al recibir esta orden y observar a nuestros compañeros del día anterior hostilizarnos a la par que nuestros enemigos, contramarché como una fiera y resuelto cual nunca a estrellarme contra todos ellos; pero con un feroz placer ahogado con lágrimas de indignación!

Llegado que fui a la retaguardia con mi escuadrón, marchaba presuroso al encuentro de tan pérfidos compañeros, cuando aparece el coronel graduado Alejandro Heredia solicitando al general el jefe para tener con él una entrevista. El general Cruz consiente en ello, me manda detener y parte solo al sitio en que Heredia lo esperaba, también solo, en medio de ambos cuerpos de caballería. Conferencian un rato y vuelve nuestro general, y llamando a todos sus jefes a junta nos dice haber acordado entregar el mando de todo el ejército al coronel mayor Bustos, para que respondiese dicho jefe a la nación por él, pues decía Bustos que el objeto de la revolución era solo el de atender a guardar las provincias contra el ejército español, y dejar de hacernos la guerra unos contra otros; que respecto a los jefes y oficiales de nuestra fuerza, habían acordado que continuarían en sus puestos todos los que gustasen, y los que no, obtendrían sus pasaportes para donde los pidieran, y se les proporcionarían los medios de conducirse.

Todos los jefes quedaron conformes, y tuve por fuerza que resignarme a dicho acuerdo. El general le mandó comunicar a Bustos y se puso éste en marcha para la Cruz Alta, siguiendo nosotros sus huellas en retroceso, a poco rato y habiendo dejado de hostilizarnos los santafecinos.

3. Las causas de las guerras civiles según el General Paz. El "espíritu democrático" de las clases populares
José María Paz, Memorias póstumas *[1855]*, Buenos Aires, Emecé, 2000, T. I., cap. X, pp. 295-302.

No será inoficioso advertir que esa gran facción de la república que formaba el partido federal no combatía solamente por la mera forma de gobierno, pues otros intereses y otros sentimientos se refundían en uno solo para hacerlo triunfar. Primero, era la lucha de la parte más ilustrada contra la porción más ignorante. En segundo lugar, la gente del campo se oponía a la de las ciudades. En tercero, la plebe se quería sobreponer a la gente principal. En cuarto, las provincias, celosas de la preponderancia de la capital, querían nivelarla. En quinto, las tendencias democráticas se oponían a las miras aristocráticas y aun monárquicas que se dejaron traslucir cuando la desgraciada negociación del príncipe de Luca. Todas estas pasiones, todos estos elementos de disolución y anarquía se agitaban con una terrible violencia y preparaban el incendio que no tardó en estallar. En Buenos Aires mismo fermentaban los partidos internos, que aunque no participasen de las ideas de afuera en un todo, se servían de aquéllos como instrumentos que les facilitasen su acceso al poder; puede creerse que sin los estímulos que recibían desde la capital, los disidentes jamás hubieran logrado un triunfo tan completo. [...]

El gobierno nacional, por otra parte, adolecía de graves defectos y hasta vicios. El directorio estaba desacreditado, y estoy cierto que él mismo preveía muy distintamente su caída. Todos sus pasos eran inciertos; su marcha era vacilante; todas sus providencias se resentían de la debilidad y del error. Ese mismo valioso convoy de que acabo de hablar parece que hubiese sido destinado a perderse, pues fue aventurado con una escolta de cuarenta hombres, a cargo de un viejo mayor, a atravesar el distrito de Santa Fe. Afortunadamente vino por el camino despoblado del sud, de modo que cuando los montoneros se apercibieron estaba ya a salvo. Las precauciones que para mi marcha me encargó el general Belgrano prueban su desconfianza.

El general Belgrano no gustaba de esta guerra, y quizá la enfermedad que apresuró sus días provino del disgusto que le causaba tener que dirigir sus armas contra sus mismos compatriotas. El empeño con que procuraba retirarse del teatro, cada vez que se le ofrecía una ocasión o un pretexto, comprueba mi aserción. No contento con haber retirado el ejército de la frontera, veinticinco leguas hasta el Fraile Muerto, lo retiró aún treinta y cinco leguas más, hasta el Pilar, sobre el Río Segundo, a diez leguas de Córdoba, donde se situó definitivamente para esperar el desenlace definitivo del armisticio y de las negociaciones, si es que las había. Su enfermedad continuaba, y si no se agravaba sensiblemente, tampoco daba esperanzas de salud. El general Cruz, jefe del estado mayor, había regresado de Buenos Aires, y dejándole el mando del ejército, resolvió trasladarse a Tucumán, en busca de una mejoría que no encontraba. Es de notar que estando tan cerca de Buenos Aires, donde abundaban los buenos médicos y demás recursos del arte, jamás quiso ir, y prefirió trasladarse a una provincia lejana, que lo separaba de sus parientes, de sus amigos y de su país natal. ¿Fue causa de esta disolución la enemistad personal que se le suponía con el director supremo, Pueyrredón? ¿O solamente fue efecto de afecciones personales que lo atraían a Tucumán? Lo ignoro; quizá procedió de ambas causas.

La efervescencia era cada día más violenta en todos los ángulos de la república, y era imposible precaver de su acción a los ejércitos. Donde primero se manifestó fue en el mismo Tucumán, donde había quedado una fracción del ejército del Perú a las órdenes del comandante o coronel don Domingo Arévalo. Tanto él como el gobernador de la provincia, coronel Motta, fueron depuestos, siendo en seguida elegido popularmente el coronel de milicias don Bernabé Aráoz, que después fue tan célebre por la guerra intestina que sostuvo y por su trágico fin.

Por entonces el movimiento no tuvo un fin político decididamente, y sólo lo motivaron sus autores en el abuso de autoridad del que acusaban a Arévalo, cuyos actos ilegales y de crueldad referían, y en el apoyo que le daba el gobernador Motta. La parte ilustrada de Tucumán no mostró gran interés en este cambio, pero sí la campaña, donde Aráoz era sumamente querido. Además, el elemento popular, como lo han llamado unos, pretendía sobreponerse, y no es extraño que el movimiento que lo elevaba hallase simpatías en la masa de la población campesina.

Ésta fue la primera chispa que dio principio al incendio que cundió luego por toda la república. En el ejército no podía dejar de hacer una fuerte impresión, y me persuado de que desde entonces debió meditarse alguna cosa semejante [...].

En la provincia de Córdoba no era menor, y aun puede asegurarse que era más violenta la fermentación de las pasiones políticas que se agitaban. Había todavía una notable diferencia; en Tucumán, la parte pensadora de la población había manifestado cierta indiferencia, mientras en Córdoba era la más exaltada. Muchas causas habían concurrido para crear estas fatales disposiciones; causas que no es de este lugar explicar, pues que me llevarían más allá de lo que permite la memoria. Básteme decir que yo estuve algunos días en la ciudad, por licencia que obtuve en el campamento del Pilar, y que tuve la ocasión de conocer a fondo el estado de la opinión y los sucesos que se preparaban. Esas mismas ideas se propagaban en los ejércitos, y desde entonces no era dudoso el resultado.

La constitución política que había sancionado el Congreso y que se había hecho jurar a los pueblos y a los ejércitos, no había llenado los deseos de los primeros, ni había empeñado a los últimos en su defensa; tampoco había desarmado los disidentes o montoneros, que habían recomenzado la guerra con mayor encarnizamiento. Las ideas de federación que se confundían con las de independencia de las provincias eran proclamadas por Artigas y sus tenientes, y hallaban eco hasta en los más recónditos rincones de la república. Desde entonces se preparaba la separación de la Banda Oriental, que vino luego a tener efecto, a pesar de la conquista que de ella hicieron los portugueses. Es fuera de duda que sin la excitación y la cooperación de los orientales hubiera sido posible al gobierno detener el torrente y hacerse obedecer.

Debe agregarse el espíritu de democracia que se agitaba en todas partes. Era un ejemplo muy seductor ver a esos gauchos de la banda Oriental, Entre Ríos y Santa Fe dando la ley a las otras clases de la sociedad, para que no deseasen imitarlo los gauchos de otras provincias. Lo era también para los que se creían indicados para acaudillarlos, ver a Artigas, Ramírez y López entronizados por el voto de esos mismos gauchos y legislando a su antojo. Acaso se me censurará que haya llamado *espíritu democrático* al que en gran parte causaba esa agitación, clasificándolo de salvajismo; porque no podrá negarse que era la masa de la población la que reclamaba el cambio. Para ello debe advertirse que esa resistencia, esas tendencias, esa guerra, no eran el efecto de un momento de falso entusiasmo como el que produjo muchos errores en la Francia; no era tampoco una equivocación pasajera que luego se rectifica; era una convicción errónea, si se quiere, pero profunda y arraigada. De otro modo sería imposible explicar la constancia y bravura con que durante muchos años sostuvieron la guerra hasta triunfar en ella.

La oposición de las provincias a la capital, que se trataba de justificar con quejas bien o mal fundadas; el descrédito de los gobiernos que habían regido la república, y principalmente del directorial que era el último; las excitaciones, las intrigas que partían desde el mismo Buenos Aires, fraguadas por el partido que aspiraba al poder porque estaba fuera de él, eran otros tantos elementos de disolución. [...]

Antes no hice sino tocar ligeramente el descrédito en que habían caído las autoridades nacionales por las prevaricaciones que se les atribuían; ahora diré que se les hacían acusaciones más graves; se les culpaba de *traición* al país y de violación a esa misma Constitución que acababan de hacer jurar. Se propagaba el rumor de que el partido dominante, apoyado en las sociedades secretas que se habían organizado en la capital, trataba nada menos que de la erección de una monarquía, a que era llamado un príncipe europeo, a cuyo efecto se sostenían relaciones íntimas con las cortes del otro hemisferio. Tanto más alarmante era esta noticia cuanto el modo de proceder era recatado y misterioso, y cuanto ella destruía la obra constitucional que acababan de entronizar. [...]

Me hago un placer en asegurar que muchos hombres honrados y patriotas sinceros, asustados del desorden que nos amenazaba y de la anarquía, que por todas partes asomaba su horrible cabeza, pensaron de buena fe que el gobierno monárquico era el que sólo podía salvarnos. Mas, sin entrar en el fondo de esta cuestión, me será permitido decir que se equivocaron grandemente en el modo de promoverlo. Sin contar con que ellos mismos habían empujado antes a las masas con sus doctrinas y su ejemplo hacia los proncipios democráticos, hacuéndoles aborrecer la monarquía u consagrando como un dogma el republicanismo; sin contar, digo, con todo esto, cuando pensaron hacerlas retroceder a las ideas contrarias, sólo emplearon el disimulo, la intriga, el misterio y la sorpresa.

4. Las montoneras federales y la guerra de guerrillas
Paz, Memorias póstumas, I, cap. IX, pp. 276-285.

Serían las dos de la tarde cuando las guerrillas enemigas empezaron a ser reforzadas. Esto siguió en una progresión tan creciente como que las nuestras, que eran de caballería, tuvieron que recogerse al campo cercado. Muy luego presentaron su línea, que siguió avanzando, pero que hizo alto para dejar obrar lo que llamaban su infantería.

Ésta consistía en unos hombres armados de fusil y bayoneta que venían montados habitualmente, y que sólo echaban pie a tierra en ciertas circunstancias del combate. Nunca formaban cuando estaban desmontados en orden unido, y siempre iban dispersos como cazadores; formaban parejas, y para ello hacían servir sus amistades y relaciones personales, de modo que tenían ese vínculo para protegerse mutuamente y no abandonarse en el conflicto.

A presencia del enemigo, y sin desmontarse, se desplegaban en guerrilla, y cuando habían llegado a la distancia conveniente echaban pie a tierra, quedando unos con los dos caballos y avanzándose el compañero algunos pasos para hacer fuego, el que continuaba mientras se creía conveniente. Algunas veces se conservaba a caballo el uno, teniendo de la rienda el caballo del que se había desmontado.

Si eran cargados y se veían precisados a perder terreno, saltaban en sus caballos con rara destreza, y antes de un minuto habían desaparecido; si, por el contrario, huía el enemigo, montaban con igual velocidad para perseguirlo; y entonces obraban como caballería, por más que sus armas no fuesen las más adecuadas. Esta era la famosa táctica de la infantería de Artigas, con la que había triunfado de los ejércitos de Buenos Aires, y que a juicio de aquellos caudillos, era el último esfuerzo del ingenio humano. Es por demás decir que esta operación de su infantería era sostenida por los cuerpos de caballería, que conservaban generalmente a su inmediación. [...]

Aunque los federales o montoneros no tuviesen táctica, o mejor dicho, tuviesen una de su invención, se batían con el más denodado valor. Su entusiasmo degeneraba en el más ciego fanatismo, y su engreimiento por causa de sus multiplicadas victorias sobre las tropas de Buenos aires, se parecía al delirio. Entre los hombres que perdieron en la carga, que serían treinta, fuera de los que escaparon heridos, sólo uno se pudo tomar vivo y herido también, pues los otros prefirieron morir con sus armas en la mano. Vi un indio (no hablo de los salvajes, de que traían algunos del Chaco) que, habiendo perdido su caballo, había quedado a retaguardia de los nuestros cuando había pasado el momento de la carga, y que rodeado de diez o doce soldados, que le ofrecían salvarle la vida, los desafiaba con lanza en la mano, despreciando su perdón; a alguno hubo de costarle cara su clemencia, pues el bárbaro hirió a uno de sus generosos vencedores. Semejante a una fiera acosada de los cazadores que vuelve a esperarlos para vender cara su vida, así, este furioso, no escuchaba sino su rabia y desesperación. Fue preciso matarlo, como se hubiera hecho con una pantera o con un tigre. [...]

Me he detenido de propósito de los detalles de esta corta y poco importante campaña, para dar a conocer de una vez la táctica y modo de combatir de las montoneras que acaudillaba el jefe, el protocaudillo don José Artigas, mediante la cual obtuvieron considerables victorias sobre las tropas de Buenos Aires. En el primer ensayo que tuvieron con el ejército que se decía auxiliar del Perú, aprendieron a respetarlo, y su general, el digno Belgrano, fue, si no me engaño, un objeto de respeto y estimación para los mismos montoneros.

Muchos han tratado de profundizar esta materia para encontrar las verdaderas causas de los desastres de nuestras tropas, frecuentemente batidas por paisanos, muchas veces mal armados y peor dirigidos. Con este fin no ha faltado quien pondere la inepcia de nuestros generales, la cobardía de nuestros oficiales, y más que todo, la superioridad de la invención y del valor de los caudillos que capitaneaban esas masas irregulares, a las que tan propiamente se bautizó de montoneras.

Preciso es confesar que nuestros generales de entonces meditaron poco sobre la naturaleza de esta guerra, y que si hubieran reflexionado mejor habrían dado otra dirección a sus operaciones y otra organización a sus ejércitos. Generalmente olvidaron que la de un cuerpo de tropas debe ser adecuada a las localidades que han de servirle de teatro, a los enemigos que tiene que combatir y a la clase de guerra que tiene que hacer. Por ejemplo: un ejército destinado a operar en el Perú debería confeccionarse de otro modo que el que hubiese de combatir en las llanuras de la pampa; el que tuviese que lidiar con tropas regulares sería distinto del que tuviese por enemigos esas hordas semisalvajes, que, aunque armados de fusiles y aun cañones, algunas veces no se sujetan a la táctica ni la disciplina; y, finalmente, es muy diverso tener que combatir cuerpos reglados, compuestos de las tres armas y en que la infantería es más numerosa, que haber de luchar con esos grupos informes de caballería, que hacía el nervio y la fuerza principal de los disidentes.

Por lo general, el ejército que se destinaba contra ellos se recargaba de artillería y un gran parque, que lo hacían pesado; se establecía en una proporción desconveniente la fuerza de las armas, y llegó hasta creerse que la relajación de la disciplina en nuestras tropas sería un medio de retenerlas en sus banderas. Errores fatales, que se pagaron bien caros y de que se resintió por mucho tiempo nuestra organización militar y aun nuestro país. Tales fueron los primeros cuerpos de tropas empleados contra las montoneras, como los de Viamonte, en diferentes veces que mandó, los de Díaz Vélez, Holemberg, Montes de Oca y Dorrego en sus primeras campañas. Algunos fueron batidos; otros tuvieron que retirarse con precipitación y aun con peligro. A su tiempo diré que el general Belgrano, cuando vino a la campaña de Santa Fe, con el ejército del Perú, se vio en la necesidad de montar y armar como caballería alguna infantería, aunque no la que era bastante para esta clase de guerra.

Cuando después de los desastres del año 20 se volvió a encender la guerra, el señor Dorrego, que mandaba las tropas de Buenos Aires, se desprendió de toda la infantería y opuso la sola caballería considerablemente aumentada, a los montoneros que combatía. Después de sus primeros sucesos fue definitivamente batido en Gamonal, y lo mismo le sucedió al general La Madrid, que mandó las fuerzas compuestas de pura caballería, que se opusieron al caudillo Ramírez, de Entre Ríos.

Sin considerar positivamente esta nueva organización, diré que no me parece propia de las circunstancias en que fue adoptada. La montonera, aunque compuesta de tropas irregulares, estaba poseída de un entusiasmo extraordinario, el que unido al brío y valor natural de nuestros campesinos, les daba una ventaja en los combates individuales (digámoslo así) a la arma blanca, que es la que regularmente se emplea en los ataques de caballería. Por otra parte, esos grandes cuerpos de esta arma, improvisados para oponerles, ya se compusiesen de milicianos, ya de tropas de línea recientemente creadas, no podían tener ni la posesión ni la instrucción convenientes para las maniobras; de modo que las batallas se reducían a choques bruscos y desordenados, en que se combatía casi individualmente. De aquí resultó que los montoneros daban tanta importancia a lo que llamaban *entrevero*; expresión que estuvo en boga, y que era repetida con énfasis por personas de más altura.

Reducida a estos términos la guerra, poco o ningún fruto podía sacarse de los esfuerzos del arte, ni de las ventajas de la táctica y de la disciplina, a lo que contribuía que había pocos jefes y oficiales que conociesen medianamente la arma de caballería.

Para comprender el ardiente entusiasmo que animaba a los montoneros, forzoso es referirnos al estado de nuestra naciente civilización. Atendido él, les fue muy fácil a los caudillos sublevar la parte ignorante contra la más ilustrada, a los pobres contra los ricos, y con este odio venían a confundirse los celos que justa o injustamente inspiraba a muchos la preponderancia de Buenos Aires. Aun diré más, y que quizá fue la causa más poderosa, las fuertes prevenciones que había engendrado en el paisanaje la indisciplina y altanería de las tropas de los primeros ejércitos y las exacciones gravosas a que los sujetaban.

Llegó a ser tan poderoso ese sentimiento de oposición en las montoneras y sus jefes al gobierno y a las tropas regladas, que sofocó hasta el noble entusiasmo de la independencia; nadie se acordaba de los ejércitos españoles que amagaban por distintos puntos, y es seguro que se les hubiera visto penetrar en nuestro territorio sin que se hubiesen reconciliado los ánimos. Quizá cuando la conquista hubiese avanzado mucho, la magnitud del peligro nos hubiera reunido.

5. El carisma de los caudillos
Benjamín Villafañe, "Reminiscencias históricas de un patriota" (en Revista Nacional, *XIII, Buenos Aires, 1890), Tucumán, Banco Comercial del Norte, 1972, pp. 60-61.*

Hoi dia, al recordar tales hechos, pensando en la docilidad con que estos semi-bárbaros, á despecho de la desnudez y del hambre, se inclinaban ante un jesto del superior; la palabra caudillaje hiere nuestro espíritu. Qué es pues, un caudillo en los albores de la civilización? La personificación de un ideal; pero de un ideal que significa fuerza muscular, destreza al descargar un golpe de muerte, astucia ó habilidad en la dirección de un combate. Si esto es cierto, Quiroga, Ibarra, el Chacho, etc., eran caudillos en su mas alta acepcion. Pero el doctor Francia; Rosas, Oribe, no eran caudillos, sino entidades híbridas que se distinguieron solamente por su fria ferocidad. Aquellos inspiraban miedo, respeto, amor, quizá; mientras que estos otros solo inspiraban odio y terror. Sobre la tumba de los primeros podian oir los suyos, hasta llorar. Sobre las de los segundos, solo era dable maldecir ó reir con la risa de Satanás!

Es en Peñaloza ó *Chacho*, que he podido sorprender uno de los secretos de aquella extraña popularidad. Este hombre, sobresalía en las cualidades de fuerza y valor; pero he aquí algo mas que lo realzaba en el concepto de sus iguales.

Una, dos veces lo he visto rodeado de los suyos: tendía su poncho en la llanura y sentábase en una de sus extremidades con un naipe en la mano y un puñado de monedas á su frente. Lo he visto llamar á los gauchos que lo rodeaban, y ellos acudir á la carpeta donde figuraban primero dos cartas, y en seguida otras dos, sobre las cuales cada concurrente depositaba su parada. Allí, sin espacio suficiente para asistir cómodamente á la fiesta, muchos de ellos agobiaban sin piedad sus espaldas. En tales momentos, nada habia que lo distinguiese de los otros: jugaba, disputaba, apostrofaba, y sufria cuanta revancha y contradicciones le iban encima á consecuencia de sus trampas ó no trampas.

Fatigado al fin, por lo que Darwin llamára la lucha por la vida, lo he visto ponerse de pié, la frente severa y altiva y decir á la turba –Ea! Muchachos, cada uno á su puesto. Y entónces obedecer todos, sin chistar palabra como movidos por un resorte!

6. Los crímenes de Buenos Aires según Estanislao López
"Estanislao López al Cabildo de Buenos Aires" (14 de septiembre de 1820), en Papeles de López, Santa Fe, 1976, T. I, pp. 45-48 y 51-52.

Recordar los crímenes cometidos por todas las administraciones de Buenos Aires desde el principio de la Revolución, sería la obra de muchas páginas, de la paciencia y de un trabajo a que no puedo dedicarme en medio de mis afanes. Bien es que parece innecesario, porque el público imparcial ha visto continuamente ocupadas las prensas en la declaración de los hechos horrendos que los gobiernos en poder han descubierto a los depuestos, siempre contrarios a la libertad de nuestra patria. Me ceñiré sólo a manifestar la rectitud de mis procedimientos desde la invasión del Ejército Federal a esa provincia, por noviembre del año pasado.

No se oculta a los jefes de los pueblos de la Liga que el ex-Director Álvarez había entregado al Rey de Portugal la Provincia Oriental, y que este plan fue segundado por sus sucesores. No era pequeño el conflicto en que nos ponía una intriga de esta naturaleza, y penetrados de la impotencia a que nos reducía la falta de armas para empeñar, con tan corto número de tropas, una guerra ofensiva contra el ejército portugués y el de Buenos Aires, auxiliado por los Generales Belgrano y San Martín, apelamos al arbitrio de ilustrar a nuestros conciudadanos del modo vil con que se nos obligaba a besar la mano de un monarca déspota, manteniéndonos, mientras, en defensa a costa de todo sacrificio, para dar así tiempo a que los pueblos se alarmasen y cooperasen con nosotros a la destrucción de los traidores. Pero cuando, por accidente, logramos copia fiel del oficio del Director Rondeau al General Lecor, de dos de febrero de 1819, publicado en la Imprenta Federal, nos persuadimos de la proximidad del peligro, y arrostrando todas las dificultades, buscamos, atacamos y derrotamos completamente en la Cañada de Cepeda al ejército que mandaba en persona el Director, muy superior en número a nuestras divisiones. El terror se apoderó de los aristócratas, y los verdaderos patriotas nos recibieron con los brazos abiertos como a sus hermanos y amigos. Todos los habitantes de la campaña se nos presentaban llenos de entusiasmo, ofreciéndonos auxilios y clamando porque no los abandonásemos sin que se separasen de Buenos Aires a los hombres que causaban sus desgracias.

Nosotros llegamos a aquella capital sin la menor oposición, con una fuerza que no excedía de quinientos hombres, habiendo antes manifestado en la Convención del Pilar que nuestras aspiraciones eran ceñidas únicamente a asegurar el bien de la Nación. Nada se pidió ni nada se hizo que no diese honor a los vencidos, hasta el extremo de perjudicar nuestros intereses y exponer nuestra reputación; pero todo nos era soportable al recordar las ventajas que reportaban a nuestra patria la unión y la cesación de la horrorosa guerra civil en que el gobierno, que se decía de las Provincias Unidas, había envuelto a todas las que dependieron de su autoridad, hasta que, cansadas de sufrir, se le separaron a la sombra de las glorias de nuestro ejército. Perdimos esta esperanza, conociendo la imposibilidad de sofocar el influjo de los malvados, en las deliberaciones del nuevo gobierno, que no mostraba aquella firmeza necesaria para castigar su obstinación.

Al paso que el pueblo se regocijaba convencido de la sincera reconciliación con las provincias todas, los desnaturalizados, que veían amenazados sus negros designios, apuraban la intriga agitando recelos para impedir una obra tan grande como costosa. Tuvieron osadía para colocar en el gobierno por medio de un tumulto militar, a un jefe coligado con el Director para oprimir y esclavizar las provincias independientes. Así fue que apenas ocupó la silla, suspendió bajo frívolos pretextos la entrega del ridículo número de armas que se concedieron al ejército por tratado secreto, como una corta recompensa de los gastos de la expedición que acababa de dar la libertad al pueblo. No pudiendo lograr este proyecto por la resolución con que los ciudadanos (aterrados con la idea del engrandecimiento de la dinastía, cuyo yugo habían sacudido con enormes compromisos) se acogieron de nuevo bajo la protección de nuestras banderas, volviendo con nosotros a la capital para deponer al intruso y entregarnos cuanto se había estipulado en febrero, determinaron esperar en silencio mejor ocasión.

Pasados aquellos días aciagos, no siendo ya necesaria la presencia del ejército, a la primera insinuación del gobernador, ordenamos su retirada con la satisfacción de haber observado, durante el tiempo de nuestra permanencia en el territorio de Buenos Aires, una conducta tan imparcial como liberal. Volvíamos persuadidos de que jamás seríamos ya obligados a derramar sangre americana, porque creíamos en las promesas del gobernador, y confiábamos en los esfuerzos de unos americanos hartos de experiencia y de sufrir opresión. Más, en vano. No habíamos pasado de San Antonio de Areco que interceptamos cartas del General Soler para el Coronel Vidal, pidiéndole "unirse y organizar una fuerza respetable contra los tunantes que les habían dado la ley (así se expresaba para señalar a los que había cansado con abrazos en demostración de gratitud) para que Buenos Aires obtuviese otra vez el rango que de justicia le corresponda". Este feliz descubrimiento nos dio una clara idea del objeto de sus afanes en la creación del ejército de caballería en Luján, y no perdimos de vista los pasos de aquél general, para reglar los nuestros.

No tardó la deposición del Sr. Sarratea, que fue reemplazado por el Sr. Ramos Mejía, cuyo esmero en la realización del ejército de Soler mostraba que eran acordes sus intenciones. Llegaron órdenes a San Nicolás para detener la escuadrilla que conducía el armamento y que debía proteger al General Ramírez en el Entre Ríos. Afortunadamente, no tuvieron efecto porque no faltó previsión para contrariarlas.

Los tratados del Pilar fueron rotos desde que se alejó el Ejército Federal. Se introdujeron a la Junta de Representantes los mismos hombres que se separaron de ella para que pudiese efectuarse la Convención. No se eligió el gobierno de la Provincia como se acordó y, con estudio, se retardó el nombramiento de diputado a San Lorenzo, porque aquella reunión no convenía a las miras del partido directorial, que con disimulo, se apoderó de la administración luego que el Gobernador Sarratea fue separado. Con escándalo inaudito se declaró acto de virtud la venta de la patria, y los reos de esta enorme traición se gloriaban en público de serlo.

I. El año XX

Entre tanto el ejército de Soler se aumentaba con rapidez, y este jefe dejaba ya traslucir su plan de abrogarse el mando de la provincia empleando las bayonetas para la ejecución del descubierto a Vidal. Yo temía con razón aquel paso tiránico y tomaba mis medidas para oponerme, avanzando mis tropas en observación al sur del Carcarañá, en cuyo campamento recibí un sinnúmero de cartas de los vecinos más recomendables de la provincia de Buenos Aires, pidiéndome no retardase mis marchas sobre la capital, para liberarla de los nuevos horrores con que se le amenazaba. [...]

Los pueblos de las Provincias Unidas están en libertad por sus esfuerzos contra ambiciosos extranjeros y domésticos. La ruina de la Banda Oriental, Entre Ríos, Santa Fe y otras muchas provincias del Perú y Chile, ha sido ejecutada y decretada por la administración de Buenos Aires. Sólo a fuerza de sangre han podido algunas sustraerse de su cruel dominación. Dominación más terrible que la del mismo Fernando. Deje, pues, V. E. de tolerar o proteger estos atentados o prepárese a experimentar una guerra tanto o más horrorosa que la que V. E. sostiene por ese espíritu de dominación que lo devora, por ambición y por interés. Persuádase V. E. que el General Dorrego lo precipita con cuentos urdidos por engrandecerse. Sus glorias son efímeras; sus hechos son otros tantos borrones que le hacen indigno hasta de ser americano. Él se ha elevado al rango de primer magistrado de esa provincia por medios asquerosos y bajos. El ha insultado la representación de los pueblos de la campaña, oprimiendo a sus verdaderos representantes, al mismo tiempo que protege y engrandece a los ilegítimos que autorizaron el tumulto del déspota Soler, con quien está íntimamente ligado desde que le nombró Gobernador interino. Sin esta ventaja era enemigo implacable del mismo a quien con ella ayudó activa y eficazmente. Son dos genios que se combinan, y dos genios que, sobre los males que han causado a la Patria, le harán muchos más aún, si no se les contiene en tiempo oportuno.

Las entradas de mis tropas en esa campaña son ocasionadas por la impolítica medida de Dorrego, que piensa conseguir la destrucción del Ejército Federal con la devastación de nuestros campos y pueblos. La victoria del Gamonal puso en mis manos la suerte de los de esa provincia, y los he respetado porque no es conforme con la razón que nuestros compatriotas oprimidos paguen los desvaríos de sus opresores.

La Provincia de Santa Fe ya no tiene qué perder, desde que tuvo la desgracia de ser invadida por unos ejércitos que parecía venían de los mismos infiernos. Nos han privado de nuestras casas porque las han quemado, de nuestras propiedades porque las han robado, de nuestras familias porque las han muerto por furor o por hambre. Existen solamente campos solitarios por donde transitan los vengadores de tales agravios, para renovar diariamente sus juramentos de sacrificar mil veces sus vidas por limpiar la tierra de unos monstruos incomparables. Conocen que de otro modo es imposible lograr tranquilidad, y que se multiplicarán las víctimas sin alcanzar jamás una paz duradera, que tenga por base la igualdad de derechos y la pública felicidad.

7. El año XX en Buenos Aires: la humillación porteña

Juan Manuel Beruti, Memorias curiosas *(Senado de la Nación,* Biblioteca de Mayo, *1960),* Buenos Aires, Emecé, 2001, *pp. 307-328.*

La gran ciudad de Buenos Aires, después de tantas glorias y nombre inmortal que adquirió, ha venido a quedar reducida a un gobierno de provincia, perdiendo la preeminencia que obtenía de capital y corte de las provincias de la Unión; llegando a tal su infelicidad, que un ejército que se nombre federado, compuesto de mil y más hombres mal armados, de un triste pueblo como Santa Fe, lo haya hecho ceder, y entrar por cuanto ha pedido, reduciéndolo a ceder en mucha parte con deshonor y bajeza, que se vio precisado a deponer al supremo director, disolver el soberano Congreso, admitir el gobierno federal y finalmente con desaire del pueblo, que en Cabildo público reeligió al Cabildo que regía, hizo quitarlo y que se nombrase otro a sus ideas como se efectuó; es cuanto cabe, y a cuanto puede llegar la desgracia de un pueblo que se veía dividido en bandos, lleno de partidos, facciones, que sus dependientes le pongan la ley que quieran de grado, o por fuerza como ha sucedido, por lo que le cae el verso antiguo que dice:

Aprended flores de mí
Lo que va de ayer a hoy,
Que ayer maravilla fui
Y hoy sombra mía no soy.

Así ha sucedido a Buenos Aires, que de soberano, se ve reducido a vasallo: por lo que dice bien el adagio: "nadie hasta el fin es dichoso".

El 10 de marzo de 1820. El gobernador insultó al mayor coronel don Nicolás de Vedia, diciéndole que era un intrigante, que le andaba seduciendo sus tropas, acalorándose tanto que le amenazó pegarle de bofetones, y aun echando mano a la espada, de lo que resultó el echar Vedia a la suya, que a no haberlo contenido varios oficiales que se hallaban presentes sucede una desgracia. Cómo se conoce la anarquía que ni el que gobierna se hace respetar, por ser insolente que no guarda decoro ni el súbdito se lo guarda al gobernante, pues cada uno hace lo que quiere y queda impune como ha sucedido el actual pasaje, que a Vedia no se le ha dicho cosa alguna.

El mismo 10 de marzo de 1820. Se mandó que todos los ciudadanos concurriesen a la plaza Mayor a las tres de la tarde a tomar armas y reunirse con las tropas veteranas para salir a atacar a Soler; pero la tarde se pasó y nadie concurrió, por lo que el gobernador se encontró burlado sin tener quién lo sostenga, y por lo tanto suspendió su salida; mayormente cuando toda la gente se le está pasando a Soler, que tiene su campo en los extramuros de esta ciudad, en el punto de la Chacarita de los Colegiales dos leguas de distancia; de manera que se le han pasado el comandante del 2º tercio de cívicos don Juan José Salces con la mayor parte de su gente, el de argentinos don Francisco Aparicio con la suya, el comandante de húsares, muchos ciudadanos, dragones, artilleros, granaderos, toda la campaña y un sinnúmero de oficiales de rango y subalternos, por lo que se ve sólo con 400 o 500 hombres veteranos, que aun éstos, según se dice, la mayor parte se irían y por lo mismo el gobernador ha suspendido el salir. Últimamente el pueblo no quiere guerra, los partidos son muchos y el gobierno no puede obrar pues se ve impotente.

El 11 de marzo de 1820. Con motivo de no querer admitir composición alguna Soler, sin embargo de varias diputaciones mandadas por el gobierno, éste trató de poner la ciudad en defensa, para ello echó bando que esta noche se iluminase la ciudad, al tiro de tres cañonazos concurrieron los ciudadanos a la plaza Mayor e igualmente los negros esclavos, y se cerrasen las tiendas públicas; en seguida mandó el regimiento de granaderos de infantería a cubrir la plaza del Retiro; pero éste cuanto llegó, la guardia de argentinos que en él había, la reunió así y en columna con bandera desplegada se dirigió marchando por el bajo del río hasta llegar al ejército de Soler, sin que hubiese nadie que se le opusiera, por lo que el gobierno ya no tiene fuerza veterana con quien contar sino con el cuerpo de aguerridos, que lo tiene en el Fuerte; finalmente en esta noche se fue mucha gente y todo el estado mayor.

En esta misma noche, como a las diez de ella, se oyó un tiroteo de fusil, que puso en bastante cuidado a la ciudad y fue la causa que a esas horas los sargentos, cabos y soldados del cuerpo de aguerridos tumultuosamente se salieron del Fuerte que cubrían, dejando desamparados los oficiales que no los pudieron contener, los que con sus armas de fuego se fueron al ejército de Soler; por lo que quedó sin defensa el gobernador Balcarce, y demás oficiales de rango que lo acompañaban; lo que visto por ellos, salieron y se embarcaron por el muelle en unos lanchones que tenían prevenido para ese caso y entre ellos el coronel de aguerridos don Mariano Benito Rolón, el dicho gobernador, don Cornelio Saavedra brigadier, el secretario doctor don José Anastasio Echevarría, don José Rondeau, brigadier, el mayor coronel don Juan José Viamonte y otros, no habiendo habido más desgracia que un comerciante baleado del brazo, el que se lo cortaron, llamado don Antonio María Pirán, y el capitán don Francisco Bauzá, que por contenerlos le dieron dos balazos de los que al otro día murió.

El 12 de marzo de 1820. Como a las ocho del día, entraron en esta ciudad las tropas y pueblo que se habían ido a las de Soler, las que se posesionaron de los cuarteles y fortaleza, habiendo entrado en este mismo día dicho señor Soler y el gobernador Sarratea.

El 26 de marzo de 1820. En virtud de orden del gobernador, que dicen la mostró Alvear, en el cuartel de aguerridos, fue admitido por su actual comandante don Anacleto Martínez y sostenido de general de armas dicho Alvear, quien a eso de las tres de la mañana hizo prender al que lo era don Miguel Soler y a esas horas fue conducido a bordo de un barco de guerra, como igualmente los jefes del estado mayor general don Antonio Beruti, don Eduardo Holmberg y don Francisco French, los que fueron sorprendidos en sus propias casas.

El mismo día a las doce fue reconocido generalmente por todas las tropas de la guarnición de tal comandante general de armas el citado don Carlos María de Alvear, que el día antes incógnito había bajado a tierra de a bordo donde estaba, quien con todas las tropas veteranas se situó en el cuartel del Retiro, en donde fue reconocido con mayor solemnidad, pues en una representación u oficio que pasó al excelentísimo Cabildo donde le avisa haber sido nombrado por aclamación general de tropas y pueblo en general, por no querer a Soler, en él iban firmados todos los jefes y oficiales de los cuerpos, y mucha gente principal del vecindario.

Con motivo de haberse quitado las guardias que cubrían la plaza de las tropas veteranas, quedaron las cárceles sin custodias por lo que los diputados de las provincias que componían el Congreso disuelto, que se hallaban presos en la propia casa del Congreso, pasaron oficio al gobernador diciendo hallarse sin custodia, por haberse ido la que los guardaba a la plaza del Retiro con el general Alvear, a los que se les contestó diciendo se retirasen a sus casas guardando en ellas el propio arresto.

Esta propia noche, el 2º tercio de cívicos, cuando supo haber entrado Alvear de general y hallarse embarcado Soler, ganaron la plaza Mayor, la cubrieron de artillería sus entradas y se prometieron morir primero que admitir a dicho Alvear de general para lo que llamaron a los señores del Cabildo, cubriendo las azoteas de la entrada; habiendo puesto en el asta de la torre del Cabildo una bandera encarnada en señal de no admitirlo, y llamando al pueblo a que sostuviera a la patria, que estaba en peligro, pues un intruso por sorpresa quería contra su voluntad tomar el mando de las armas.

El 27 de marzo de 1820. Como a las nueve de la mañana, el cuerpo de caballería, que estaba en el Retiro formado con los demás que tenía Alvear, nombrados los colorados de las milicias de las Conchas, habiendo visto que la plaza estaba guarnecida de los cívicos, a la vista misma de Alvear, y tropas, en galope se vinieron a reunirse con los cívicos en la plaza, quienes iban diciendo a gritos somos pasados, por lo que fueron recibidos con descargas generales de fusilería, vivas y aclamaciones, lo que visto por Alvear, se fue del Retiro con las tropas de infantería y caballería que le quedaron y se situó en el Monte Castro a tres leguas de distancia de esta capital.

Este propio día se desembarcaron de a bordo Soler, Beruti, Holmberg y French, quienes tomaron los mandos que el pueblo les dio, de general Soler, French mayor general y Beruti gobernador de la fortaleza.

El 28 de marzo de 1820. Se mandó a los cívicos que el que voluntariamente quisiera se presentara para salir con Soler a atacar a Alvear, que en los Santos Lugares se hallaba con sólo algunos oficiales que lo seguían, porque las tropas que lo seguían lo habían desamparado, viniéndose a la ciudad.

El 29 de dicho. Salió Soler con los cívicos a seguir a Alvear, que unido con Carrera iba huyendo para el Pilar; y para ello antes ya había salido el mayor general French.

El 2 de abril de 1820. Entraron de regreso los cívicos en esta capital por compañías, quienes fueron echados por Soler, desde dichos Santos Lugares por insubordinados, pues no guardaban orden, respeto ni disciplina, por lo que tanto oficiales como soldados hacían lo que querían, de manera que Soler no se atrevió seguir a Alvear con ellos, porque seguramente iba a salir mal, pues Carrera, con quien estaba Alvear, tenía a su favor 600 veteranos, que eran bastantes para hacer correr a dichos cívicos, pues éstos no sirven para campaña sino para la ciudad, que detrás de parapetos, calles, azoteas, etcétera, pueden defenderla.

Llegó a tal la maldad de esta gente, que se tocaron una porción de llamados por mandato del general Soler, y uno u otro eran los que concurrían, de manera que el ejército sólo era en el nombre, pues no hacían otra cosa que emborracharse, meterse en los ranchos a dormir y finalmente esparcidos por el campo robando y dañando que es para lo que han servido por lo que ha quedado este pago arruinado, asolado y robado por semejantes pícaros, que ni sus oficiales podían contenerlos, de manera que obraron en nuestro campo como si fuera el del enemigo y últimamente no se hizo nada, y se volvieron conforme fueron, quedándose Soler únicamente con las milicias de caballería de la campaña; por lo que Soler no hizo nada y Alvear se escapó con Carrera y demás que lo seguían para la jurisdicción de Santa Fe.

Son incalculables los daños, muertes, robos y destrozos que se han causado en esta revolución, pues desde el primer día de ella hasta que salieron con Soler no hicieron más que saquear muchas casas de comercio y pulperías, abriendo las que estaban cerradas a balazos las puertas, tirando tantos tiros al aire que según cálculos pasaron de doscientos mil, de cuyas balas perdidas murieron algunas personas y otras heridas, siendo uno de éstos su propio comandante don Juan José Salces, saquearon los cuarteles de aguerridos, granaderos, artilleros y otros, sin dejarles armas, municiones, vestuarios, mesas, tallas ni las ollas de comer, quedando limpio como la tierra.

La sala de armas del Fuerte la robaron echando sus puertas al suelo y sacaron más de siete mil fusiles, fuera de los sables y espadas, los que han vendido hasta por ocho reales, por lo que se cree ha perdido el estado más de medio millón de pesos; si esto ha sucedido en la ciudad, contémplese qué habrá sido en la campaña.

De estas resultas y males causados que no hay cómo poderlos explicar, se mandó por bando cerrar las casas de trato por ocho días, para que a su entrada de regreso no volvieran a atropellarlas, y se tomaron otras medidas para contenerlos.

Esto a mayor abundamiento lo causó el haberse deshecho las tropas veteranas que dejaron sus cuarteles y los agregaron a los tercios cívicos, mandando a sus casas a la oficialidad, que Dios quiera no tenga esta determinación fatales resultados y los soldados andan sueltos por las calles sin casa ni tener con qué comer, y por lo tanto no hay tropas; por lo que se ve esta capital en una verdadera anarquía, pues cada uno hace lo que quiere y la plebe insolentada.

Últimamente este año ha sido el más fatal y desgraciado que hemos tenido en los diez años de revolución, dimanado por nuestras guerras con Santa Fe y mudanza de gobiernos, por lo que nos encontramos llenos de partidos, pobres y abatidos; Dios quiera que el año entrante no sea como éste y logremos unirnos que seremos felices, pues si sigue la desunión nos haremos en el todo infelices.

8. Muerte del "Supremo Entrerriano", Francisco Ramírez
"Oficio del gobernador López al gobernador sustituto de Santa Fe" (11 de julio de 1821), en Academia Nacional de la Historia, Partes de las guerras civiles, *Buenos Aires, 1973, I, pp. 474-475.*

Después de haber perseguido al Supremo Ramirez por el Sud, y penetrado [en] el territorio de Córdoba hasta sus confines por el Norte por caminos asperos, faltos de todo, y especialmente de aguadas, considerando imposible darle alcance, pues aunque giraba con 400 hombres, con las partidas de las sierras, que se le habían reunido abundaba de caballos en numero de mas de dos mil, quando mi éxito iba bien escaso, deliberé destacar del Escuadrón Nº 1 y Escolta en numero de mas de ciento sinquenta hombres al mando de Orrego, y Maldonado con el Señor Gobernador Sustituto de Cordova Don Francisco Bedoya desde el Paso de Quiroga, los que siguieron hasta mas allá del Río Seco, y el resto de mi fuerza seguía en reserva algunas leguas para el caso de alguna desgracia.

Al fin fue premiado el recto que nos há conducido por el alto ser, que vela sobre nuestra Libertad, y preside los destinos perfeccionando las glorias de la Provincia, como expuse á mi salida á todas las corporaciones, según lo acredita el tanto del parte original, que incluio para satisfacción de todos los Paisanos amantes de su suelo ofendidos injustamente por la agresora víctima, cuia Cabeza presenta un instructivo desengaño a todos los Tyranos ambiciosos. Aunque nos hemos incomodado marchando sobre mas de 200 leguas se ha conseguido al honorifico objeto de ella.

La Cabeza de Ramírez se servirá pasarla á la Honorable Junta de la Provincia acordando sea colocada en la Iglesia Matriz al frente de la bandera en una jaula de qualesquiera metal, costeada por los fondos de Cavildo, embalsamada si se pudiese disecada por el Cirujano para perpetua memoria, y escarmiento de otros, que en lo sucesivo en los transportes de sus aspiraciones intenten oprimir a los heroicos y libres santafecinos.

Igualmente comunicará este parte á todos los Comandantes de los respectivos Departamentos.

Saludo a V.S. con toda la efusión de gozo con que se halla impresionada mi alma por el cúmulo de males, que evita la ruina de esa triste victima sobre que se há sensibilisado como humano. Campamento en el Fuerte de Fierro, Julio 11 de 1831.

Estanislao López

Señor Don Ramón Méndez, Gobernador Sustituto de la Provincia de Santa Fe.

9. Buenos Aires retoma el liderazgo político: Tratado del Cuadrilátero (enero de 1822)

Tratado Cuadrilátero
Celebrado entre Buenos Aires, Santa Fe, Entre Ríos y Corrientes
15 a 25 de enero de 1822

Por cuanto: los tratados solemnes de paz y permanente armonía sancionados por los Representantes de las cuatro provincias, Buenos Aires, Santa-Fé, Entre-Ríos y Corrientes, desde el 15 hasta el 25 de enero, han sido ratificados por los respectivos Gobiernos, con la mejor unanimidad de sentimientos, —aurora luminosa de días más alegres, felices y venturosos que los de la amargura y el llanto que precedieron, arrobando la más lisongera y consoladora idea de que se aproximan ya los dulces momentos de la dicha, engrandecimiento y prosperidad de la Patria y nuestro nativo suelo, por cuyos dignos objetos se han multiplicado sacrificios, inmolando a su logro víctimas gloriosas, cuya sangre apreciable no debe ser infructuosa; y en obsequio de su mejor economía se han acordado los artículos siguientes:

Reunidos los Representantes de las cuatro provincias, Buenos Aires, Santa Fé, Entre Ríos y Corrientes, a saber: el Coronel Mayor Ministro de la Guerra, D. Francisco de la Cruz; el Secretario del Gobierno en todos los ramos de la segunda, don Juan Francisco Seguí; D. Casiano Calderón, presidente del Congreso Provincial Entre-Riano, y el Sr. D. Juan Nepomuceno Goytía, cura de las Ensenadas de Corrientes, con el digno e importante objeto de solemnizar la paz saludable que disfrutan de un modo firme y permanente, fijándola en principios sólidos y recíprocamente ventajosos, y que sirvan de base a la mejor amistad y más duradera armonía, única fuente perenne, de donde deduce su vertiente toda apetecida felicidad, después de reconocidos y cangeados los respectivos poderes amplios, hemos convenido y acordado los artículos que subsiguen:

1°) Queda sancionada una paz firme, verdadera amistad y union permanente entre las cuatro provincias contratantes, cuya recíproca libertad, independencia, representación y derechos, se reconocen y deben guardarse entre sí en igualdad de términos, como están hoy de hecho constituídas, sin que por este acto solemne se gradúen renunciados los que defiende Santa-Fé sobre los territorios de Entre-Ríos, por documentos legítimos y amparos superiores, cuya reclamación legal como las competentes a las demás de los suyos y respectivos, son el soberano legítimo Congreso General, de todas las provincias en la oportunidad que presente el órden de los sucesos americanos en su perfecta tranquilidad y absoluta cesación de oscilaciones políticas, cuyas innovaciones convenientes serán obedecidas como emanadas de la Soberanía Nacional.

2°) Si los españoles, portugueses ó cualquier otro poder extranjero invadiese ó dividiese la integridad del territorio nacional, todas inmediatamente pondrán en ejercicio su poder y recursos para arrojarlo de él, sin perjuicio de hacer oficialmente al gobierno agresor las reclamaciones que estime justas y oportunas.

3°) Subsiste la misma liga contra cualquier poder de los designados, que insida en igual defecto contra el territorio particular o jurisdicción que cada una de las cuatro provincias disfruta de buena fé, en pacífica posesión, según las demarcaciones y términos respectivos, quedando divisorios provisoriamente de la del Entre-Ríos y Corrientes, los arroyos Guayquiraró Miriñay Tranquera de Loreto, con el territorio de Misiones, sin perjuicio del derecho que defiende Santa-Fé, de las cincuenta leguas que su Representante dice corresponderle por su fundación, y fueron deslindadas hasta los mojones, ó al menos hasta el río Corrientes, como los que tenga esta provincia a su favor, cuya decisión queda al soberano Congreso General.

4°) Ligan los mismos deberes contra todo poder americano que pretenda usurpar por las armas los derechos detallados en el artículo 1°. En cuya virtud, si alguna ó todas las demás provincias de la Nación atacaren con fuerza a cualquiera de las cuatro amigas, se les harán por todas en unión las más sérias y formales protestas su agresión, y caso de ser desatendidas, irán en su auxilio las otras tres, facilitando más a la invadida todos los recursos que necesite, que deberán satisfacerse por ésta, concluída la guerra, á los plazos que se estipulen.

5°) Si la provincia invadida hubiese dado mérito á ello, en juicio de las tres, éstas entonces interpondrán su mediación para con la agresora, á fin de que se evite la guerra; y si ésta se prestase en conformidad, estará obligada a darle la satisfacción necesaria, y si no, correrá la suerte que ella misma ha provocado; mas si este caso fuese á la inversa, obrarán las tres provincias consecuentes á lo acordado en el artículo anterior.

6°) Ninguna de las provincias contratantes podrá declararse guerra ú hostilidad, ni á otra cualquiera de las del territorio de la Nación, sin acuerdo y consentimiento de las otras tres, por medio de diputados autorizados á ese objeto, que á presencia y exámen de las causales que puedan ocurrir, la decida, y sin que antes de verificarse un suceso tan funesto se pidan las satisfacciones correspondientes á las que sospechan haber faltado a sus deberes respectivos.

7°) La de Buenos Aires facilitará en cuanto lo permita su estado y recursos, el armamento, municiones y demás artículos de guerra á cualquiera de las otras que lo necesite y pida, cuyo importe de los renglones que se suministrasen, será satisfecho en la especie, modo y tipo que contratasen los respectivos Gobiernos quedando á mas libre el comercio de aquellos entre las cuatro provincias.

8°) Queda igualmente libre el comercio marítimo en todas las direcciones y destinos en buques nacionales, sin poder ser obligadas a mandarlos abonar derechos, descargar para vender sus mercaderías ó frutos por protesto alguno por los Gobiernos de las cuatro provincias cuyos puertos subsisten habilitados en los mismos términos; sólo sí, por obviar el perjudicial abuso del contrabando, podrán ser reconocidos por los Guardas costas respectivos, como sus licencias, guías y demas documentos con que deben navegar, siendo decomiso lo que venga fuera de ellos.

9°) Buenos Aires, por un principio de generosidad y buena correspondencia con el actual Gobernador del Entre-Ríos y el de Corrientes, dá por condenados, sucedidos y chancelados, cuantos cargos puede hacer y reclamaciones justas, por los enormes gastos que le obligó causar la temeraria invasión del finado Ramirez, consagrando gustoso todos sus sacrificios al inestimable idolo de la paz entre hermanos americanos, unidos con tan íntimas como sagradas relaciones y esperando solo la paga de la gratitud á los esmeros que há prodigado a su logro.

10°) La provincia del Entre-Ríos devolverá á la de Corrientes todas las propiedades de ésta, ó de algunas particulares de la misma, que sacadas por D. Francisco Ramirez, existan á la disposición del Gobierno y ser notorio pertenecerle, y solo en las que necesiten justificación, se producirá brevemente.

11°) Todos los prisioneros correntinos, de los que condujo de Corrientes Ramírez, que se hallen sirviendo en algunas de las provincias, ó que sin esa calidad, estén de soldados, serán restituídos á aquella, siempre que ellos lo quieran voluntariamente.

12°) Los desertores que de una provincia se pasaren á otra, serán devueltos recíprocamente, luego que sean reclamados.

13°) No considerando útil al estado de indigencia y devastación en que están envueltas las provincias de Santa-Fé, Entre-Ríos y Corrientes por dilatadas guerras civiles que han soportado á costa de sangre, desembolsos, ruinas y sacrificios de todo género, su concurrencia al diminuto Congreso reunido en Córdoba, menos conveniente á las circunstancias presentes nacionales, y al de separarse la de Buenos Aires, única en regular aptitud respectiva para sostener los enormes gastos de un Congreso, sus empresas marciales y en sosten de su naciente autoridad, quedan mútuamente ligadas á seguir la marcha política adoptada por aquella en el punto de no entrar en Congreso por ahora, sin préviamente arreglarse, debiendo, en consecuencia la (de) Santa-Fé retirar su Diputado de Córdoba.

14°) Si consiguiente á la marcha política que se adopta, algunas de las provincias contratantes creyere despues ser llegada la oportunidad de instalarse el Congreso General, se harán entre sí las invitaciones correspondientes.

15°) El territorio de Misiones queda libre para formarse su Gobierno y para reclamar la protección de cualquiera de las provincias contratantes.

I. El año XX

16°) En consecuencia, se devolverán todas las propiedades que reclama, en conformidad á lo acordado en el artículo 10, con respecto á Corrientes, luego que haya nombrado legítimamente su Gobierno.

17°) Los presentes artículos serán ratificados por los Gobiernos de Santa-Fé y Entre-Ríos, en el término de dos días, y en el de veinte, por los de Buenos Aires y Corrientes.

Acordados y sancionados en la Ciudad Capital de la provincia de Santa-Fé de la Vera Cruz, desde el 15 de Enero hasta hoy 25 del mismo año del Señor de 1822, trece de la libertad del Sud.

Francisco de la Cruz
Juan Francisco Seguí
Juan Nepomuceno Goytía
Casiano Calderón

Por tanto: ordeno y mando se publiquen por bando solemne sus artículos, obedezcan, cumplan y ejecuten, fijándose ejemplares en los lugares de estilo.

Fecho el la sala de Despacho de Santa-Fé, á 7 de abril de 1822.

Estanislao López

Paraná, Enero 27 de 1822. Quedan ratificados en todas sus partes los artículos del tratado solemne de paz por el Poder Ejecutivo que invisto.

Fdo.:
Lucio Mansilla

Buenos Aires, 8 de febrero de 1822. Ratificados.
Fdo.:
Rodríguez
Bernardino Rivadavia

II. Unitarios y federales (1824-1831)

1. Los perjuicios del levantamiento del 1 de diciembre de 1828 en Buenos Aires
Beruti, Memorias curiosas, *pp. 415-419.*

Son incalculables los perjuicios que esta guerra desastrosa, nunca vista en Buenos Aires, ha causado a este gran pueblo, tanto en su comercio que se halla parado cuanto en la ruina general de sus habitantes, como los de sus campaña, en los robos, saqueos, estupros, muertes y demás depredaciones que en todo se ha cometido, y que sólo la historia podrá manifestarlos.

Los gastos del erario son innumerables, y que sólo un estado poderoso puede sufrirlos y no éste tan pobre por sí, y que aún no se halla constituido; siendo uno de ellos el que a las tropas de línea de infantería sus soldados, por tenernos contentos, disfrutan a más de su sueldo de 10 pesos que ganan al mes, les da otros diez más de sobresueldo; y a los ciudadanos, que son lo que menos seis mil hombres dos pesos diarios, sin la comida de pan, carne, leña, arroz, azúcar y yerba que se les pasa, a más de los dos pesos, que por todo se calcula tres pesos; cuyo sueldo diario y comida siempre siguen recibiéndoles los piquetes que quedan de servicio.

A más de las tropelías que se hacen sin distinción de personas, que los obligan a tomar las armas a la fuerza, siendo llevados con soldados desde sus casas los que no asisten, y aun poniéndolos en calabozos. Se han recogido todos los caballos del pueblo y quintas a sus dueños a la fuerza, sin pagarlos, para destinarlos a las tropas de caballería, que no tienen por habérselos quitado los anarquistas, y estar la campaña sin ninguno, por haberlos retirado los enemigos muchas leguas adentro, pues la mayor guerra que nos hacen es la de recursos.

El pueblo se ve en la más dura tiranía, por estar gobernado militarmente está en la mayor miseria, porque ni con dinero se encuentra carne para comer, y está sumamente cara, y así el rico se va consumiendo y el pobre está en grado de perecer; llegando a no haber bueyes para el servicio público, porque éstos se han quitado para el abasto público, y por lo mismo, no hay aguadores sino uno, u otro muy raro, y así el pueblo, la mayor parte bebe agua del pozo, y el que tiene aljibe de éste, y no del río.

Sucediendo lo mismo con las carretillas, que por falta de caballos no corren, y su uno u otra se encuentra piden por un acarreo una exorbitancia, disculpándose que la mantención de cada caballo les cuesta al día sobre 3 pesos.

Mucha parte de la población se ha emigrado yéndose muchos con sus familias a la Banda Oriental, Montevideo, Colonia, etcétera, y la mayor parte de los hombres sueltos, plebeyos y decentes, y de altas graduaciones como coroneles, tenientes coroneles, capitanes, etcétera, comerciantes y demás clases, unos por opinión y otros por necesidad o por no ser perseguidos, y verse no tener en qué trabajar por estar todo paralizado, se han pasado al campo de los anarquistas por lo que se calcula en más de 5 a 6 mil personas las que han emigrado. Agregándose a esto, el de que la policía ha mandado que, en término de dos días, todos los dueños de las pulperías que se hallan fuera del zanjeo de la ciudad, metan dentro de ella sus intereses, pena el que no lo haga de alguna gravedad. Nueva tiranía y ruina de la población, pues muchos que no pueden cumplir con la orden abandonan sus bienes, pasándose al enemigo, sin contar con el perjuicio que se causa al comercio y a la sociedad en general por haber una orden del gobierno en que manda suspender todo pago ínterin duran las actuales circunstancias, por lo que ni se paga lo que se debe por el deudor, si no quiere hacerlo de buena fe, no obligarlos a ello por los acreedores; habrá mayor desgracia, e injusticia como ésta; diciérnalo el hombre imparcial.

Se calcula por los políticos, que desde el 1º de diciembre de 1828, la pérdida y ruina que esta ciudad y su campaña han sufrido hasta la fecha, en los gastos del erario, robos, saqueos, ruinas, destrucción de las estancias, casas, comercio y demás, a unos 15 millones de pesos y más de tres mil hombres muertos en la guerra.

Precios a que corren actualmente los renglones de primera necesidad en esta ciudad de Buenos Aires por motivo de la revolución en que estamos, y son los siguientes:

La anega de trigo	a 40	pesos
Íd. La de maíz	a 32	"
Íd. La de afrecho	a 12	"
El peso de leña de durazno	a 5	"
Íd. La de raja	a 20	" carreta
Íd. anega de sal	a 12	"
La arroba de grasa	a 12	"
Íd. la del sebo	a 8	"
La carreta de carbón	a 80	"

El medio de pan pesa 1 onza, 1 huevo vale 2.
El medio de grasa se vende a real.
El maíz, 1 espiga por medio.
Las cargas de leña de rama 3 reales.
La leña de raja 3 por medio.
El medio de sal a proporción.
La grasa 1 onza por medio, vale 1 real.

Las velas de a 4 se da 2 por medio.
El medio de carbón a proporción.
La carga de pasto para los caballos que costaba un cuartillo, ahora vale un real.

Al tenor de lo expuesto se hallan los demás renglones de la yerba, azúcar, arroz, minestras, vinos, licores, etcétera; como la carne, que si se encuentra se vende como se quiere, y los más barato a 2 pesos la arroba; y al tenor de esto los géneros para vestirse, que están a lo sumo de subidos; corriendo la onza de oro, a 80% de papel, por lo que éste casi no tiene valor. Esta es la triste situación en que nos ha puesto la maldita y descabellada revolución militar encabezada por Lavalle del 1º de diciembre de 1828, que sin premeditación ni juicio nos ha traído tantos males, que aunque la gane, y se concluya a favor de la unidad siempre pierde la patria, por quedar totalmente destruida, y para reponerse han de pasar muchos años.

Desde el 26 de abril, en que Lavalle fue batido por los federales en el lugar llamado de Alvarez del puente de Márquez dos leguas al interior de la campaña; puso su campamento general en los Tapiales de Ramos, dos y media leguas de la ciudad, y en donde ha permanecido hasta el presente sin salir de sus trincheras a batir a los enemigos y sólo se ha dedicado a mandar alguna fuerza a recoger ganado, que de uno o de otro punto toma, y en donde no hay enemigos, para proveer la ciudad; por lo que, en lugar de salir con sus fuerzas a concluir con los anarquistas, no lo hace; se mantiene en su nido, y sólo se ha dedicado a proveedor o acarreador de ganado; prueba de sus cortas fuerzas, incompetencia para obrar, o miedo ¡en fin veremos de esta inacción lo que resulta! E interín los montoneros tienen desde el Sur al Norte sitiada la ciudad, sus arrabales, quintas y chacras; nos tirotean los más días, por uno u otro punto, entrando hasta ponerse hasta el zanjeo que circunvala la ciudad; se ríen de nosotros, llevan a la gente que quieren irse, que es mucha, y no hay quién los contenga ni les diga nada.

Van dos ocasiones que han sacado las tropas voluntarias auxiliadas con las de línea a la distancia de una o dos leguas de la ciudad, diciendo que son para ensayarlas y que se hagan las fatigas militares por si se ofrece verse con los enemigos; pero el objeto no ha sido otro sino el robo y saqueo de las casas del campo de Palermo, arroyo de Maldonado y la Calera hasta donde han llegado, y desde donde el mismo día antes del amanecer salían, regresaban a la tarde trayendo gallinas, pavos, huevos, grasa, carne salada (de los saladeros), ganado, muebles, trapos y cuanto encontraban en las casas de campo, que las más se hallaban abiertas y desamparadas por sus dueños; y en las que ellos estaban en su presencia eran insultados y saqueados, trayendo a los peones y cuantos hombres se encontraban en sus casas o ranchos en su compañía y diciendo, para engañar al pueblo, ser montoneros que tomaban incluso entre ellos algunos niños de 12 o 13 años, que los traían con sus padres, porque no quedasen a perecer. También salieron carretas con la misma división, ¡y para qué!, para entrar en las quintas de alfalfares, de donde cortaron el que quisieron, llenáronlas de pastos, y conducirlas a la ciudad, como lo hicieron, para los caballos de las tropas, en número de 80 carretas, con perjuicio de sus pobres dueños; estas escenas se van repitiendo por el punto de Barracas, para donde han salido otras divisiones de tropas, bajo la capa de paseo militar, las que van mandadas por jefes, nada menos que de coronel arriba, como el brigadier Alvear, actual ministro de guerra, el mayor coronel don Ignacio Álvarez y el inspector general coronel don Blas Pico.

Lo que los montoneros, en las muchas veces que han entrado en estos puntos, han respetado y dejado a sus vecinos pacíficos, sin dañarlos ni robarlos; a no ser sino uno u otro que en la soldadesca es irremediable, fuera de la vista de sus jefes, lo que han hecho los nuestros a presencia de los suyos;

esto prueba que unos llevan la fama y otros cargan la lana; así sucede nuestro gobierno, proclama el orden, protección y seguridad en las propiedades individuales, pero autoriza el robo, ¡qué mal se compadece de lo dicho al hecho! por lo que se ve que la guerra no se ha vuelto sino una piratería y que tanto padece el amigo del gobierno unitario como el enemigo federal, pues por lo que se experimenta todos los bienes son comunes. Pobre patria, que siendo tan rica y poderosa, va a quedar totalmente arrasada por la ambición de mandar en algunos de sus hijos.

El plan que se formaron los de la facción del 1º de diciembre de 1828 fue sujetar todas las provincias al gobierno de unidad, creyendo lograrlo por las fuerzas militares que tenían a su mando; pero les va saliendo la mona capada, y lo que sus famosos soldados no perecieron con los brasileños, van muriendo en manos de sus paisanos que según se ve concluirán con todos, y sus planes quedarán frustrados, como se va viendo, yendo por lana y salen trasquilados, porque lo más florido de sus jefes, oficiales y soldados han perecido, bajo la cuchilla de los gauchos de la campaña, y al fin tendrán que ceder, que no triunfa quien ataca los pueblos.

2. Los unitarios urgen la acción de Lavalle

Carta de Salvador María del Carril a Lavalle (Buenos Aires, 12 de diciembre de 1828), en Vindicación y memoria de don Antonino Reyes. Sobre la vida y la época de Don Juan Manuel de Rosas *(redactadas por Manuel Bilbao, 1883), Buenos Aires, Freeland, 1974, pp. 288-289.*

Sr. General Don Juan Lavalle.

Querido General

[L]a noticia de la prisión de Dorrego y su aproximación á la ciudad ha causado una fuerte emoción; por una parte se emplea todos los manejos acostumbrados para que se

II. Unitarios y federales (1824-1831)

escuse un escarmiento y las víctimas de Navarro queden sin venganza.

No se sabe bien cuanto puede hacer el partido de Dorrego en este lance; él se compone de la canalla más desesperada. Sin embargo puede anticiparse que si sus esfuerzos son importantes para turbar la tranquilidad pública, son suficientes por lo que he visto para intimidar a las almas débiles de su Ministro y Sustituto. El Sr. Díaz Vélez había determinado que Dorrego entrase a la ciudad, pero yo de acuerdo con el Sr. A[güero] le hemos dicho que dando ese paso él abusaría de sus facultades, porque es indudable, que la naturaleza misma de tal medida coartaba la facultad de obrar en el caso, al único hombre que debiera disponer de los destinos de Dorrego, es decir, al que había cargado sobre sí con la responsabilidad de la revolución; por consiguiente que el M.[inistro] debía mandar se lo encaminasen donde está Ud. Esto se ha terminado y se hace supongo en este momento.

Ahora bien General, prescindamos del corazón en este caso. Un hombre valiente no puede ser vengativo ni cruel. Yo estoy seguro de Ud. no es ni lo primero ni lo último. Creo que Ud. es además un hombre de genio y entonces no puedo figurármelo sin la fuerza necesaria para prescindir de los sentimientos y considerar obrando en política todos los actos de cualquiera naturaleza que sean, como medios que conducen o desvían de un fin. Así considere Ud. la suerte de Dorrego. Mire Ud. que este país se fatiga 18 años hace en revoluciones sin que una sola haya producido un escarmiento. Considere Ud. el origen innoble de nuestra impureza de nuestra vida histórica y lo encontrará en los miserables intereses que han movido á los que las han ejecutado. El General Lavalle no debe parecerse á ninguno de ellos; porque de él esperamos más. En tal caso la ley es que una revolución es un juego de azar en el que se gana hasta la vida de los vencidos cuando se cree necesario disponer de ella. Haciendo la aplicación de este principio de una evidencia práctica, la cuestión me parece de fácil resolución. Si Ud. General lo aborda así, á sangre fría, la decide; sino yo habré importunado á Ud.; habré escrito inútilmente, y lo que es más sensible, habrá Ud. perdido la ocasión de cortar la primera cabeza á la hidra y no cortará Ud. las restantes. ¿Entonces que gloria puede recogerse en este campo desolado por estas fieras?... Nada queda en la República para un hombre de corazón.

3. Lavalle informa del fusilamiento de Dorrego
Parte del General Juan Lavalle al ministro de gobierno Doctor Don José Miguel Diaz-Velez (Navarro, 13 de diciembre de 1828), Academia Nacional de la Historia, Partes, II, p. 133.

Señor Ministro:

Participo al Gobierno delegado que el coronel Don Manuel Dorrego acaba de ser fusilado, por mi orden, al frente de los Regimientos que componen esta division.

La historia, Señor Ministro, jusgará imparcialmente si el coronel Dorrego ha debido, ó no, morir; y si al sacrificarlo á la tranquilidad de un Pueblo enlutado por él, puedo haber estado poseído de otro sentimiento que el del bien público.

Quiera persuadirse el Pueblo de Buenos Aires que la muerte del coronel Dorrego es el sacrificio mayor que puedo hacer en su obsequio.

Saluda al Señor Ministro con toda atención.

Juan Lavalle

Excelentísimo Señor Ministro de Gobierno Dr. D. José Miguel Diaz-Velez.

4. Prisión y fusilamiento de Dorrego relatado por un testigo presencial
Lamadrid, Memorias, *I, pp. 289-292.*

Así que el gobernador Dorrego se vio con el teniente coronel Escribano, fue arrestado por éste y el mayor Acha, y lo fue también el coronel Pacheco, con la diferencia de que el gobernador fue conducido a Navarro escoltado en un birlocho por una fuerte partida de húsares a presentarlo al general Lavalle, y Pacheco fue después dejado en libertad para marcharse a Buenos Aires o permanecer allí si quería, pues su detención había sido para solo evitar que, puesto a la cabeza del cuerpo, se pusiera con todo él bajo las órdenes del gobernador.

Antes de llegar preso a Navarro, dicho gobernador habíame dirigido una esquela escrita con lápiz, me parece que por conducto de su hermano Luis, suplicándome que así que llegara al campamento le hiciera la gracia de solicitar permiso para hablarle antes que nadie.

Yo, sin embargo del desagradable recibimiento que dicho gobernador me había hecho a mi llegada de las provincias, no pude dejar de compadecerme por su suerte y el modo como había sido tomado; pues aunque tenía sus rasgos de locura y era de un carácter atropellado y anárquico, no podía olvidar que era un jefe valiente, que había prestado servicios importantes en la guerra de nuestra independencia, y en fin, era mi compadre, además.

En el momento de recibir dicha carta o papel fui y se la presenté al general Juan Lavalle a solicitar su permiso para hablar con el señor Dorrego así que llegara. Dicho general, impuesto de ella, me permitió verle así que llegara, y lo hice en efecto, al momento mismo de haber parado el birlocho en medio del campamento y puéstosele una guardia. Subido yo al birlocho y habiéndome abrazado, díjome: "¡Compadre, quiero que usted me sirva de empeño en esta vez para con el general Lavalle, a fin de que me permita un momento de entrevista con él!" "¡Prometo a usted que todo quedará arreglado pacíficamente y se evitará la efusión de sangre, de lo contrario, correrá alguna!" "¡No lo dude usted!" "¡Compadre, con el mayor gusto voy a servir a usted en este momento" –le dije–, y me bajé asegurándole que no dudaba, lo conseguiría.

Corrí a ver al general, hícele presente el empeño justo de Dorrego, y me interesé para que se lo concediera; mas viendo yo que se negó abiertamente, le dije: "¿Qué pierde el señor general con oírlo un momento, cuando de ello depende, quizá, el pronto sosiego y la paz de la provincia con los demás pueblos?". "¡No quiero verle, ni oírlo un momento!"

Aseguro a mis lectores que sentí sobre mi corazón en aquel momento el no haberme encontrado fuera cuando la revolución. Y mucho más, el verme en aquel momento al servicio de un hombre tan vano y poco considerado. Salí desagradado, y volví sin demora con esta funesta noticia a mi sobresaltado compadre. Al dársela se sobresaltó aún más, pero lleno de entereza me dijo: "¡Compadre, no sabe Lavalle a lo que se expone con no oírme! Asegúrele usted que estoy pronto a salir del país; a escribir a mis amigos de las provincias que no tomen parte alguna por mí, al ministro inglés y al señor Forbes, norteamericano, que no trepide en dar este paso por el país mismo!".

Aseguro que me conmovieron tan profundas reflexiones, pero le repuse: "Compadre, conozco la fuerza y la sinceridad de las razones que usted da, pero por lo que he visto en este mismo momento, dificulto que el general se preste, porque le acabo de considerar el hombre más terco, sin embargo voy a repetirle sus instancias, pero pido a usted que se tranquilice, pues no creo deba temer por su vida!" "Haga lo que quiera! –fue su respuesta–, nada temo, sino las desgracias que sobrevendrían al país".

Fusilamiento de Dorrego

Bajéme conmovido, y pasé con repugnancia a ver al general. Apenas me vio entrar, díjome: "Ya se le ha pasado la orden para que se disponga a morir, pues dentro de dos horas será fusilado; no me venga usted con muchas peticiones de su parte". ¡Me quedé frío! "General –le dije–, ¿por qué no le oye un momento, aunque le fusile después?" "¡No lo quiero!", díjome, y me salí en extremo desagradado y sin ánimo de volver a verme con mi buen compadre, me retiré a mi campo; pero en el momento se me presenta un soldado a llamarme de parte de Dorrego, pidiéndome que fuera en el momento.

No había remedio, ¡era preciso complacerlo en sus últimos momentos! Estaba yo conmovido, y marché al instante. Al momento de subir al birlocho se paró con entereza y me dijo: "¡Compadre, se me acaba de dar la orden de prepararme a morir dentro de dos horas! A un desertor al frente del enemigo, a un bandido, se le da más término y no se le condena sin oírle y sin permitirle su defensa. ¿Dónde estamos? ¿Quién ha dado esa facultad a un general sublevado? Proporcióneme usted, compadre, papel y tintero, y hágase de mí lo que se quiera. ¡Pero cuidado con las consecuencias!"

Salí corriendo y volví al instante con lo preciso para que escribiera. Tomólo y puso a su señora la carta que ha sido ya litografiada y es del conocimiento del pueblo; y al entregármela se quitó una chaqueta bordada con trencilla y muletillas de seda y me la entregó diciendo: "¡Esta chaqueta se la presentará con la carta a mi Ángela, de mi parte, para que la conserve en memoria de su desgraciado esposo!" – desprendiendo en seguida unos suspensores bordados de seda, y sacándose un anillo de oro de la mano, me los entregó con la misma recomendación previniéndome que los suspensores se los diera a su hija mayor, pues eran bordados por ella, y el anillo a la menor, pero no recuerdo sus nombres.

Habiéndome entregado todo esto, agregó: "¿Tiene usted, compadre, una chaqueta para morir con ella?" Traspasado yo de oírle expresar con la mayor entereza cuanto he relatado, le dije: "Compadre, no tengo otra chaqueta que la puesta, pero voy a traerla corriendo", y me bajé llevando la carta y las referidas prendas.

Llegado a mi alojamiento me quité la chaqueta, púseme la casaca que tenía guardada, acomodé los presentes de mi compadre y su carta en mi valija, y volví al carro. Estaba ya con el cura o no recuerdo qué eclesiástico, y al entregarle mi chaqueta y habiéndole yo respondido que tenía esa casaca guardada, me hizo las más fuertes instancias para que fuese a ponerme su chaqueta y regresara con ella, me fue preciso obedecer y regresé al tiempo para que se reconciliara, subí al carro a su llamado.

Fue entonces que me pidió le hiciera el gusto de acompañarle cuando lo sacaran al patíbulo. Me quedé todo conmovido denegándome, pues no tenía corazón para acompañarle en ese trance. "¿Por qué, compadre? —me dijo con entereza—, ¿tiene usted a menos el salir conmigo? ¡Hágame ese favor, que quiero darle un abrazo al morir!"

"No compadre —le dije con voz ahogada por el sentimiento—, de ninguna manera tendría yo a menos el salir con usted. Pero el valor me falta y no tengo corazón para verle en ese trance. ¡Abracémonos aquí y Dios le dé resignación!". Nos abrazamos, y bajé corriendo con los ojos anegados por las lágrimas.

Marché derecho a mi alojamiento, dejando ya el cuadro formado. Nada vi de lo que pasó después, ni podía aún creer lo que había visto. ¡La descarga me estremeció, y maldije la hora en que me había prestado a salir de Buenos Aires!

Retirados los cuerpos del lugar de la ejecución, se me avisó, o que el general había llamado a todos los jefes, o que todos iban a verle sin ser llamados. No puedo afirmar con verdad cuál de las dos cosas fue, pero sí juzgué de mi deber ir.

Puestos todos en presencia del general Lavalle, dijo poco más o menos lo que sigue: "¡Estoy cierto de que si yo hubiera llamado a todos los jefes del consejo para juzgar a Dorrego, todos habrían sido de la opinión que yo! ¡Pero soy enemigo de comprometer a nadie, y lo he fusilado de mi orden! ¡La posteridad me juzgará!". Me parece que nadie contestó, y si lo hizo alguno no lo advertí porque estaba enajenado. ¿Qué razón había para fusilar a dicho magistrado, y mucho menos de aquella manera?

Diránme que fue siempre de un genio anárquico, que fue el que más trabajó en los pueblos y en el mismo Buenos Aires para derrocar al mejor gobierno que habíamos tenido durante nuestra revolución; y que antes varias veces había merecido la muerte!

¡Yo confesaré que es verdad! ¡Pero fusilarle a consecuencia de una revolución, y de haber sido tomado del modo que él lo fue, sin oírlo, y dejando a la provincia y los pueblos todos en el estado en que se encontraban! ¡Diré siempre que fue el acto más arbitrario y antipolítico, y quizá el que enardeció todos los ánimos y el que nos ha conducido a todos los argentinos, al mísero y degradante estado de ser pisoteados, por el más bárbaro e inmoral de todos los tiranos!

Fusilado Dorrego, resolvió el general Lavalle marchar para el norte, y marchó en efecto, no recuerdo si en el mismo día de la ejecución o al siguiente. Lo que sí recuerdo es que con el propio que condujo el parte a Buenos Aires escribí a mi comadre, la viuda del desgraciado gobernador Dorrego, adjuntándole las tres memorias que me había entregado, y no recuerdo si una carta para su cuñado Baudriz, a más de la de su señora; y también, que yo me le ofrecí al general en fuerza solo de mi patriotismo, del deseo que tenía de calmar los ánimos y apaciguar a los habitantes de aquella campaña, para quedarme en el departamento de Chascomús o el Monte con una partida; fiado tan solo de la aceptación que había tenido entre aquellas gentes en años anteriores, y más que todo en mis puras y patrióticas intenciones, y por solo un limitado tiempo. El general no admitió mi ofrecimiento, diciendo que tenía ya destinado al coronel Estomba para dicho objeto.

5. Las exequias de Dorrego presididas por el gobernador Juan Manuel de Rosas (1829)
Beruti, Memorias curiosas, *pp. 435-441.*

El 20 de diciembre de 1829. En este día llegó a esta capital el cadáver del finado gobernador don Manuel Dorrego, el que a medio camino del pueblo de Flores a ésta, cien ciudadanos, que con anticipación habían salido a recibirlo de distinción, desprendieron los tiros del carro fúnebre de primera clase de los de la policía, y a porfía lo condujeron hasta la iglesia parroquial de Nuestra Señora de la Piedad, por entre una numerosa tropa de caballería e inmenso pueblo, que desde muy temprano había ocupado todas las avenidas del templo y de la plaza contigua. El clero con cruz vestido de ceremonia salió a recibir el cuerpo a distancia de cuatro cuadras, y con una majestuosa y patética consonancia de voces e instrumentos, lo introdujeron al templo y lo colocaron en un suntuoso túmulo, que llenaba toda la capilla mayor.

La iglesia estaba toda vestida de colgaduras negras guarnecidas de flecos blancos y con otros adornos simbólicos; su facha exterior presentaba diversos cuadros en que las musas habían consignado sus lúgubres cantos, y el nombre del héroe era leído con entusiasmo. La función religiosa correspondió a este aparato exterior, Las vigilias y la música se cantaron con una magnífica orquesta, que arrancaba las lágrimas de los que lograron penetrar en el templo, que era tanta la inmensidad del pueblo que, aunque hubiera sido tres tantos más capaz, no habría podido contener la gente que ansiaba por entrar.

Todos los postes de la vereda, que rodean la plazoleta, estaban cubiertos de ramos de oliva. Al costado de la plazoleta, estaba con antelación una compañía de honor para el cadáver con bandera cuyos soldados eran todos oficiales de los tercios cívicos, que en lugar de fusiles eran sus espadas, los cuales en su brazo izquierdo tenían un moño negro, como la bandera una corbata de lo mismo, y en iguales términos las cajas e instrumentos músicos a la sordina con paños cubiertos negros y lazos los instrumentos.

A las doce de este día 20 principiaron los dobles en todas las iglesias, los que duraron, con interrupción de la retreta, al toque de diana hasta las nueve de la noche del día siguiente, en que se concluyó el entierro.

A las seis de la tarde de este día, fue colocada la urna en un magnífico carro revestido de los más preciosos adornos, y que ofrecía a lo lejos una triste e imponente perspectiva. Ciudadanos de todas las clases vestidos de riguroso luto tiraban de él.

Seguían al carro el señor gobernador don Juan Manuel de Rosas, acompañado de sus ministros, autoridades civiles y militares, las tropas de caballería y coches de ceremonia, lo que habiendo llegado al palacio con el cadáver se le hicieron los honores correspondientes y se depositó en una magnífica capilla preparada al intento, en donde reunido el senado eclesiástico y el clero, entonaron los maitines, que concluyeron a las diez de la noche, y a cuya hora salieron las tres retretas de músicas de los cuerpos que las tenían a sus respectivos cuarteles tocando a la sordina, con sus cajas enlutadas e igualmente sus instrumentos con lazos negros.

Desde las oraciones que entró al Fuerte o palacio el cadáver; a su entrada tiró la fortaleza tres cañonazos seguidos, y después cada media hora repetía uno, como la marina que igualmente hacía lo mismo tres buques que había en el puerto de guerra, cuyos masteleros se pusieron cruzados, sus banderas y gallardetes a media asta, como la del Fuerte que en los mismos términos se puso; poniendo en seguida los cuerpos de guarida y cuarteles sus amas a la funerala, y sus cajas destempladas.

En la conducción del cadáver de la Piedad al palacio iban por delante seis caballos cubiertos de mantas negras, tiradas por hombres blancos enlutados, como los coches de ceremonia a retaguardia, que iban las mulas en los mismos términos y sus cocheros y lacayos, llevando las mulas y caballos unos penachos de plumas negras en las cabezas.

Los primeros que cantaron en el palacio fue la comunidad frailes franciscos sus vísperas, y en seguida lo hizo el senado eclesiástico y clero, hasta que concluyeron a las diez de la noche, ya expresada.

El salón del depósito estaba colgado de negro, con cenefas de esto, y blanco: había tres magníficos altares ricamente alhajados y en el medio un trono sobre el cual se puso la urna que encerraba el cadáver, a cuyo alrededor ardían 24 hachas de cera, con 4 centinelas de la guardia de oficiales que tenía de honor, cuya bandera, con su corbata negra, estaba colocada junto al trono del propio cadáver.

El 21 de diciembre de 1829. Desde el amanecer de este día, empezaron a celebrarse misas en la misma capilla donde estaba el depósito del cadáver. A eso de las once de la mañana fueron las cruces de las parroquias y la del convento de San Francisco y demás del clero, incluso el senado eclesiástico, a sacar el cuerpo; el mismo o mayor acompañamiento lo precedía; detrás del carro fúnebre iba el gobernador con los señores ministros, las autoridades y ministros extranjeros con luto, y los militares nuestros y funcionarios públicos se mandó se enlutaran por tres días; la procesión pasó por entre un inmenso pueblo, que llenaba la plaza de la Victoria; todas las tropas de la guarnición y milicias la coronaban hasta las puertas de la iglesia Catedral, la que igualmente estaba impenetrable por el numeroso concurso. Con dificultad pudo entrar la urna, y en acompañamiento colocarla en el magnífico catafalco que se elevaba en medio del templo hasta la media naranja; las columnas y altar mayor estaban colgados de negro, y todo el aparato estaba imponente. Concluida la misa, siguió la oración fúnebre, que pronunció el doctor don Santiago Figueredo, canónigo de esta santa iglesia.

La carrera desde el Fuerte a la Catedral estaba regada de hinojos, que daban un olor agradable. El cadáver, tanto al

II. Unitarios y federales (1824-1831)

sacarlo del palacio, como al introducirlo a la iglesia y colocarlo en el catafalco, poniendo la urna en el carro, como para sacarlo, lo hicieron los ministros del gobierno y el inspector general. Por delante del entierro, o procesión, iba un gran cuerpo de caballería, en seguida 4 cañones de tren volante, a esto seguían 6 caballos enlutados, después la comunidad de San Francisco de ceremonia con su cruz; en seguida las cruces de las parroquias y después el senado eclesiástico, cuyos canónigos vestidos con sus mantos, y luego el clero de sobrepelliz; detrás de éstos seguía el carro fúnebre tirado de los ciudadanos de más lucimiento; después las autoridades y el gobierno, tras de éste dos caciques indios vestidos de uniformes a caballo, que los llevaron por obsequio, y agradarlos, que habían venido a pedir paz y amistad; de éstos seguían 50 pobres mendigos, que el gobierno los vistió, y después seguía la compañía de oficiales de escolta con su música y bandera enlutada, tocando una marcha fúnebre, cerrando la comitiva un escuadrón de caballería, detrás del cual seguían dos coches del gobierno de luto, y cuatro en los mismos términos de los cónsules extranjeros, que quisieron usar de esta política, quienes en sus casas pusieron los pabellones nacionales a media asta hasta que se dio sepultura en el cementerio al cadáver.

Al salir del Fuerte el cadáver, la fortaleza disparó tres cañonazos seguidos, y otros tantos al entrar a la iglesia, que fue a las doce del día; al principiar la misa, al alzar, al concluirla, y a los últimos responsos, el tren disparó 8 cañonazos en cada uno de estos actos, y en seguida lo hicieron los cinco cuerpos de tropas de infantería que se hallaban formados, haciendo sus descargas de fusil cada uno por separado; habiéndose concluido la función a las 3 ½ de la tarde, a cuya hora se retiró el gobierno a su casa.

El adorno de la iglesia, en su alfombrado, sillería, colgadura fúnebre, cantores, que eran doce, orquesta de música y demás que correspondía, era de la mayor magnificencia, que no se puede explicar; como del inmenso pueblo que asistió, que no cabía en el templo.

El catafalco era de cuatro frentes cuadrado y de tres cuerpos de alto, que se elevaba más de 16 varas; al primer cuerpo se subía por 12 gradas o escalones espaciosos, que formaban una meseta, en el segundo cuerpo había en el centro un nicho que formaba una media luna boca abajo, dentro del cual se colocó la urna, y el tercer cuerpo concluía con un pilar en cuyo medio había un letrero que decía Justicia; siendo su construcción digno de admirar, por sus pinturas, alusiones al asunto, y demás que lo adornaban; no teniendo vela ninguna sino su vista y hechura, y sólo tenía 24 piras, o jarras de mistos, que sólo estaban echando un humo denso que formaba un globo oscuro, y de rato en rato brotaba una luz triste, que imponía al observador.

A las 6 de la tarde volvió el gobierno, se sacó del templo la urna, y colocada en el carro fúnebre fue conducida hasta el cementerio del mismo modo y con la misma pompa con que había sido traída la tarde antes desde La Piedad hasta la fortaleza. A las 8 de la noche llegaron al cementerio y colocaron cuatro generales los ilustres despojos del inmortal Dorrego en un lugar suntuoso que se había regado de flores; allí el señor gobernador todo conmovido dijo, sin poder contener las lágrimas, la siguiente alocución:

"Dorrego: víctima ilustre de las disensiones civiles: descansa en paz... la patria, el honor y la religión han sido satisfechos hoy, tributando los últimos honores al primer magistrado de la república, sentenciado a morir en silencio de las leyes. La mancha más negra en la historia de los argentinos ha sido ya lavada con las lágrimas de un pueblo justo, agradecido y sensible. Vuestra tumba, rodeada en este momento de los representantes de la provincia, de la magistratura, de los venerables sacerdotes, de los guerreros de la independencia y de vuestros compatriotas dolientes, forma el monumento glorioso que el gobierno de Buenos Aires os ha consagrado ante el mundo civilizado...

Monumento advertirá hasta las últimas generaciones que el pueblo porteño no ha sido cómplice en vuestro infortunio... Allá, ante el eterno árbitro del mundo, donde la justicia domina, vuestras acciones han sido juzgadas; lo serán también las de vuestros jefes; y la inocencia y crimen no serán confundidos... Descansa en paz entre los justos... adiós, adiós para siempre."

Al pronunciar estas últimas palabras con los acentos de dolor arrojó una guirnalda sobre la tumba de su amigo, con lo que concluyó esta magnífica pompa, nunca vista en Buenos Aires, y que mejor ya no puede ser, porque ni a un príncipe se le puede hacer mejor.

Concluido esto, las tropas de infantería, caballería y artillería de tren volante, que se formaron en batalla en la gran plaza del cementerio en número de cerca de 3.000 hombres, mandados por el general mayor coronel don Marcos Balcarce, que iba con su escolta de honor; hicieron su descarga de 16 cañonazos de artillería y en seguida la infantería, cada cuerpo de por sí por separado, de los cinco regimientos que asistieron de la guarnición, cada uno su descarga general de fusilería; concluido esto la marina también en seguida hizo una salva de 44 cañonazos. Retirado el gobierno, tropas y demás concurrencia; el Fuerte, cuanto entró el gobernador a las 9 y media de la noche hizo la última salva de artillería de 44 cañonazos que duró hasta las diez de dicha noche, con lo que fue todo concluido.

El orden con que se condujo el cadáver de la Catedral al cementerio, fue el siguiente: por vanguardia iban 6 caballos enlutados y dos escuadrones de caballería, en seguida los 4 cañones de tren volante, a esto seguía otro escuadrón de caballería, después iba don Marcos Balcarce como general en jefe de las tropas escoltado de un piquete también de caballería; a éstos seguían cinco regimientos de infantería, a éste seguían los ciudadanos enlutados, colegios, universidad, y comunidad de franciscanos, después el clero, y a éste el senado eclesiástico con su mantos negros, y el preste, que era el presidente del senado con capa magna, y dos ministros con dalmáticas, y después el carro fúnebre, detrás de esto, de retaguardia, seguían las autoridades, y el gobernador acompañado de los cónsules extranjeros, cerrando la comitiva la compañía de oficiales cívicos, después otro escuadrón de caballería, y concluía con seis coches de ceremonia; cuya carrera, en el orden procesional que iban, tomaba más de 10 o 12 cuadras de distancia, en cuyo tránsito hubo casas, que sus balcones estaban colgados de negro, y de los cuales las señoras que en él estaban echaron flores y aguas olorosas.

Siguen algunas poesías que en la fachada del templo de La Piedad se pusieron, y únicas que han llegado a mis manos.

Octava
El héroe a quien la patria llora hoy día
por salvarla su sangre derramara;
como soldado fue el valor su guía,
como legislador firmeza rara.
En él, el patriotismo relucía,
ante él, el crimen pálido temblara;
y si perderse pudo el patrio fuego,
siempre se halló en el pecho de Dorrego.

Décima
Llégate al templo, argentino,
y hallarás depositado,
el cadáver destrozado,
de Dorrego, el jefe digno:
violentamente arrojado,
perseguido, y calumniado;
murió, justo y con honor,
y nuestro supremo autor,
de gloria lo ha coronado.
Por ciudadanos lucidos,

el cuerpo legislativo,
y poder ejecutivo,
son tus manes conducidos:
¡oh, Dorrego! Son debidos
honores a tu memoria,
perpetua no transitoria;
y ya que tu cuerpo encierra
esa caja, acá en la tierra,
tu alma descansa en la gloria.

En el pedestal del catafalco de la Catedral, y al pie de la urna, estaba un mote que decía:

Descansa
mientras que la República Argentina
preconiza tus servicios

Y la urna tenía un letrero con letras de oro, que decía:

Manuel Dorrego

6. Polémica económica entre Corrientes y Buenos Aires: el comercio, la navegacion de los ríos, las rentas de aduana (1830)

José María Roxas y Patrón, "Memorándum", y Pedro Ferré, "Contestación al Memorándum", en Chiaramonte, Ciudades, provincias, Estados. Orígenes de la Nación Argentina. *Buenos Aires, Ariel, 1997, pp. 573-581.*

a) José María Roxas y Patrón, "Memorándum" (1830)

Dos cosas se pretenden a la vez: primera el que Buenos Aires no perciba derechos por los efectos extranjeros que se introducen a las provincias litorales del Paraná, y por consiguiente, a las del interior; y que se prohíban o impongan altos derechos a aquellos efectos extranjeros, que se producen por la industria rural o fabril del país.

Como en mi concepto ambas proposiciones tomadas en todo rigor que se desea están en contradicción con los intereses generales de la República, y particulares de las provincias entre sí, me permitiré manifestar francamente las razones con que debo demostrarlo. Francamente porque estoy persuadido de la sinceridad con que los señores diputados de Santa Fe, Entre Ríos y Corrientes se presentan a la discusión de los intereses de sus provincias respectivas y de los generales de la nación. Abandonaré, pues, toda articia, como se me ha ordenado, y es conforme a mis sentimientos; porque el que pierda por sorpresa lo ha de conocer al fin, y entonces la negociación produciría el efecto contrario a sus objetos. Lo mejor es que todo se examine a fondo y sin rodeos para disipar las impresiones pasadas, y que aquella provincia que sacrifique alguna parte de sus intereses sienta la satisfacción y gloria que produce un sacrificio hecho noblemente por el bien público.

Es cosa averiguada que los derechos percibidos por los efectos de todo género a su importación en un país, son pagados casi en su totalidad por los consumidores. En este sentido las provincias pagan en la aduana de Buenos Aires el valor de los que se consumen, y aun si se quiere, los muy cortos derechos que tienen los frutos del país a su exportación. Pero también es un hecho que Buenos Aires paga la deuda nacional, contraída en la guerra de la independencia y en la que últimamente se ha tenido con el Brasil. También lo es que mantiene la seguridad de las costas y guarda el río, agentes y cónsules en países extranjeros, las relaciones exteriores, y que responde de los perjuicios causados en esta guerra a los neutrales, por los corsarios de la República; lo mismo que de cuantiosas deudas de honor contraídas durante dicha guerra, y de multitud de compromisos en que entró el gobierno general bajo la influencia del Congreso.

II. Unitarios y federales (1824-1831)

Como no tengo a mano algunos documentos para precisar las cantidades, supliré con la memoria inclinándome siempre, y aun demasiado, en favor de lo que se pretende. Desde luego apartaré del cálculo todos los gastos eventuales y deudas que aún no están reconocidas, y sólo tomaré las siguientes, que son de un deber ejecutivo:

Al Banco	15.000.000
A fondos públicos	16.000.000
Empréstito de Inglaterra	5.000.000
Intereses de Inglaterra	600.000
	36.600.000

En consecuencia, las provincias deben repartirse el pago de treinta y seis millones seiscientos mil pesos; los cinco millones seiscientos mil pesos del empréstito de Inglaterra en metálico, y el resto en papel. Veamos ahora qué es lo que le corresponde de los derechos percibidos en Buenos Aires, para llenar tamaño compromiso. En el año 1824 en el que el papel del Banco estaba a la par con el metálico, se introdujo del exterior a la provincia de Buenos Aires, valor de once millones de pesos, de los que salieron dos para el consumo de todas las otras provincias. Las rentas de aquélla en el mismo año, ascendieron a dos millones trescientos mil pesos; y calculando que los trescientos mil fueron producidos por las contribuciones directas, quedan reducidas las rentas de aduana a dos millones. Pertenecen, pues, a las provincias, según sus consumos, trescientos sesenta y tres mil pesos. La base más justa para hacer la división de la deuda es la población; pero aun cuando se tome en su lugar la riqueza, después del destrozo que ha sufrido, siempre resultará que a Buenos Aires nunca puede tocarle más de la cuarta parte. Esto supuesto, las provincias tienen trescientos sesenta y seis mil pesos con corta diferencia, para hacer frente al pago anual de la amortización, y renta del seis por ciento de tres millones setecientos mil pesos de capital metálico y cuatrocientos cincuenta mil de intereses vencidos de la misma moneda; y además, de veintitrés millones doscientos cincuenta mil pesos a fondos públicos, y al Banco en moneda corriente, que hacen las tres cuartas partes del todo de la deuda reconocida. De modo que las rentas que en la aduana de Buenos Aires se recolectan por los consumos y exportación de frutos de las demás provincias, apenas bastan para cubrir lo que les corresponde anualmente para pago de los intereses pertenecientes al empréstito de Inglaterra.

Supondré practicada la libertad de derechos, para contraerme a un caso especial. La provincia de Santa Fe abre su aduana, y a ella vienen directamente los efectos extranjeros. Creo que por evitar el contrabando no sería prudente pasar más allá de un 15 por ciento de derechos. Yo dejo calcular a los que tienen los datos suficientes cuánto pueden producir; sólo haré la observación que por el concurso de algunas provincias del interior a este mercado tendría que entregarles la cantidad de derechos pertenecientes a sus consumos, por el mismo principio que Buenos Aires lo hace con las demás.

Siguiendo el espíritu de franqueza que me he propuesto, confiado en la de los señores diputados, digo: que en el día se halla establecida en gran parte la libertad de derechos, sin retribución ninguna a Buenos Aires; muchos comerciantes hacen trasbordos clandestinos en Buenos Aires, y evaden el pago de lo que les corresponde. Por otra parte el gobierno de Buenos Aires conociendo la imposibilidad que tienen las provincias para ayudarlo de otro modo al pago de la deuda, y penetrado de lo importante que es sostener el crédito internacional, nada más pide sino que queden las cosas como están, sin exigirles el déficit que existe para llenar su inmenso compromiso.

Añadiré, de paso, que toda la deuda expresada ha sido creada, causada o reconocida por autoridades nacionales; y que los gastos impendidos en obras peculiares a la provincia de Buenos Aires, han sido hechos con menos de lo que importan sus contribuciones directas.

Pero hay una observación, de un orden superior, que deja reducidas a poca cosa las consideraciones que acabo de exponer. Si hemos de detenernos algún día al borde del abismo, y dejar de precipitarnos de hado en hado, en fin, si hemos de formar nación, será como base absolutamente necesaria la formación de un tesoro nacional. ¿Y se cree posible conseguirlo después de la dispersión de las rentas que habrán creado necesidades locales, a que cada gobierno provincial tendrá que atender? Apartemos la vista de tan triste porvenir, para fijarla en la protección que se pide en favor de nuestra industria.

Yo no me propongo entrar en la cuestión teórica, de si se debe adoptar por principio de la economía de un país, la plena libertad de comercio, o el sistema prohibitivo. Para evitarla me basta saber que todo extremo es vicioso. De lo que sí estoy persuadido es de que, cuando la generalidad de un país tiene producciones que emplea con ganancia y sin protección sus brazos y capitales, las restricciones son un embarazo al comercio extranjero, un motivo de quejas entre las diferentes partes de la nación, y un obstáculo interminable al desarrollo de la industria natural de cada país. De ningún modo puedo persuadirme de la justicia con que se deben prohibir algunos productos extranjeros para fomentar otros, que, o no existen todavía en el país, o son escasos o de inferior calidad. Las necesidades de la sociedad son interminables, no sé si podré decir, felices los pueblos que tiene pocas, pero una vez conocidas hacen parte de la vida; y condenar a los hombres a renunciarlas, es hacerles arrastrar una existencia penosa. Además de que la prohibición puesta al principio contra el extranjero, bien pronto había de ser la señal de alarma para una guerra industrial entre las mismas provincias. Santa Fe no admitiría las maderas, algodón y lienzo de Corrientes, que se introducen y fabrican en su territorio. Corrientes se negaría a recibir los aguardientes de San

Juan y Mendoza y los frutos del Paraguay. Buenos Aires también, porque al sur en los campos de sierra nuevamente adquiridos, y en la costa patagónica, estarán sus bodegas con el tiempo. Así mismo los granos de Entre Ríos, que se producen abundantemente en todo su territorio. En fin, esta guerra es por su naturaleza interminable hasta quedar la nación muerta, es decir, sin circulación.

Pero supongamos un patriotismo inagotable que no permita nacer rivalidades. ¿Cuáles son las ganancias que nos quedan de comprar caros los lienzos, los calzados y otros ramos, bien sea por la prohibición absoluta o por la alza de derechos? Por mi parte no veo sino pérdidas. La industria casi exclusiva de las provincias de Buenos Aires, Santa Fe y Entre Ríos, es la ganadería; y aun en Corrientes es como la base de las demás. Esta es la que más le conviene, porque para ella los brazos son un gran capital, empleando aun los menos útiles. Por otra parte nuestros campos, en la mayor parte, están despoblados, siendo baratos por lo mismo; y como la demanda que hacen los extranjeros de cueros y demás que producen los ganados, es siempre creciente, resulta que cuantos hombres y capitales se emplean, hacen una ganancia exorbitante. Es cosa averiguada que la generación de los ganados se duplica cada tres años, y este hecho y su utilidad lo explica todo. Si es preciso confirmarlo todavía, obsérvese cómo los individuos de todas las profesiones abandonan su antiguo modo de vivir, y se dedican a éste que les produce más, sin otra protección que la del cielo. Y entonces, ¿por qué a estos hombres y sus familias se les ha de obligar a comprar caro, y por lo mismo escaso, lo que pueden tener barato y abundante, y a distraer una parte del capital que podían economizar? Me responderán que es para que contribuyan al bienestar de otros que no estén en posición tan ventajosa. Ante todas cosas se deben investigar si es la mayoría o la minoría quien gasta más en esta transacción. Buenos Aires, Santa Fe y Entre Ríos, no tienen produccio-

II. Unitarios y federales (1824-1831)

nes que remitir para el consumo de Corrientes; al menos las que puedan enviarse no merecen por su poco valor entrar en la balanza. San Juan y Mendoza sólo exportan en retorno de aquellas provincias efectos extranjeros. Estoy informado que en el comercio que éstas hacen con las otras del interior, el retorno es metálico con muy pocas excepciones. Así, pues, aun cuando se pongan en la balanza las suelas de Tucumán, los tejidos de Córdoba, y algunas otras cosas, siempre resultará en esta cuestión comparando los valores, una inmensa diferencia en favor de los pastores. Añadiré a esto que Corrientes, San Juan y Mendoza no podrán en mucho tiempo proveer a la nación de azúcares y aguardiente ni en la cantidad suficiente, ni a precio moderado; careciendo, como es cierto, de brazos y capitales en proporción. Los frutos de la Habana y el Brasil son muy baratos, porque en ellos comemos y bebemos la sangre y las lágrimas de los miserables africanos.

Si a pesar de estas consideraciones se resolviesen las provincias a proveerse por sí mismas de todo aquello que son capaces de producir, era forzoso que abandonasen mucha parte de la industria que hoy tienen; y estarían en el caso de un padre de familia, que, por no consumir en su casa lo que se hace en la de otros, se propusiese fabricar él mismo el pan, las velas, el jabón y otros artículos. Este hombre a más de los gastos que debía de hacer empleando mal su dinero, tendría que abandonar el cuidado de su estancia, de su taller o de cualquiera otra ocupación principal.

A la prohibición y subida de derechos sobre los efectos del exterior, se sigue naturalmente la disminución del comercio extranjero, y la baja de precio en los cueros y frutos de exportación, y por consiguiente, la ruina del pastoreo en Buenos Aires, Santa Fe, Entre Ríos, Corrientes, Córdoba y otras provincias cuyos frutos ya se exportan. Agréguese a esto que en la misma razón disminuirán las rentas nacionales.

Quedando establecido que la prohibición y carestía de los efectos pesa sobre la mayor parte de la población, se conoce a primera vista cuánto descrédito y falta de opinión pública reportarían los gobiernos que sancionasen las restricciones. A la verdad: los gobiernos no son instituidos para sacrificar la generación presente a la futura, sino para hacer gozar a aquélla toda la felicidad posible y disponer su progreso para lo venidero. De estos mismos principios nace la imposibilidad de llevar a efecto lo que se pretende. El país, en general, es abierto por todas partes y la experiencia ha acreditado y enseña hoy mismo que fuera de la baja de derechos no hay arbitrio para cortar el contrabando. En este caso ya veo que se pedirá la prohibición absoluta; pero tampoco ésta puede tener lugar. Con tanto interesado en derribarla, ¿quiénes serían los guardas? La autoridad se vería en ridículo a cada paso.

Convenzámonos que los sufrimientos parciales que sufre la industria, provienen de la posición violenta en que han quedado las provincias, desde que el país ha cambiado de posición por su independencia; y porque no ha habido aún el descanso necesario para abrirse nuevos modos de existir. Aguardemos un juez imparcial, pues que nosotros no lo somos, y no impidamos, haciendo intereses a parte, la creación de la autoridad nacional, que únicamente puede pronunciar con acierto las modificaciones graduales que la prudencia aconseje en favor de nuestra industria. Entre tanto comerciemos con todos francamente, obedeciendo a la naturaleza que ha dispuesto con su sabiduría ordinaria, que ningún país tenga todo lo que pueda necesitar un pueblo civilizado para sacar por este medio a las naciones de la penuria y estrechez con que la historia las retrata en su principio.

b) Pedro Ferré, "Contestación al Memorándum" (1830)

Aunque he leído el memorandum, presentado por el señor diputado de Buenos Aires, con toda la atención que merece la materia sobre que se versa, y la persona que enuncia en aquella pieza su modo de pensar, debo manifestar con sinceridad que las razones en que éste se apoya, no han producido el convencimiento en mi ánimo.

Expondré con la misma franqueza con que lo ha hecho aquel señor, cómo el actual arreglo del comercio daña, en mi juicio, a los intereses de la República; por lo tanto demanda una variación; y concluiré dando las razones que me parece destruyen las que opone el memorándum.

Hay dos puntos importantes sobre los que está cimentado el comercio de la República y son:

1º La libre concurrencia de toda industria;
2º La exclusión del puerto de Buenos Aires, para el comercio de importación y exportación.

Considero la libre concurrencia como una fatalidad para la nación. Los pocos artículos industriales que produce nuestro país, no pueden soportar la competencia con la industria extranjera. Sobreviene la languidez y perecen o son insignificantes. Entonces se aumenta el saldo que hay contra nosotros en la balanza del comercio exterior. Se destruyen los capitales invertidos en estos ramos y se sigue la miseria. El aumento de nuestros consumos sobre nuestros productos y la miseria son, pues, los frutos de la libre concurrencia.

La exclusiva del puerto, es otro mal, raíz de infinitos.

La situación de Buenos Aires es en extremo de la República.

Por ahora me contraeré a manifestar que considero evidente por sí misma las ventajas de disminuir las distancias que corren los artículos de comercio del país hasta su mercado; así como son visibles los perjuicios que resultan de colocar aquél donde la naturaleza no lo ha puesto.

Si la libre concurrencia mata algunos ramos nacientes de industria nacional, y el mercado ficticio de Buenos Aires daña a la gran mayoría de los pueblos de la República, debe mirarse como indispensable una variación en el actual sistema del comercio. Me parece también que ésta debe fundarse en los puntos siguientes:

1º Prohibición absoluta de importar algunos artículos que produce el país, y que se especificarán en el acta que la establezca;

2º Habilitación de otro u otros puertos más que el de Buenos Aires.

Aquí me contraeré solamente a satisfacer los argumentos que contienen en oposición al memorándum, y siguiendo, tocaremos antes el segundo artículo que el primero.

Quizá mi manera de explicar me habrá dado lugar a una grave equivocación. No pretendo que Buenos Aires no cobre derechos; no desconozco las atenciones nacionales que tiene sobre sí; no pido que éstas se desatiendan. Quisiera en sustancia que todo se determinase de un modo positivo y amistoso; a saber cuánto debemos; con qué contamos; cuánto pagamos; cuánto es nuestro déficit; cuánto más debemos pagar; y en fin qué podemos hacer para promover la prosperidad de todas las provincias de la República, que siempre han ido en decadencia, y que hoy se hallan en el último escalón del aniquilamiento y de la nada; de estas provincias en favor de cuyos intereses debemos tender la vista, porque son los nuestros mismos y de cuya suerte no podemos desentendernos sin dejar de ser patriotas y sin resentirnos de las consecuencias que nos traerá la consumación de su ruina, que es también la nuestra. Así se conocerá toda la extensión de los distinguidos servicios de Buenos Aires a la nación; se harán generales y comunes las resoluciones sobre cuestiones que siempre se han tratado misteriosamente, y se destruirá ese principio de inquietud, de desconfianza y aun de animada aversión, que tan fatales resultados nos ha dado en otras épocas y que me temo los prepare para el futuro.

II. Unitarios y federales (1824-1831)

El memorándum nos presenta un bosquejo de la deuda pública, y después de calcular la suma con que las provincias deben contribuir al pago de los intereses, etc., deduce que abierto el puerto de Santa Fe, será necesario que las rentas generales se dispersen y se apliquen a necesidades locales. Sin asentir al cálculo que contiene el memorándum, tampoco lo combatiré ahora no me parece necesario, pero la sola habilitación de Santa Fe, disminuyendo los gastos de conducción de los artículos que importan y exportan las provincias, les permite pagar más derechos, y consultar más su prosperidad. Las rentas no se dispersarán, al menos no es eso lo que yo pienso, sino que se aplicarán, como ahora, a los gastos puramente racionales. Prescindo pues de todo lo que se ha dicho sobre aquel supuesto errado, y sólo me fijaré como de paso, por ser demasiado importante en la afirmación de ser la población la base más justa para la división de la deuda. No sé si este principio sería demostrable; pero aplicándolo a la República, daría por resultado una sociedad de capitales desiguales, de goces desiguales, de ganancias desiguales y de cargas iguales. Esto sería monstruoso, si no me engaño.

Creo, pues, que los argumentos del memorándum, podrán tener fuerza contra la dispersión de las rentas, y no contra la habilitación del puerto de Santa Fe u otros, y las razones en que me apoyo para pedirlo, quedan en pie, sin necesidad de apelar a una muy justa, aunque de naturaleza especial, que es el fomento y desarrollo y prosperidad de Santa Fe; cuyo primer efecto sería asegurar su frontera del norte, y recobrar los bellos campos que hoy ocupan los indios.

Siguiendo el orden del memorándum, pasaremos a recorrer ligeramente los motivos que se dan para resistir el sistema restrictivo; aunque yo creo necesario, no éste, sino la absoluta prohibición.

Tenemos, se dice, producciones que emplean nuestros brazos y capitales con ganancia, y sin protección; las restricciones son un embarazo para el comercio exterior y ninguna utilidad nos traen. Muy bien. Tenemos algunas provincias a que quizá esto será aplicable; mas, tenemos otras, y son varias, cuyas producciones hace mucho tiempo que dejaron de ser lucrativas; que viven exclusivamente de ellas; que no pueden abandonar su industria sin perder su capital; que no pueden tampoco, aun con capitales, abrazar otra porque su territorio no lo permite; más claro y más corto, que han de ser favorecidas con la prohibición de la industria extranjera, o han de perecer. Hay otras cuyo territorio es a propósito para producir muchos y distinguidos artículos, que sólo algunas de sus partes son propias para la ganadería, único ejercicio a que se nos quiere limitar, y que habiendo hecho considerables ensayos en distintos ramos han tenido suceso feliz. Sin embargo, no pueden competir con la industria extranjera, ya por la perfección de la última, ya por los enormes gastos de todo establecimiento nuevo. ¿Y qué haremos? ¿Condenaremos a los unos a morir de miseria, y sujetaremos a los otros a que cultiven uno solo de los muchos ramos de riqueza que poseen? Jamás me parece podré comprender, cómo las restricciones empleadas en este sentido podrán ser un obstáculo a la industria, como dice el memorándum. La libre concurrencia, sí que no la dejará aparecer, y esto es muy sencillo en mi concepto.

Pero sufrirán mucho en la privación de aquellos artículos a que están acostumbrados ciertos pueblos. Sí, sin duda, un corto número de hombres de fortuna padecerán, porque se privarán de tomar en su mesa vinos y licores exquisitos. Los pagarán más caros también, y su paladar se ofenderá. Las clases menos acomodadas, no hallarán diferencia entre los vinos y licores que actualmente beben, sino en el precio y disminuirán su consumo; lo que no creo ser muy perjudicial. No se pondrán nuestros paisanos ponchos ingleses; no llevarán bolas y lazos hechos en Inglaterra; no vestiremos la ropa hecha en extranjería y demás renglones, que podemos proporcionar; pero en cambio empezará a ser menos desgraciada la condición de pueblos enteros de argentinos, y no nos perseguirá la idea de la espantosa miseria y sus consecuencias, a que hoy son condenados; y aquí es tiempo de notar, que solamente propongo la prohibición de importar artículos de comercio que el país produce, y no los que puede producir, pero aún no se fabrican, como equivocadamente se entiende en el memorándum.

Por mi parte no temo la guerra industrial, que se cree debe seguir al establecimiento del sistema restrictivo. No estando más adelantada la industria en Corrientes que en Santa Fe, no ganarán nada los correntinos en traer a Santa Fe, lienzos, algodones y maderas, de las que Santa Fe produzca, ni las traerán. No habría por tanto necesidad de prohibición. Los aguardientes de San Juan y Mendoza no harán cuenta en Corrientes, y buscarán otro mercado. Si Buenos Aires llega a tener sus bodegas en las sierras adquiridas (que no verá este ramo más de industria en su territorio mientras siga su sistema presente), Cuyo no le enviará sus vinos, y todo estará en el orden natural.

En cuanto a lo que se gana en el sistema restrictivo, puede reducirse a dos puntos:

1º Disminuir lo que consumimos del extranjero; y esto es muy importante, cuando consumimos más de lo que producimos;

2º Y principal, salvar del aniquilamiento a unos pueblos, y hacer prosperar la industria naciente de otros.

Se dice, la riqueza casi exclusiva de Buenos Aires, Santa Fe, Entre Ríos y Corrientes es la ganadería. Muy bien, pero en este ejercicio se ocupará un número considerable de personas, y quedan miles y miles sin ninguno (a no ser que todos nos reduzcamos por necesidad a ser peones de estancias, y dejar nuestras casas por buscar aquéllas), los ganados se duplican cada tres años, se reponen; bien, pero entre tanto que se multiplican hasta proporcionar trabajo a todos los que no lo tienen pasarán siglos; también los hombres se aumentan, y llévese esta progresión hasta donde se quiera, nunca podrá ser la ocupación exclusiva de la República, la ganadería, porque no toda ella es a propósito para el pastoreo, y no podemos, ni debemos desatendernos de los intereses de una parte de ella, que como lo he dicho ya, son los mismos nuestros. Por otra parte cualesquiera que sean las ganancias que ofrezca este ejercicio, ¿por qué no hemos de obtener los que ofrezca otro, si tenemos proporción para ello?

Es un hecho indudable que los individuos de todas profesiones, abandonan su antiguo modo de vivir por dedicarse al pastoreo. Mas esto prueba en mi concepto precisamente lo contrario de lo que se pretende. La ganadería en nuestro estado actual, tiene sus riesgos graves, y peligros inminentes; lo natural es procurar más bien un lucro moderado y seguro, que uno muy expuesto aunque considerable. Cuando se prefiere este último, es ciertamente porque las profesiones que antes aseguraban la subsistencia, hoy no ofrecen sino quebrantos y porque no hay en qué escoger.

Tampoco considero muy equitativa la resolución de la cuestión, *¿quién es quien pierde en este sistema prohibitivo?¿La mayoría o la minoría?* Es muy grande el número de los interesados, y creo poder afirmar, que la república entera lo está por la adopción de él. Sobre todo es necesario considerar, que aun cuando fuera la mayoría (que en mi concepto está muy lejos de serlo) la perjudicada, la cuestión se resolvería por la adopción del sistema prohibitivo, si se propusiera en estos términos, que son justos:¿deben imponerse privaciones parciales o no muy graves, a la mayoría para no dejar perecer a una minoría considerable, o al contrario?

Puede ser que efectivamente bajasen en el primer año el valor de los cueros, etc., estableciendo prohibiciones. Mas no sucedería así el segundo, si la demanda de este artículo de comercio es creciente; por tanto a costa de un mal momentáneo adquiriríamos el bien de disminuir permanentemente la diferencia que hay entre nuestros productos, y nuestros consumos, suponiendo que nuestro comercio disminuirá de todos modos, pues el metálico con que saldábamos antes la diferencia está acabado. Las rentas nacionales se rebajarán en proporción; pero aumentaremos nuestros derechos, así como se acaban de aumentar en Buenos Aires, a más de 10, 15 y 20 por ciento que antes pagaban, si no lo recuerdo mal. Entonces las rentas subirán; y sobre todo, este es un artículo importante del cual considero extemporáneo decir todo lo que pienso.

De propósito no saco ningún argumento de las ventajas futuras de la prohibición, porque admito la máxima de que los gobiernos deben cuidar prontamente de la felicidad de la generación presente, y preparar la venidera. Aunque por otra parte me haga fuerza en favor de la posteridad el recuerdo de que le ganaremos una considerable deuda, que en gran parte no tenemos derecho a echar sobre ella, pues, no es efectivamente el precio de la independencia.

Recapitulando todo, conozco bien que haya dificultades que vencer para obrar en el sentido que propongo. Mas estoy íntimamente persuadido de que los traerá mayores, y de una naturaleza muy grave, retardar la decisión de estos puntos. Muy peligroso sería esperar a que, tal vez, se pidiese de otra parte una resolución tan justa y tan necesaria, y, digámoslo, tan popular, mucho antes de ahora, en el interior; adelantándonos a tomarla, nos evitaremos contestaciones difíciles, y simplificaremos multitud de otras cuestiones.

Habría podido en el curso de estos apuntes citar en apoyo de mis opiniones la conducta, no de pueblos nacientes como los nuestros, sino de pueblos cuya civilización e industria han llegado a un alto grado de perfección, y que por consiguiente tienen menos peligro de establecer una franqueza ilimitada en el comercio. He preferido ceñirme a lo que dicta simplemente la razón natural; pero no por eso dejaré de recordar, que los pueblos cuya riqueza y poder admiramos hoy, no se han elevado a este estado, adoptando en su origen un comercio libre y sin trabas; y ni aun ahora que sus manufacturas y fábricas se ven en un pie floreciente, menosprecian el más pequeño medio de aumentar los modos de ganar sobre el extranjero, cuando de esto depende una medida prohibitiva. Por supuesto, allí no se ve que los súbditos de una nación enemiga o extranjera, hallen en su mercado la ganancia y el lucro, mientras los productos nacionales de igual clase reciben un fuerte quebranto, como nos está sucediendo a nosotros.

Por último; cuando yo esperaba que por resultado de mis conferencias con el señor diputado por Buenos Aires, como encargado al efecto, me presentase este señor el proyecto de los artículos que debía contener nuestro tratado, tal cual yo lo prometí por mi parte, recibí el memorándum indicado, y a que me ha precisado contestar acompañado del proyecto que había preparado para presentárselo; el que espero se considere por los señores diputados.

Santa Fe, julio de 1830.

Pedro Ferré

7. El Pacto Federal (4 de enero de 1831)

Pacto Federal
4 de Enero de 1831

Deseando los Gobiernos de Buenos Aires, Entre-Ríos y Santa-Fé, estrechar cada vez mas los vínculos que felizmente los unen, y creyendo que así lo reclaman sus intereses particulares y los de la República han nombrado para este fin sus respectivos diputados, a saber: el Gobierno de Buenos Aires al señor D. José María Rojas y Patrón, el de Entre-Ríos al señor D. Antonio Crespo, y el de Santa-Fé, al señor D. Domingo

Cullen; quienes después de haber canjeado sus respectivos poderes, que se hallaron extendidos en buena y debida forma, y teniendo presente el tratados preliminar, celebrado en la cuidad de Santa-Fé el veintitrés de febrero último, entre los Gobiernos de dicha provincia y la de Corrientes; teniendo también presente la invitación que con fecha veinticuatro del expresado mes de febrero, hizo el Gobierno de Santa-Fé al de Buenos Aires, y la convención preliminar ajustada en Buenos Aires el veintitrés de marzo anterior, entre los Gobiernos de esta provincia y el de Corrientes; así como el tratado celebrado el tres de mayo último en la capital de Entre Ríos, entre su Gobierno y el de Corrientes, y finalmente considerando que la mayor parte de los pueblos de la República ha proclamado del modo mas libre y espontáneo la forma de gobierno federal, han convenido en los artículos siguientes:

Art. 1. Los Gobiernos de Buenos Aires, Entre-Ríos y Santa-Fé, ratifican y declaran en su vigor y fuerza todos los tratados anteriores celebrados entre los mismos Gobiernos, en la parte que estipulan paz firme, amistad y unión estrecha y permanente: reconociendo recíprocamente su libertad, independencia, representación y derechos.

2. Las provincias de Buenos Aires, Entre-Ríos y Santa-Fé, se obligan á resistir cualquiera invasión extranjera que se haga; bien sea en el territorio de cada una de las provincias contratantes, ó de cualquiera de las otras que componen el Estado Argentino.

3. Las provincias de Buenos Aires, Entre-Ríos y Santa-Fé, se ligan y constituyen en alianza ofensiva, y defensiva contra toda agresión ó preparación de parte de cualquiera de las demás provincias de la República (lo que Dios no permita), que amenace la integridad é independencia de sus respectivos territorios.

4. Se comprometen á no oír, ni hacer proposiciones, ni celebrar tratado alguno particular, una provincia por si sola con otra de las litorales,

ni con ningún otro Gobierno, sin previo avenimiento expreso de las demás provincias que forman la presente federación.

5. Se obligan á no rehusar su consentimiento expreso para cualquier tratado que alguna de las tres provincias litorales quiera celebrar con otra de ellas ó de las demás que pertenecen a la República, siempre que tal tratado no perjudique á otra de las mismas tres provincias, ó a los intereses generales de ella, ó de toda la República.

6. Se obligan también á no tolerar que persona alguna de su territorio ofenda á cualquiera de las otras dos provincias, ó á sus respectivos Gobiernos, y á guardar la mejor armonía posible con todos los Gobiernos amigos.

7. Prometen no dar asilo á ningún criminal que se acoja á unas de ellas, huyendo de las otras dos por delito cualquiera que sea, y ponerlo á disposición del Gobierno respectivo que lo reclame como tal. Entendiéndose que el presente artículo solo regirá con respecto á los que se hagan criminales después de la ratificación y publicación de este tratado.

8. Los habitantes de las tres provincias litorales, gozarán recíprocamente la franqueza y seguridad de entrar y transitar con sus buques y cargas en todos los puertos, ríos y territorios de cada una, ejerciendo en ella su industria con la misma libertad, justicia y protección que los naturales de la provincia en que residan, bien sea permanente ó accidentalmente.

9. Los frutos y efectos de cualquier especie que se importen ó exporten del territorio ó puertos de una provincia á otra por agua ó por tierra, no pagarán mas derechos que si fuesen importados por los naturales de la provincia, á donde ó de donde se exportan ó importan.

10. No se concederá en una provincia derecho, gracia, privilegio ó exención á las personas o propiedades de los naturales de ella, que no se conceda á los habitantes de las otras dos.

II. Unitarios y federales (1824-1831)

11. Teniendo presente que alguna de las provincias contratantes ha determinado por ley, que nadie pueda ejercer en ella la primera magistratura, sino sus hijos respectivamente, se exceptúa dicho caso y otros de igual naturaleza que fueren establecidos por leyes especiales. Entendiéndose que en caso de hacerse por una provincia alguna excepción, ha de extenderse á los naturales y propiedades de las otras dos aliadas.

12. Cualquiera provincia de la República que quiera entrar en la liga que forman las litorales, será admitida con arreglo á lo que establece la segunda base del artículo primero de la citada convención preliminar, celebrada en Santa-Fé á veintitrés de febrero del presente año; ejecutándose este acto con el expreso y unánime consentimiento de cada una de las demás provincias federales.

13. Si llegase el caso de ser atacada la libertad é independencia de alguna de las tres provincias litorales, por alguna otra de las que no entran al presente en la federación, ó por otro cualquier poder extraño, la auxiliarán las otras dos provincias litorales con cuantos recursos y elementos están en la esfera de su poder, según la clase de la invasión, procurando que las tropas que envíen las provincias auxiliares, sean bien vestidas, armadas y municionadas, y que marchen con sus respectivos jefes y oficiales. Se acordará por separado la suma de dinero con que para este caso debe contribuir cada provincia.

14. Las fuerzas terrestres ó marítimas que según el artículo anterior se envíen en auxilio de la provincia invadida, deberán obrar con sujeción al Gobierno de esta, mientras pisen su territorio y naveguen sus ríos en clase de auxiliares.

15. Ínterin dure el presente estado de cosas, y mientras no se establezca la paz pública de todas las provincias de la República, residirá en la capital de Santa-Fé, una comisión compuesta de un diputado pos cada una de las tres provincias litorales, cuya denominación será Comisión Representativa de los Gobiernos de las Provincias Litorales de la República Argentina, cuyos diputados podrán ser removidos al

arbitrio de sus respectivos Gobiernos, cuando lo juzguen conveniente, nombrando otros inmediatamente en su lugar.

16. Las atribuciones de esta Comisión serán:

1ª. Celebrar tratados de paz á nombre de las expresadas tres provincias, conforme á las instituciones que cada uno de los diputados tenga de su respectivo Gobierno, y con la calidad de someter dichos tratados á la ratificación de cada una de las tres provincias.

2ª. Hacer declaración de guerra contra cualquier otro poder, á nombre de las tres provincias litorales, toda vez que estas estén acordes en que se haga tal declaración.

3ª. Ordenar se levante el ejército, en caso de guerra ofensiva ó defensiva, y nombre el general que deba mandarlo.

4ª. Determinar el contingente de tropa con que cada una de las provincias aliadas deba contribuir, conforme al tenor del artículo trece.

5ª. Invitar á todas las demás provincias de la República, cuando estén en plena libertad y tranquilidad, á reunirse en federación con las tres litorales, y á que por medio de un Congreso General Federativo se arregle la administración general del país bajo el sistema federal, su comercio interior y exterior, su navegación, el cobro y distribución de las rentas generales, y el pago de la deuda de la República, consultando del mejor modo posible la seguridad y engrandecimiento general de la República, su crédito interior y exterior, y la soberanía, libertad é independencia de cada una de las provincias.

17. El presente tratado deberá ser ratificado á los tres días por el Gobierno de Santa-Fé, á los seis por el de Entre-Ríos y á los treinta por el Gobierno de Buenos Aires.

Dado en la cuidad de Santa-Fé á cuatro del mes de enero del año de Nuestro Señor mil ochocientos treinta y uno.

José Maria Rojas y Patrón; Antonio Crespo; Domingo Cullen.

Artículo adicional

Siendo de la mayor urgencia la conclusión del presente tratado, y no habiendo concurrido la provincia de Corrientes á su celebración, por haber renunciado el Señor General D. Pedro Ferré la comisión que le confirió al efecto; y teniendo muy fundados y poderosos motivos para creer que accederá á él en los términos en que está concebido, se le invitará por los tres comisionados que suscriben á que adhiriendo á él, lo acepte y ratifique en todas y cada una de sus partes, del mismo modo que si hubiese sido celebrado conforme á instrucciones suyas con su respectivo comisionado.

Dado en la cuidad de Santa-Fé a cuatro del mes de Enero del año de nuestro Señor mil ochocientos treinta y uno.

José Maria Rojas y Patrón; Antonio Crespo; Domingo Cullen.

Nos el Gobernador y Capitán General delegado de la Provincia de Buenos Aires, en virtud de especial autorización de la Honorable Sala de Representantes, por decreto de veinte y nueve de Enero de presente año, aprobamos, aceptamos y ratificamos el presente tratado, que fue celebrado en la cuidad de Santa Fé, á cuatro días del mismo mes y año, en diez y ocho artículos; y nos comprometemos solemnemente á guardar, cumplir y ejecutar cuanto se halla estipulado en todos y cada uno de ellos: á cuyo efecto damos el presente instrumento de ratificación firmado con nuestra mano, sellado con el sello del Gobierno de la provincia, y refrendado por el ministro secretario en el departamento de relaciones exteriores, en Buenos Aires, á primero del mes de febrero del año del Señor de mil ochocientos treinta y uno. Juan Ramón Balcarce; Tomas M. De Anchorena.

8. Carta de López a Rosas informando sobre la prisión del General Paz (1831)

Academia Nacional de la Historia, Partes, *II, pp. 346-347.*

Rio 2º cera del Tio, 12 de mayo de 1831.
Sr. D. Juan Manuel De Rosas.

Mi estimado compañero tenemos en este campo al Supremo Protector, prisionero por una partida de paisanos; ¡Que humillación para su orgullo! ¡Y que triunfo para la causa de los Pueblos! Ayer tarde tubimos la noticia, y todo el Exercito há estado agitado vivamente hasta verlo llegar. Los detalles de tan singular aventura que hemos podido adquirir son los siguientes.

Se había movido todo el Exercito enemigo á perseguir unas partidas fuertes que lo hostilizaban de la división de Reynafe en la tarde del diez. En la confusión del tiroteo se aproximó el Capitán D. Esteban acosta por el costado izquierdo hasta ocho cuadras de la línea con su partida: salieron á reconocerla varios oficiales de la Comitiva del General, y parte de su escolta, marchando el mismo á retaguardia. Despues de algunos tiros se mesclaron ambas partidas, por tener iguales divisas, cuya circunstancia facilitó, que nuestros milicianos reconociesen á Paz, y corriendolo le boleó el caballo el Soldado Francisco Ceballos. La escolta huyó, quedando muertos el Teniente D. Raimundo Arana y dos soldados.

En la primera conferencia se há manifestado el prisionero muy dispuesto á facilitar la conclusion de la Guerra por su influjo y relaciones prometiendo escribir á este respecto. Dice que por renuncia del Governador Delegado Martinez le há sucedido La Madrid.

Por despachar pronto ál Coronel Garcia, no soy mas largo, y concluyo deseando á V. salud y felicidad como su affmo. amigo y compañero.

Estanislao López

9. El general Paz rememora su caída como prisionero
Paz, Memorias póstumas, *II, 10-18.*

Dando principio a la operación acordada, me moví en la tarde del 10 de mayo con dirección al enemigo. Al emprender la marcha mandé que se colocase la caballería a vanguardia, mas, habiéndome contestado el coronel Pedernera que aún no estaba pronta, hice que tomase la cabeza el 5º de Cazadores y ordené que la caballería alargase el paso cuando estuviese pronta, hasta incorporarse a la columna. La hora que era no me permitía diferir más tiempo el movimiento, y me vi precisado a invertir por ello el orden en que había pensado colocar las diferentes armas. Éste fue uno de los incidentes que contribuyó a mi desgracia, como luego se verá.

Habríamos andado cerca de tres leguas por un camino sumamente estrecho, pues atravesaba un inmenso bosque y la noche se acercaba, cuando se empezó a oír muy distintamente un tiroteo entre una partida, quizá de mis guerrillas, y otra enemiga de mayor fuerza, con cierta diferencia. Me era muy conveniente escarmentar a ésta, tanto para reprimir el vandalismo que se propagaba en la provincia de Córdoba, como para que, siendo enteramente dispersada, no se tuviese noticia en el cuartel general de López del movimiento que sobre él se dirigía.

Para lograrlo de una manera completa, quise instruirme de la posición respectiva de ambas fuerzas, y con este objeto hice avanzar al comandante don Camilo Isleño, que iban a poca distancia de la columna, y en seguida a don Polonio Ramallo, con el mismo fin. Entretanto, despaché un ayudante al coronel Pedernera para que a la mayor brevedad mandase una compañía de Cazadores, que era lo que juzgaba bastante para terminar, según mi deseo, con aquella función. El ayudante me hizo avisar que Pedernera se había quedado muy atrás y que seguía en su solicitud para acelerar por sí mismo la remisión de la fuerza pedida.

Entretanto, la noche se aproximaba y, por falta de luz, veía que iba a malograrse un golpe que, aunque pequeño, era por las circunstancias dichas de la mayor importancia en aquella ocasión. Por otra parte, temía que aunque llegase la fuerza de caballería que había mandado venir, podía serme aún indispensable invertir algún tiempo en tomar informes sobre la fuerza y calidad del enemigo y sobre su situación, y para que nada de esto retardase la operación, resolví aproximarme en persona al teatro de combate y esperar allí la caballería; creía, como era natural, tocar con la fuerza mía antes que con la enemiga, lo que fue al contrario.

Estaba casi solo (es decir, sin mis ayudantes) a la cabeza de la infantería que mandaba el coronel Larraya, y al separarme, adelantándome, me siguió solamente un ayudante, que lo era de estado mayor, un ordenanza y un viejo paisano que guiaba el camino. A poco trecho me propuso el guía (baqueano) si quería acortar el camino siguiendo una senda que se separaba a la derecha; acepté, y nos dirigimos por ella; este pequeño incidente fue el que decidió de mi destino.

Cuando a mi juicio me hallaba a una distancia proporcionada del teatro del combate, lo que podía calcular por la proximidad del fuego que lo sostenía, mandé adelantar a mi ordenanza para que, haciendo saber al oficial que mandaba la guerrilla que yo me hallaba allí, viniese a darme los informes que deseaba. Creía que, por su orden natural, la fuerza que me pertenecía estaría en aquella dirección, pero era de otro modo. El comandante de la guerrilla sabía que debía aparecer una fuerza que, cooperando con él, exterminase completamente a la enemiga, para lo cual le había dado orden que entretuviese el fuego mientras esto sucedía; él, para lograr mejor lo que se le había prevenido, había colocado su partida dentro de un cerco, cambiando el frente de su línea de guerrilla, avanzando su ala izquierda; el enemigo, por un movimiento contrario, había tomado una situación paralela, de modo que ambas fuerzas contendientes, presentaban un flanco a la dirección que yo traía; es decir, la fuerza que me pertenecía al derecho, y la enemiga el izquierdo, y apoyados ambos en el bosque; allí mismo terminaba para hacer lugar a un escampado que servía de teatro a la guerrilla; había, sin embargo, una diferencia, y era que el camino principal que yo había dejado por insinuación del guía iba a tocar el flanco derecho de mi guerrilla, y la senda por donde iba tocaba, sin pensarlo yo, con el izquierdo de la enemiga.

Debe también advertirse que el ejército federal tenía divisa punzó, y no sé hasta ahora por qué singularidad aquella partida enemiga, que sería de ochenta hombres y pertenecía a la división de Reinafé, había mudado en blanca, la misma que arbitrariamente se ponían las partidas de guerrilla mías, que eran en gran parte de paisanos armados. Es también de notar que en el mismo día, habiendo empezado a arreciar el frío, había cambiado yo de ropa, poniéndome un gran chaquetón nuevo, con cuyo traje nunca me habían visto, lo que contribuyó después a hacerme creer que me desconocían a mí los míos, como yo los desconocía a ellos. Éstas fueron las causas de las fatales equivocaciones que produjeron mi pérdida.

El ordenanza que mandé no volvió, y la causa fue que, habiendo dado con los enemigos, fue perseguido de éstos y escapó, pero tomando otra dirección, de modo que nada supe. Mientras tanto seguía yo la senda, y viendo la tardanza del ordenanza y del oficial que había mandado buscar, e impaciente, por otra parte, de que se aproximaba la noche y se me escapaba un golpe seguro a los enemigos, mandé al oficial que iba conmigo, que era el teniente Arana, con el mismo mensaje que había llevado mi ordenanza, pero recuerdo que se lo encarecí más y le recomendé la precaución. Se adelantó Arana, y yo continué tras él mi camino: ya estábamos a la salida del bosque; ya los tiros estaban sobre mí; ya por bajo la copa de los últimos arbolillos distinguía a muy corta distancia los caballos, sin percibir aún los jinetes; ya, en fin, los descubrí del todo, sin imaginar siquiera que fuesen enemigos, y dirigiéndome siempre a ellos.

En este estado vi al teniente Arana, que lo rodeaban muchos hombres a quienes decía a voces: "Allí está el general Paz; aquél es el general Paz", señalándome con la mano; lo que robustecía la persuasión en que estaba, que aquella tropa era mía. Sin embargo, vi en aquellos momentos una acción que me hizo sospechar lo contrario, y fue que vi levantados, sobre la cabeza de Arana, uno o dos sables, en acto de amenaza. Mis ideas confusas se agolparon a mi imaginación; ya se me ocurrió que podían haber desconocido los nuestros; ya que podía ser un juego o chanza, común entre militares; pero vino, en fin, a dar vigor a mis primeras sospechas las persuasiones del paisano que me servía de guía para que huyese, porque creía firmemente que eran enemigos. Entretanto, ya se dirigía a mí aquella turba, y casi me tocaba, cuando, dudoso aún, volví las riendas a mi caballo y tomé un galope tendido. Entre multitud de voces que me gritaban que hiciera alto, oía con la mayor distinción una que gritaba a mi inmediación: "Párese, mi General; no le tiren, que es mi General; no duden que es mi General"; y otra vez: "Párese, mi General". Este incidente volvió a hacer renacer en mí la primera persuasión de que era gente mía la que me perseguía, desconociéndome quizá por la mudanza de traje. En medio de esta confusión de conceptos contrarios y ruborizándome de aparecer fugitivo de los míos, delante de la columna, que había quedado ocho o diez cuadras atrás, tiré las riendas a mi caballo, y moderando en gran parte su escape volví la cara para cerciorarme: en tal estado fue que uno de los que me perseguían, con un acertado tiro de bolas, dirigido de muy cerca, inutilizó mi caballo de poder continuar mi retirada. Éste se puso a dar terribles corcovos, con que, mal de mi grado, me hizo venir a tierra.

En el mismo momento me vi rodeado de doce o catorce hombres que me apuntaban sus carabinas, y que me intimaban que me rindiese; y debo confesar que aun en este instante no había depuesto del todo mis dudas sobre la clase de hombres que me atacaban, y les pregunté con repetición quiénes eran, y a qué gente pertenecían; mas duró poco el desengaño, y luego supe que eran enemigos, y que había caído del modo más inaudito en su poder. No podía dar un paso; ninguna defensa me era posible; fuerza alguna de la que me pertenecía se presentaba por allí; fue pues, preciso resignarme y someterme a mi cruel destino.

Me dijeron que montase a la grupa de uno de los soldados que me rodeaban, que era precisamente el que, habiendo servido antes a mis órdenes, me había conocido y me gritaba que me parase, dándome el dictado de general; yo mostré alguna repugnancia, y él, accediendo a mi muda insinuación, dijo, resueltamente, que no lo consentiría; se le ordenó entonces que me diese su caballo, y que, pues, no quería que yo subiese a la grupa, que la ocupase él; en lo que convino, y se hizo al instante. Así dejamos aquel lugar, mientras dos o tres se ocupaban en desenredar las bolas de mi caballo, los que se nos reunieron luego con él, de diestro, y siguieron hasta cierta distancia, en que, considerándose libres de una persecución inmediata, se ordenó marcha de otro modo.

He empleado más tiempo en referir este lance, y se ocupará más en leerlo, que el que se invirtió en realizarse. Todo fue obra de pocos instantes; todo pasó con la rapidez de un relámpago; el recuerdo que conservo de él se asemeja al de un pasado y desagradable sueño; por lo pronto, era tal la multitud de consideraciones que se agolpaban en mi espíritu, tal la confusión de ideas, tal la diversidad de sensaciones, que si era no casi insensible, era menos desgraciado de lo que puede suponerse.

No obstante, pude admirar la decisión de aquellos paisanos que se habían armado para sostener una opinión política que no comprendían. ¡Qué actividad! ¡Qué brevedad y armonía en sus consejos y consultas, que se sucedían con frecuencia!

¡Qué rapidez en sus movimientos! ¡Qué precauciones para no dejar escapar su presa! ¡Qué sagacidad para evadir los peligros que podían sobrevenirle! Se creería que habían sido bandidos de profesión; sin embargo, como hasta ahora, que eran más bien impelidos por influencias personales que por otra consideración, advertí que cuando raciocinaban sobre aquella guerra y las causas que la habían producido, se entibiaba notablemente su ardor; estaban imbuidos en los errores más groseros sobre la administración que regía la provincia, y sus oficiales tenían un gran esmero en que no los desengañasen. En general fui considerado hasta cierto punto, y con pocas excepciones, no les merecí ni vejámenes ni insultos. En el curso de esta narración se verá comprobado.

Lo que he dicho acaeció el 10 de mayo de 1831 como a las cinco de la tarde. Después de habernos alejado lo bastante del teatro de mi desgracia, en lo más enmarañado del bosque, cuando ya era casi de noche, hicieron alto repentinamente y con el mayor silencio. Se trató entonces de repartir mis despojos. Uno tomó las espuelas, otro el chaquetón, otro tenía mi florete desde antes, aquél se apoderó de mi gorra, dándome la suya, que era asquerosa; me preguntaron qué dinero traía, y aun me quitaron una bota, que en seguida me devolvieron, para buscar si había guardado dentro algunas onzas: a todo esto me conservaba yo a caballo en el del soldado, pero éste había descendido de la grupa, y le dieron el del que hacía de jefe, habiendo éste montado en el mío, que hasta entonces habían traído de diestra. Yo quedé en mangas de camisa, y tan sólo me dejaron el reloj por insinuación del que parecía mandar a los otros porque dijo: "Déjemosle el reloj a este hombre, porque puede hacerle falta"; pero esto no era sino para tomarlo él después, sin participación de los demás; lo conocí y se lo di un rato después, con sigilo, al soldado que no permitió que montara en ancas, en agradecimiento de esta acción, de modo que el otro, cuando ocurrió por él, se halló chasqueado.

Mi caballo, por supuesto, era el más inútil de la partida; sin embargo, le pusieron una soga al pescuezo, de la que tiraba uno, dejándome siempre las riendas; en este orden se continuó la marcha, después de esta muy corta detención, en un silencio admirable y con gran celeridad, aunque ni antes ni después de mi prisión habían sido perseguidos, ni yo había visto persona alguna de los míos. En esta marcha fue que les hice algunas proposiciones sobre mi escape, que desecharon en el fondo, pero que el caudillo de la partida quiso convertir en su provecho, engañándome; pero él fue el engañado, pues nada utilizó, ni aun el reloj, que, como he dicho, ya lo había dado.

10. La emigración unitaria: los unitarios del interior (1831)
Carta de Juan Ignacio Gorriti a Agustín Dávila (12 de diciembre de 1831), en Miguel Ángel Vergara, Papeles del Dr. Juan Ignacio Gorriti, *Jujuy, Butazzoni, 1936, 225-229.*

El 4 del ppdo., Quiroga, contra toda esperanza y a pesar de todas las probabilidades contrarias, triunfó en Tucumán y su victoria lo hizo dueño de las provincias de Catamarca y Salta, juntamente con la de Tucumán, sin poderlo remediar. Apenas se tuvo noticia de este suceso cuando el movimiento de emigración o fuga se dejó sentir con tanta generalidad que el que no tenía medios de hacerlo se creía un desgraciado. [...]

Las provincias de San Luis, Mendoza, San Juan, Rioja, Catamarca, Tucumán y Salta son bajo el dominio de Quiroga. El estado de Chile ha aumentado considerablemente su población con la emigración de las cuatro primeras, y el de Bolivia aumentará con la emigración de las tres últimas. La emigración de Córdoba ha sido muy corta porque tuvieron la debilidad de confiar en las capitulaciones con Fragueiro; pero los horrores cometidos en esa provincia con toda gente decente y el asolamiento de toda su riqueza [...].

Hablemos ahora de nosotros: aquí me tiene U. emigrado con la Isabel [Gorriti, su hermana] y le aseguro que no estoy satisfecho de haber tomado el mejor partido. Cuando se me decía que me fuese a donde estaba, yo contesté que no me movería de Salta pues nada tenía que temer. No es que yo pensara pasarlo bien entre ellos [federales] sino que estaba seguro de que ni tenían que reprocharme excesos, ni yo les ofrecía un objeto contra quien tuviesen una prevención personal. Todo lo que me podían hacer de mal no podía ser sino efecto de su odio por el sistema que constantemente había defendido [unitario], y eso no me arredraba antes lisonjeaba mi amor propio, me presentaba una especie de grandeza que recomendaba mi mérito a la posteridad. A pesar de eso me he visto precisado a adoptar este último partido. La Providencia ha dispuesto que bebiese el cáliz de mi tribulación hasta las heces, sin el menor lenitivo.

La Isabel estaba resuelta a emigrar, tenía razón para ello. Sin el menor motivo de prevención ni contra ella ni contra su hijo, antes muchos de gratitud, [...] cuatro veces le saquearon su casa, dos veces sorprendieron a Juan José en sus ocupaciones domésticas, lo llevaron a las tolderías donde lo tuvieron detenido y sufriendo tratamientos indignos, y en la actualidad lo tienen cautivo. [...] Así era necesario ponerse fuera de sus tiros y que yo acompañara a esta pobre.

Como mi mole no me permite ya esforzar una o dos jornadas en caso preciso, y las cosas estaban en términos que temíamos que de un momento a otro apurasen las circunstancias y todos saliesen de tropel, estorbándose y perjudicándose unos a otros, procuré salir cuanto antes y lo verifiqué el 13 del pasado, por supuesto, sumamente mal equipados porque no había forma de otra cosa estando como estábamos sumamente desprevenidos y cuando las cosas necesarias para equiparse todos las necesitaban y pagaban a precio de oro.

Yo traje un camino muy trabajoso, me estropeé mucho hasta La Quiaca, pero de allí aquí ha sido menos. [...]

En uno u otro lance la Isabel irá a Chuquisaca donde con su industria ganará para vivir. ¿Pero yo qué haré? ¿De qué viviré? Esta idea me atormenta. Ya no estoy capaz de una vida activa con la que a título de corona podía emprender con seguridad de suceso cualquier carrera. Ahora nada más puedo que rezar el Oficio Divino y celebrar. Si no consigo acomodarme con algún señor, de Capellán, no sé absolutamente cómo me irá.

He escrito al Sr. Presidente instruyéndole de mi situación y suplicándole me dispense su protección. He sido también recomendado al Sr. Obispo de La Paz, ignoro el favor que estos señores me harán o podrán dispensarme, porque aun cuando lo deseen eficazmente, no es seguro que puedan hacerlo como lo exige mi necesidad.

11. La popularidad de Facundo Quiroga según su enemigo el General Paz

Paz, Memorias póstumas, *I, pp. 479-482.*

En las creencias populares con respecto a Quiroga, hallé también un enemigo fuerte a quien combatir; cuando digo populares, hablo de la campaña, donde esas creencias habían echado raíces en algunas partes y no sólo afectaban a la última clase de la sociedad. Quiroga era tenido por un hombre inspirado; tenía espíritus familiares que penetraban en todas partes y obedecían a sus mandatos; tenía un célebre *caballo moro* (así llaman al caballo de un color gris) que, a semejanza de la cierva de Sertorio, le revelaba las cosas más ocultas y le daba los más saludables consejos; tenía escuadrones de hombres que, cuando los ordenaba, se convertían en fieras, y otros mil absurdos de este género. Citaré algunos hechos ligeramente, que prueban lo que he indicado.

Conversando un día con un paisano de la campaña, y queriendo disuadirlo de su error, me dijo: "Señor, piense usted lo que quiera, pero la experiencia de años nos enseña que el señor Quiroga es invencible en la guerra, en el juego (y, bajando la voz, añadió), en el amor. Así es que no hay ejemplar de batalla que no haya ganado; partida de juego que haya perdido; (y, volviendo a bajar la voz) ni mujer que haya solicitado, a quien no haya vencido". Como era consiguiente, me eché a reír con muy buenas ganas; pero el paisano ni perdió su serenidad, ni cedió un punto de su creencia.

Cuando me preparaba para esperar a Quiroga, antes de la Tablada, ordené al comandante don Camilo Isleño, de quien ya he hecho mención, que trajese un escuadrón a reunirse al ejército, que se hallaba a la sazón en el Ojo de Agua, porque por esa parte amagaba el enemigo. A muy corta distancia, y la noche antes de incorporárseme, se desertaron ciento veinte hombres de él, quedando solamente treinta, con que se me incorporó al otro día. Cuando le pregunté la causa de un proceder tan extraño, lo atribuyó a miedo de los milicianos a las tropas de Quiroga. Habiéndole dicho que de qué provenía ese miedo, siendo así que los cordobeses tenían dos brazos y un corazón como los riojanos, balbuceó algunas expresiones, cuya explicación quería absolutamente saber. Me contestó que habían hecho concebir a los paisanos que Quiroga traía entre sus tropas *cuatrocientos capiangos*, lo que no podía menos que hacer temblar a aquéllos. Nuevo asombro por mi parte; nuevo embarazo por la suya; otra vez exigencia por la mía; y finalmente, la explicación que le pedía. Los *capiangos*, según él, o según lo entendían los milicianos, eran unos hombres que tenían la sobrehumana facultad de convertirse, cuando lo querían, en ferocísimos tigres, "y ya ve usted –añadía el candoroso comandante– que cuatrocientas fieras lanzadas de noche a un campamento acabarán con él irremediablemente". Tan solemne y grosero desatino no tenía más contestación que el desprecio o el ridículo; ambas cosas empleé, pero Isleño conservó su impasibilidad, sin que pudiese conjeturar si él participaba de la creencia de sus soldados, o si sólo manifestaba dar algún valor a la especie para disimular la participación que pudo haber tenido en su deserción; todo pudo ser.

Un sujeto de los principales de la sierra, comandante de milicias, Güemes Campero, había hecho toda la campaña que precedió a la acción de la Tablada, con Bustos y Quiroga; vencidos éstos, se había retirado a su departamento, y después de algún tiempo que se conservó en rebeldía, fue hecho prisionero y cayó en mi poder. No tuvo más prisión que mi casa, donde se le dio alojamiento, sin más restricción que no salir a la calle; por lo demás, asistía a mi mesa y comunicaba con todo el mundo. Un día, estando comiendo, algunos oficiales tocaron el punto de la pretendida inteligencia de Quiroga con seres sobrehumanos, que le revelaban las cosas secretas y vaticinaban lo futuro. Todos se reían, tanto más cuanto Güemes Campero callaba, evitando decir su modo de pensar. Rodando la conversación, en que yo también tomé parte, vino a caer en el célebre *caballo moro*, confidente, consejero y adivino de dicho general. Entonces fue general la carcajada y la mofa, en términos que picó a Güemes Campero, que ya no pudo continuar con su estudiada reserva; se revistió, pues, de toda la formalidad de que era capaz, y tomando el tono más solemne, dijo: "Señores, digan ustedes lo que quieran, rían cuanto se les antoje; pero lo que yo puedo asegurar es que el caballo moro se indispuso terriblemente con su amo el día de la acción de la Tablada, porque no siguió el consejo que le dio de evitar la batalla ese día; y en prueba de ello soy testigo ocular que, habiendo querido poco después del combate mudar caballo y montarlo (el general Quiroga no cabalgó el moro en esa batalla), no permitió que lo enfrenasen por más esfuerzos que se hicieron, siendo yo mismo uno de los que procuré hacerlo, y todo esto era para manifestar su irritación por el desprecio que el general hizo de sus avisos". Traté de aumentar algunas palabras para desengañar aquel buen hombre, pero estaba tan preocupado que me persuadí que era por entonces imposible.

A la vista de lo que acabo de decir y de mucho más que pudiera añadir, fácil es comprender cuánto se hubiera robustecido el prestigio de este hombre no común si hubiese sido vencedor en la Tablada. Las creencias vulgares se hubieran fortificado hasta tal punto que hubiera podido erigirse en un sectario, ser un nuevo Mahoma y, en unos países tan católicos, ser el fundador de una nueva religión o abolir la que profesamos. A tanto sin duda hubiera llegado su poder, poder ya fundado con el terror, cimentado sobre la ignorancia crasa de las masas y robustecido con la superstición; una o dos victorias más, y ese poder era omnipotente, irresistible. Adviértase que esa victoria que no obtuvo le hubiera dado una gran extensión a su influencia, y que si antes, además de La Rioja, la ejercía en algunas provincias solamente, entonces hubiera sido general en todo el interior de la república.

La derrota de la Tablada quebró de un modo muy notable ese prestigio que le daba la más bárbara superstición. Cuando volvió para ser otra vez derrotado en Oncativo, ya no se habló más del *caballo moro* ni de espíritus familiares; pienso también que los jugadores y el bello sexo pudieron creerse a cubierto de su irresistible poder. Por estas razones, he creído siempre que la victoria de la Tablada fue de una importancia política que jamás se ha apreciado bastante. Mediante ella dieron aquellos pueblos un paso muy avanzado hacia la civilización, cuando sin ella hubieran retrocedido a la más estúpida barbarie y al despotismo más tenebroso. Después, quizá, me ocuparé de algunas reflexiones a este respecto.

12. Quiroga reflexiona sobre la forma de gobierno en carta a Rosas y prefiere la unitaria por principios (1832)

Enrique Barba (comp.), Correspondencia entre Rosas, Quiroga y López, Buenos Aires, Hachette, 1975, pp. 68-69.

Tucumán, enero 12 de 1832

Señor Don Juan Manuel de Rosas.

Amigo de todo mi aprecio: contestando a su favorecida del 14 de diciembre digo a usted: que el no haberle dicho nada del parecer que me pedía en su apreciable de 4 de octubre con respecto a la formación de la Comisión Representativa y de la oportunidad para la reunión del Congreso, fué creyendo que mi silencio mismo le debía hacer entender el motivo; pero ya que no lo ha comprendido se lo explicaré claro y terminante. Usted sabe, porque se lo he dicho varias veces, que yo no soy federal, soy unitario por convencimiento; pero sí con la diferencia de que mi opinión es muy humilde y que yo respeto demasiado la de los pueblos constantemente pronunciada por el sistema de gobierno Federal; por cuya causa he combatido con constancia contra los que han querido hacer prevalecer por las bayonetas la opinión a que yo pertenezco, sofocando la general de la República; y siendo esto así, como efectivamente lo es ¿cómo podré yo darle mi parecer en un asunto en que por razones que llevo expuestas necesito explorar a fondo la opinión de las provincias, de las que jamás me he separado, sin embargo, de ser opuesta a la de mi individuo? Aguarde pues un momento, me informaré y sabré cuál es el sentimiento o parecer de los pueblos y entonces se lo comunicaré, puesto que es justo que ellos obren con plena libertad, porque todo lo que se quiera, o pretenda en contrario, será violentarlos, y aun cuando se consiguiese por el momento lo que se quiera, no tendría consistencia, porque nadie duda que todo lo que se hace por la fuerza o arrastrado de un influjo no puede tener duración siempre que sea contra en sentimiento general de los pueblos.

Quedo enterado de los motivos que han retardado el regreso del señor Argañaraz, que llegó a Córdoba sin novedad alguna, y se le ordenó pasase a La Rioja.

En orden a lo que me dice que cree acreedores a un grado más a los Jefes y oficiales de la División, debo decirle que el señor Coronel Don José Ruiz Huidobro, quien se halla a la cabeza del Ejército, instruirá a usted de los despachos de ascensos que han recibido Jefes y oficiales, e igualmente de los que no han ascendido, con expresión de los que por su ineptitud no son dignos a tal consideración, como el Comandante Don Juan Esteban Vázquez, para que usted teniendo pleno conocimiento, resuelva lo que juzgue conveniente, advirtiendo a usted que en el Ejército se hallaban en servicio los Coroneles efectivos Don Juan Brizuela y Don Manuel Gregorio Quiroga, ambos de más antigüedad que el de igual clase Don José Ruiz Hiudobro, y que a pesar de esto, y de no ser hijo del país, ha sido encargado del mando del Ejército por su comportación y conocimiento que posee, digo esto para que usted se persuada que es digno de que usted no distinga con el premio que crea de justicia.

Saluda a usted con la consideración que acostumbra, su amigo afectísimo que besa su mano.

Juan Facundo Quiroga

13. Buenos Aires y Rosas frenan la organización constitucional del país (1832)

Carta de Manuel Leiva a Tadeo Acuña, en José Carlos Chiaramonte, Ciudades, provincias, Estados: Orígenes de la Nación Argentina (1800-1846), *Buenos Aires, Ariel, 1997, pp. 582-583.*

Santa Fe, marzo 9 de 1832.

Sr. D. Tadeo Acuña.
[Catamarca].

Mi estimado y antiguo amigo. Nuestra amistad y el noble e importante objeto que motiva esta comunicación, me hacen esperar que será bien acogida de V.: así que no he trepidado en dirigirla, haciéndole algunas observaciones, y empeñándome para que segunde nuestros pasos, dignos de todo buen americano.

Lo considero a V. perfectamente instruido del pormenor de los últimos sucesos de la revolución, y de que estos lo habrán convencido, de que la liga de los Gobiernos litorales tomó a su cargo la libertad de los pueblos, y que lo ha conseguido con la cooperación de sus amigos; pues la Comisión Representativa de estos mismos Gobiernos y sus aliados, en reunión de este día, ha aprobado una minuta de comunicación que debe dirigirse a los Gobiernos del interior, invitándolos a adherir y firmar el tratado de alianza ofensiva y defensiva, celebrado en esta ciudad, el 4 de enero del próximo pasado: cuya invitación se hace de conformidad con la atribución *quinta* que el mismo tratado le acuerda en el artículo 16. Mas como en la misma atribución se habla de arreglar la administración general del país, bajo el sistema federal, su comercio, la navegación de los ríos, distribución de rentas, &c., la comisión hace presente esto mismo a los Gobiernos, y al invitarlo a adherir al tratado, manifiesta sus deseos de que se forme el Congreso General Federativo que debe hacer estos arreglos; esperando que los Gobiernos, al mandar sus enviados, los instruyan y autoricen para señalar el día en que este augusto cuerpo deba instalarse, el lugar de la reunión, y el número de Diputados por cada provincia, de que debe formarse. Yo creo que esta es la primera vez que se presenta a los pueblos argentinos un llamamiento del todo conforme con sus verdaderos y más caros intereses, y que la época es la más favorable. V. conocerá muy bien, que si hoy no se hacen los arreglos que se proponen en la expresada atribución *quinta*, nuestra patria será siempre un caos; nuestro estado insubsistente y precario, porque carece de base sólida que lo sostenga; nuestro comercio cada día más ruinoso, porque el extranjero lo acaba, destruyendo nuestras producciones e industrias; nuestros ríos infructíferos a la generalidad; nuestras rentas hechas el patrimonio de uno solo, y todo el país pobre y miserable. Las provincias de Cuyo son el mejor testigo de estas verdades, como que ellas son las más perjudicadas, por la libertad concedida al comercio extranjero, proporcionalmente los demás pueblos. Buenos Aires es quien únicamente resistirá a la formación del Congreso, porque en la organización y arreglos que se meditan, pierde el manejo de nuestro tesoro, con que nos ha hecho la guerra, y se cortará el comercio de extranjería, que es el que más le produce; pero por esas mismas razones los provincianos debemos trabajar en sentido contrario a ellos, para que nuestro tesoro nos pertenezca, y para oponer trabas a ese comercio que insume nuestros caudales, ha muerto nuestra industria y nos ha reducido a una miseria espantosa. Nada importan, mi amigo, la paz y tranquilidad, si la industria territorial, que es el manantial fecundo de la riqueza, ha de quedar sin protección, el tesoro de la nación, siguiendo el problema de si nos pertenece a todos, o solo a los señores porteños, como hasta aquí, y nuestros puertos desiertos. No es porque hoy pertenezca a Corrientes como diputado de allí; pero esta provincia, es indudable que en medio de la guerra, y sin los recursos y auxilios de un orden general, por haber adoptado el sistema de leyes restrictivas al comercio extranjero, y de protección a su industria, es una de las más florecientes. ¡Ojalá que el ejemplo que nos ha dado, sea imitado de todos! Trabaje, pues, en el sentido que trabaja la Comisión Representativa: deteste a los partidarios del aislamiento de las provincias; bien cierto, que estos, como los unitarios, solo aspiran al engrandecimiento del gran pueblo y ruina de la República; interponga su influencia y relaciones, para que cuanto antes venga el Diputado de esa provincia, y su misión sea para llenar los objetos indicados, manifestando el Gobierno su pronunciamientos por la pronta instalación del Congreso General Federativo. Si así se hace, tendremos patria, y seremos felices; y si no, yo no veo muy distante la época, en que rindamos la rodilla a otro amo, tal vez peor que los españoles. Contésteme con la misma franqueza que yo le hablé, y ordene a su atento servidor Q. S. M. B.

Manuel Leiva

14. Opinión del gobernador de Corrientes, Pedro Ferré, sobre unitarios y federales. El federalismo de Rosas

Pedro Ferré, Memoria del Brigadier General Pedro Ferré, octubre de 1821 a diciembre de 1842, *Buenos Aires, 1921, pp. 66-70 y 73-75.*

Dije que habiendo terminado la guerra en todas las provincias han estado en paz por diez años, pronunciadas por el sistema federal, que fomentaba el mismo Rozas, apareciendo él y su círculo exaltados en este sistema, tocando hasta en la ridiculez de mandar que las mujeres anduvieran con divisa punzó en la cabeza, haciendo poner guardia en las puertas de los templos para que no entraran las que no la trajesen, fijándose en los colores de los vestidos, y otros disparates semejantes, que procuraba se extendieran en las provincias, trabajando al mismo tiempo en ganar a los gobernadores, lo que consiguió de todos aquellos que lo eran sin tener reputación en sus pueblos, y contra la voluntad general de ellos, los cuales necesitaban para mantenerse en sus sillas de un apoyo exterior que los sostuviera. De aquí es la baja adulación a Rozas, sellando en La Rioja monedas con su busto; en Mendoza el sello del papel con el emblema: *La provincia de Mendoza en gratitud al señor Rosas;* las divisas, moños, guardias, vivas y mueras de Santa Fe, Entre Ríos, Corrientes, y qué se yo qué más pueblos, que perdiendo totalmente su dignidad, se convirtieron en monos de Rozas imitando sus acciones, aun las más ridículas. Entre tanto, éste, asegurándose cada vez más en el gobierno, lleva adelante su plan: hace del tratado del 4 de enero el uso que le conviene, reasumiendo en su persona las atribuciones de la comisión que aquél establece, y teniendo buen cuidado de no convocar el Congreso constituyente bajo pretextos frívolos y sospechosos, que prueban su intención y mala fe. Uno de éstos ha sido el *que las provincias no tenían recursos para sostener sus diputados,* como si a él le tocara esta clasificación. A más de que siendo el objeto nacional, Buenos Aires está en el deber de costearlo y sostenerlo desde que allí está el Tesoro Nacional. Pero el que hable de esto a los de Buenos Aires, cuente luego con el título de anarquista, y dispóngase a sufrir una persecución a muerte. Esto le sucedió a don Manuel Leyva, cuando como comisionado del gobierno de Corrientes se dirigió a algunos amigos en los pueblos del interior, después de celebrado el tratado del 4 de enero, haciéndoles presente que era llegado el caso de que aquellos gobiernos mandasen sus diputados, para ver si conseguíamos el constituirnos, con muchas razones todas llenas de patriotismo; entre ellas les decía que no se dejaran sorprender de las sugestiones del gobierno de Buenos Aires para cruzar esta medida. Las cartas de Leyva fueron a parar a manos de Quiroga, quien con su acostumbrada audacia escribió a Leyva insultándolo por haberlas escrito; y sin duda se las mandó o impuso de ellas a Rozas, porque éste luego ofició al gobierno de Corrientes quejándose de la conducta de su comisionado, tratándolo de anarquista, sólo porque quería que el país saliera de su aislamiento y porque señalaba al único que se oponía a este bien.

Entonces el gobierno de Corrientes contestó a Rosas aprobando la conducta de su comisionado, y diciéndole que leíste había obrado así en virtud de las instrucciones que tenía de su gobierno. De esto resultaron los documentos que se dieron al público el año 1832, bajo el título de *Cuestiones nacionales*, sobre las cuales Rozas tuvo a bien callar, contentándose con hacer escribir a su *mangia con tutti*, Angelis, mil dicterios contra mí, que miré con el desprecio que debía. Entre otras cosas decía que yo era carpintero, y esto han referido otros tales después, creyendo que me hacen un gran agravio, sin advertir que antes que ellos lo dije yo por la imprenta en mis renuncias del gobierno, y que desde que aprendí el oficio hasta ahora no he dejado de trabajar con él, y porque he tenido este arbitrio para sostenerme con decencia junto con mi familia, no he ansiado por empleos, ni he sacrificado a la patria para hacer mi fortuna.

Buenos Aires se hace dueño exclusivo del caudal que percibe por la importación de los frutos extranjeros que se consumen en la Nación y por la exportación de los que ésta produce; pues unos y otros se embarcan en su puerto, como que es el único argentino, y por consiguiente nacional, por cuya razón debe su producto no ser exclusivo de Buenos Aires, ni confundir con sus rentas provinciales, pues éstas son suyas propias, y aquél es de la Nación. Las provincias ni sus gobernadores jamás han pensado en intervenir en otra cosa que en los caudales puramente nacionales, como los que produce el puerto de la Nación, y los que se han tomado a intereses de otras naciones, sobre los cuales tienen un derecho incuestionable de ser instruidas de su inversión, tanto más, cuanto no ignoran que esos créditos han sido contraídos a nombre de la Nación, y consumidos exclusivamente por el gobierno de Buenos Aires.

He aquí el punto que Buenos Aires rehúsa ventilar y el origen de las intrigas para que el país no se constituya, ni tenga representación alguna, y por qué se ha derramado y se está derramando torrentes de sangre americana, poniéndonos cada día más débiles por la desunión, que vendremos a ser el juguete de cualquier otra nación.

Dos son los partidos que han aparecido en público en Buenos Aires. El primero es el de los Unitarios, que tuvo su principio el 25 de mayo de 1810. Estos quieren que el país se constituya, pero al gusto de ellos, es decir, bajo el sistema de unidad, y con una constitución a su paladar, para que siendo el gran pueblo la capital, estén todos los demás sujetos a él, sin voluntad propia, ni cosa que se parezca, y como dependientes de una capital tan *ilustrada* no deben tener empleado alguno que tenga de sueldo cinco pesos para arriba, que no sea también *ilustrado*; y como en los pueblos no hay sino carpinteros, estancieros, comerciantes y otros así, que no han cursado las escuelas, que creen todo cuanto tiene y enseña la Santa Iglesia Católica Romana, y otras cosas semejantes, no debe, por descontado, ninguno de éstos ser gobernador, ni carcelero, y si es eclesiástico, ni cura, ni canónigo, ni obispo. Todos estos empleos deben salir de Buenos Aires proveídos en doctores de aquella Universidad, tanto mejor si han estudiado el materialismo en el curso del doctor Agüero. ¿Es esto alguna anécdota? No lo es, pues esto mismo sucedió mientras estuvieron las provincias sujetas a Buenos Aires en los primeros años de la revolución, y detrás del ejército de la patria que iba arrojando a los españoles, iba una gran división de puros porteños para ocupar los empleos que aquéllos dejaban. A Potosí fueron hasta para porteros de la casa de moneda, y lo han hecho tan mal en todas partes, que han tenido que echarlos a todos a la fuerza.

El otro partido es el de los federales, su autor don Juan Manuel de Rozas bajo el plan que ya tengo dicho, que lleva adelante con toda firmeza, y que hasta ahora le va saliendo

II. Unitarios y federales (1824-1831)

bien, porque todas las cosas le son favorables. Este partido, o más bien diré, Rozas, no quiere *por ahora* que los empleados de los pueblos sean porteños, ni se fija en que los gobernadores sean doctores o carniceros, en lo que se empeña es en que sean dependientes suyos personalmente, en que no se unan entre sí para que no se le vuelvan respondones, en que las provincias se arruinen cada vez más hasta que no tengan un caballo en que andar, y que todo lo reciban de Buenos Aires por favor, mientras llegue el tiempo de darles la ley, que será la de Unidad tan rigurosa cuanto sea preciso para que no alcen cabeza jamás. Entre tanto él está satisfecho con estar autorizado para la paz, guerra y relaciones exteriores, que las ha extendido hasta ejercer por ellas el patronato de la iglesia argentina. Cuida muy bien que no se hable de constitución, ni de congreso y mucho menos de rentas nacionales, y en esto es en lo único que se mete en la economía interior de cada provincia con el disimulo posible, para que en lo exterior se entienda que los pueblos están en el pleno goce de sus derechos, y en una confederación estrechísima. Esto mismo se cree en el interior por el vulgo, que alucinado con sólo el *viva la federación*, que desea, no ve ni siente las cadenas de la Unidad que detesta.

Ambos partidos en Buenos Aires se dirigen a un solo objeto, aunque por distintos caminos, éste es el de dominar a las provincias, procurar la ruina de éstas, y el engrandecimiento de Buenos Aires, para que como a único rico, las demás le sirvan de peones; y esto ha sido y es el sentimiento uniforme de todos los porteños, manifestado hasta la evidencia desde la revolución de mayo, hasta el día de hoy, y juzgo lo será siempre; y aunque esta regla puede tener excepción, confieso ingenuamente que yo, hasta ahora, no la he visto, ni oído decir que la haya habido. [...]

Sobre los documentos oficiales de que he hablado me parece conveniente hacer una observación. Tal es: ¿cómo si en ellos se descubren los verdaderos unitarios, los federales de

Buenos Aires no hacen mérito de ellos para perseguirlos? Si se trata de arrancar de raíz el unitarismo, ¿por qué no se publican los males que este partido ha causado a la nación en general, las personas que le han sostenido, y las intrigas escandalosas que ha habido en Buenos Aires para extinguir la Federación, que reclamaban las provincias con igualdad de derechos? Si las imprentas de Buenos Aires no se ocupan sino del nombre de Federación y de federales netos, ¿por qué no tratan de ilustrar a los pueblos de lo que significa este sistema de Federación, y de los derechos que por él se reclaman? Diré, pues, lo que creo a este respecto. No se publican los referidos documentos, porque de ellos resulta que, exceptuando algunos que ya han muerto, muy pocos que han emigrado por diferencias personales con Rosas, y aquellos que recién empiezan a gastar en barbero, los demás son los mismos, mismísimos, que regentean hoy en Buenos Aires, desde don Juan Manuel Rozas, hasta el gacetero (que me parece será el último papel), contra quienes han peleado los pueblos por ser ellos los que han sostenido el sistema de dominación y de ruina de las provincias, que hoy mismo siguen con hipocresía. Si las imprentas de Buenos Aires no explican lo que quiere decir Federación y cómo debe entenderse este sistema de gobierno, es porque las masas de los pueblos se mantengan federales brutos, sin conocer sus derechos, ni la verdadera libertad que encierra la Federación; mientras los federales declarados o netos de Buenos Aires conocen muy bien lo que les conviene, que es continuar en la posesión de los caudales nacionales que produce aquel puerto, fomentar la guerra en las provincias para que sea hereditario el odio de unas con otras y nunca se unan para defender sus derechos, ni tengan jamás poder para reclamar contra el comercio extranjero, ni contra cosa que pueda despojar a Buenos Aires *del rango que de justicia le corresponde*, según la frase del señor Sarratea, primer gobernador federal de Buenos Aires, y actual ministro plenipotenciario de la República Argentina, en Francia.

II. Unitarios y federales (1824-1831)

Llama mucho la atención el contraste de las opiniones en el día de hoy. No ha muchos años que de Buenos Aires salían unos tras otros los ejércitos a la Banda Oriental y Santa Fe, para apagar en su origen el sistema de la Federación que estos pueblos solicitaban para su independencia, Corrientes se pronunció solamente por el mismo sistema de gobierno, y sólo por su localidad se libró de ser invadida de los ejércitos unitarios. Santiago del Estero fue la primer provincia del interior que se declaró independiente de Buenos Aires, y proclamó la Federación bajo la dirección de su actual gobernador don Felipe Ibarra. Hoy, a pesar de que en Buenos Aires figuran los mismos hombres que en el año 1820, fueron obligados a entrar por el sistema de federación por *los tunantes que les dieron la ley*, que al mismo tiempo que firmaron tratados de paz con éstos, escribían ordenando *se organizase una fuerza respetable para destruirlos, para que Buenos Aires obtuviese otra vez el rango que de justicia le correspondía*, vemos que de allí salen los ejércitos federales para la Banda Oriental y Santa Fe y Corrientes, porque se han vuelto unitarias; vemos perseguir a muerte con este título a Rivera y sus generales, a mí y a los correntinos; a Sola y López Jordán; a Vera y Reinafé muertos en el Chaco; a los *tunantes* santafesinos emigrados por todas partes, y su patria guarnecida de tropas porteñas para mantener allí la Federación; a Ibarra con el título de unitario, mientras no entregó a Cullen por el arbitrario reclamo de Rozas (que al efecto hizo del artículo 7º del tratado del 4 de enero el mismo uso que hace del entretenimiento de las relaciones exteriores, que le sirven cuando le convienen); a Cullen, fusilado por unitario, sin forma alguna de juicio, y sólo porque Rozas dijo que lo era, habiendo sido siempre uno de los personajes de la Federación. En una palabra, vemos a las provincias desoladas, y los mejores de sus hijos perseguidos y muertos como unitarios; y a Buenos Aires, al señor Rozas, al señor Arana, Irigoyen, Soler, Mansilla, y todos los demás empleados, y sin empleos, convertidos en federales netos, sin que por esto los oigamos hablar de constituir la Nación bajo el sistema de gobierno que proclaman con tanto entusiasmo.

Reflexiónese sobre el particular, y no se podrá desconocer la exactitud con que se observa el plan propuesto por Rozas al principio de su gobierno, de que ya he hablado, y que tiene muy adelantado desde que ha conseguido que los provincianos, verdaderos federales, por salvar sus vidas se hayan unido con los unitarios, que él ha perseguido para disfrazar su plan y hayan hecho causa común contra él. También ha conseguido que los perseguidos admitan el título de unitario sin serlo, por diferenciarse de los que se titulan federales y no lo son. De todo aquello resulta que estamos viendo a lo vivo, y en práctica, lo que he oído contar que han visto en pintura, esto es el mundo al revés, *la zorra corriendo al perro, y el ladrón detrás del juez.*

Sin embargo, yo estoy persuadido que ni toda la constancia y energía de Rozas le bastará para conseguir el fin que se ha propuesto, aun dado el caso de que triunfe de sus enemigos y ponga en los pueblos de que ha triunfado gobernadores gobernados por él. Porque hasta ahora no aparece un solo hombre que tenga poder y la reputación bastante para hacer frente a sus miras y coartarle su ambición, el curso mismo de la revolución lo ha de presentar, y yo ya estoy presumiendo que, en tal caso, don Justo de Urquiza ha de ser el que le ha de poner las peras a cuarto a don Juan Manuel.

II. Unitarios y Federales (1824-1831)

15. Federales y unitarios en cantares, poemas y sonetos populares
Félix Weinberg (comp.), La época de Rosas, *Buenos Aires, Centro Editor de América Latina, 1967, pp. 54-55, 59-60 y 111-114.*

a) Soneto (anónimo)

    Eterna maldición al bando odioso
    Que convulso en frenéticos furores,
    Matanza, estragos, crímenes y horrores
    Con feroz avidez ansía rabioso.

    Horda infernal, conjunto ignominioso
    De infames asesinos y traidores
    Que nutridos de hiel, odio y rencores
    Compiten a cual más facineroso.

    No. Ya nunca jamás el tal salvaje
    Bando unitario con horrenda guerra,
    En la sangre, el incendio y el pillaje

    Se gozará asolando nuestra tierra;
    Pues juramos los libres indignados
    Anatema, exterminio a esos malvados.

b) Al Ilustre Restaurador de las Leyes, en ocasión de salvar su preciosa vida (1839)
Presbítero Ramón González Lara

    En este día, Señores,
    Vuestro Pastor os da ejemplo,
    En su casa y en su Templo,
    Celebrando los favores
    Con que Dios libró de los horrores
    A mi Patria muy amada,

Salvando la vida apreciada
De nuestro Restaurador;
Tributadle, pues, honor
Por gracia tan señalada.

Si Moisés fue el Salvador
Del pueblo de Dios amado,
Un Rosas, gran magistrado!
Es nuestro Restaurador.
Tributadle todo honor,
Compatriotas, mis amados,
Y digamos transportados
De lo último del corazón
Que no exista esa unión
De monstruos afrancesados.

Los franceses y unitarios
Se han unido contra Rosas,
Y como astutas raposas
Proyectan en planes varios;
Ellos son incendiarios,
De corazón, asesinos,
De religión, libertinos,
Herejes que han blasfemado
De lo más santo y sagrado
De nuestro culto divino.

c) *La Negrita (anónimo, 1833)*

Yo me llamo Juana Peña
Y tengo por vanidad
Que sepan todos que soy
Negrita muy federal.
Negrita que manda fuerza
Y no negrita pintora,

II. UNITARIOS Y FEDERALES (1824-1831)

Porque no soy de las que andan
Con pluma voladora.
Negrita que en los Tambores
Ocupo el primer lugar,
Y que todos me abren cancha
Cuando salgo yo a bailar.
Pero ya que me he chiflado
Por meterme a gacetera,
He de hacer ver que, aunque negra,
Soy patriota verdadera.

Yo, por desgracia, no tengo
Hijos, padre ni marido
A quien poderles decir
Que sigan este partido.
Pero tengo a mis paisanos,
Los Negritos Defensores,
Que escucharán con cuidado
Estas fundadas razones.
Patriotas son, y de fibra,
De entusiasmo y de valor,
Defensores de las Leyes
Y de su Restaurador.
Sólo por don Juan Manuel
Han de morir y matar,
Y después, por lo demás,
Mandame, mi general.
Mandame, mi general,
Le han de decir al traidor
Que los quiere hacer pelear
Contra su Restaurador.
Mandame, mi general,
Se lo dice Juana Peña,
Mandame mi general,
Esta Negrita Porteña.

d) El Unitario miedoso (1839)
Por un Federal

    Un Unitario que estaba,
    Como muchos, escondido,
    Muy confuso y afligido
    De este modo se expresaba:
    Si voy a casa de tía,
    Temo hallar la Policía.
    Si voy a la Lotería,
    Allí está la Policía.
    Por la mañana saldría,
    Mas temo a la Policía.
    ¿A dónde diablos yo iría,
    Sin hallar la Policía?
    Que no era la Policía
    Su temor está probado,
    Que su conciencia al malvado
    Era lo que le argüía.

e) Conversación entre los paisanos Salvador y Jacinto (1835)
(anónimo)

    Salvador:
    Deo gracias, Ave María.

    Jacinto:
    Sin pecao, ño Salvador.
    Pase adelante, aparcero;
    Mire que está juerte el sol.

    Salvador:
    Déjeme manear el blanco,
    Porque es medio redomón,
    Y platicaremos largo,
    Pues le traigo un notición.

II. Unitarios y federales (1824-1831)

Jacinto:
¿Qué me dice?

Salvador:
Y también carta
De Chano, el viejo cantor,
Que en la otra Banda se halla
En una gran reunión
De puritos Argentinos.
Y no es esto lo mejor,
Sino que los Correntinos,
Los Franceses, Orientales,
Todos, en fin, a una voz
Han declarado la guerra
A Juan Manuel el ladrón.
A él sólo, amigo Jacinto,
Pues es quien los insultó,
Usurpando los derechos
Y el nombre de la Nación.
En los papeles que manda
Está la Declaración.
Pero el que me gusta a mí,
Y me parece el mejor,
Es un tal Grito Argentino,
¡Ah, cosa linda, señor!
¡Mire que le hablan al alma!
Tome, amigo, lealo;
Y que corra por su pago
Que en el mío lo haré yo.

Jacinto:
¡Ha embarrado lo que hicimos
En poner a este ladrón,
Creyendo no gobernase
Conforme a Federación!

Salvador:
¡Qué Federación, amigo!
Si en cuanto se acomodó
Sólo tiró a rejuntar
Cuanto onza y peso español
Caían en las Aduanas,
El banco, Contribución,
Venta de tierras, Patentes,
Caja de Amortificación
O como en el pueblo le llaman,
Billetes de la imisión.
¿Y el Enfiteusis? No diga.
El que no paga, adiós,
Ya se quedó sin terreno;
Ya el rodeo se le alzó;
Porque por bajo de cuerda
A Anchorena le vendió
Lo que vale ocho por cuatro,
Y el paisano se fregó,
Después de tantos sudores
Que aquerenciar le costó,
Y hace palenques, corrales,
Y arreglar la población.
Ahora, si baja uno al pueblo,
Maliciando el chaparrón,
Le tocan por otro temple
Y sale un poco peor;
Pues al presentar la cuenta
Del canon que ya pagó:
¿Qué cuenta, amigo (le dicen),
Si el campo ya se vendió?
Lo compró D. Nicolás
Porque el plazo se venció,
Que por el nuevo decreto
Arregló el Restaurador.

II. UNITARIOS Y FEDERALES (1824-1831)

Y entretanto ese decreto
En el pago no se vio,
Ni el cura en la misa dijo
Como es de ley y razón;
Ni el Juez de Paz ni el Alcalde,
Naides lo comunicó.
De modo que no hay alivio,
Le roban el corazón.
Ahora, el que medio se turba
Y suelta alguna expresión,
En cuanto se la olfatearon,
Ya Cuitiño lo cazó;
Y antes de rayar el día,
Y sin llamar a confesor,
Lo estiran entre dos indios
Que tiene en un corralón,
Y tocándole el violín,
Se va a dar cuentas a Dios.
Y el que se compró el terreno
Todo el ganado agarró;
Ni el derecho de la marca
A la viuda le dejó;
Los hijos y ella perecen
De miseria y de dolor.
¿Y esta es Igualdad, Justicia,
Religión, Federación?
¡La pujanza en Juan Manuel,
Que habría sido de mi flor!

Jacinto:
Pero no se aflija, amigo,
Que pronto ha de querer Dios
Que salgamos de estos maulas;
Y proclamando la unión
Entre todos los paisanos,

Se acabe la división,
Y todos juntos corramos
Hasta la Plaza Mayor,
Donde prendiendo el lazo
Del pescuezo al baladrón,
Y un pial por sobre el anca,
Se enarbole el Pabellón,
Gritando ¡Viva la Patria!
¡Muera el traidor, el ladrón,
El que vendió a su patria,
El que en guerras nos metió
Con hermanos extranjeros,
Por humillar el color
Que el Veinticinco de Mayo
Junto con el sol nació!
Esperemos la señal
Que Chano, el viejo cantor,
Nos dé; que de la otra Banda
Ya se nos vienen ¡Por Dios!
¡Que se me hace robo, amigo!

Salvador:
Así también pienso yo
Pero tomemos un trago,
Que el blanco ya descansó;
A ver si llego a mi casa
Antes de ponerse el sol.

III. Las guerras del rosismo (1831-1852)

1. Revolución de los Restauradores (1833)

Cartas de Encarnación Ezcurra a Rosas y otros. Tomadas de Enrique Barba, "La época de Rosas", en Academia Nacional de la Historia, Historia de la Nación Argentina, *Buenos Aires, El Ateneo, 1962, Vol. VII, 2ª sección, pp. 65-68.*

Carta de Da. Encarnación a Rosas (agosto de 1833)

Tagle me ha mandado decir que desea tener una conferencia conmigo, más lo deseo yo para calentarle las orejas porque ya es tiempo de dejarnos de pasteles y que los que como él se están burlando de los hombres de bien, y poniéndolos en el disparador.

Carta de Da. Encarnación a Rosas (agosto de 1833)

[L]a política está dada al diablo, esta ciudad está hecha un laberinto, sólo gobierna don Enrique Martínes con facultades extraordinarias, se llaman a los hombres para reconvenirlos por cualquiera conversación que hayan tenido si en contra D. Enrique, si nos hablan con el mayor descaro lo mejor que dicen es que sois un ladrón, Da. Trinidad

Balcarce está como una descomulgada y como es loca se anda metiendo hasta en casas que nunca ha visitado, sólo a desacreditarme, lo mejor que dice es que siempre he vivido en la prostitución como todas mis hermanas, en fin esto no es más que un laberinto donde no se puede vivir, pues estaba mejor sin comparación después del motín que ahora.

Carta de Da. Encarnación a Rosas (19 de agosto de 1833)

Cada día están más dispuestos los paisanos, y si no fuera que temen la desaprovisión ya estarían reunidos para acabar con estos pícaros [el gobierno] antes que tengan más recursos porque no cesan de trabajar para hacerse de partido, que bueno sería me dijeras algo sobre esto.

Carta de Da. Encarnación a Rosas (14 de septiembre de 1833)

Estamos en campaña para las elecciones, no me parece que las hemos de perder, pues en caso que por debilidad de los nuestros en alguna parroquia se empiece a perder, se armará bochinche y se los llevará el diablo a los sismáticos. Antes de anoche vino Miñana del norte, ha hablado con prisa, con Don Bautista Martines, y con D. Juan Pío Cueto, éstos están superiores y no esperan más que se les diga cómo han de obrar. De Borda tengo muy buenas noticias lo mismo de Cortinas y Rabelo, aunque no ha hablado con ellos Miñana; sólo Santa Fe es la que les sirven de Cuco a estos pícaros, pues dicen está con ellos el señor Lopes.

Las masas están cada día más bien dispuestas, y lo estarían mejor si tu círculo no fuera tan cagado pues hay quien tiene más miedo que vergüenza, pero yo les hago frente a todos y lo mismo me peleo con los sismáticos que con los apostólicos débiles, pues los que me gustan son los de hacha y chusa.

Carta de Rosas a Manuel Terrero (12 de septiembre de 1833)

Dile a mi comadre que no les afloje a los anarquistas enemigos del sosiego público: que muera antes porque morir por el orden y por la libertad es muerte dulce. Que me la haga una visita al curita nuestro amigo, otra a Farías, con encargo e, a mi nombre visite a Navarreto, Visillac, Villegas, etc. de los amantes a la tranquilidad de la tierra.

Otra a mi Padrino pidiendo me favorezca con santísima bendición. Otra al padre Revigo, a quien también mando incienso. Otra al fraile Somellera Cura de la residencia, encargándole a éste que a mi nombre lo haga con el Ilmo. Obispo a quien le mando igualmente incienso. Te he estimado bastante la noticia que me das sobre el estado de la opinión pública, y que todos los hombres sanos están por la Causa de la Justicia. Dime cómo se conduce el Dr. Pasos, y demás unitarios de su categoría. Al Fraile Canónigo Vidal es preciso perseguirlo: es un facineroso. Él tiene la principal parte en las desgracias presentes.

Carta de Da. Encarnación a Justo Villegas (17 de octubre de 1833)

No he vuelto a escribir a Ud. desde la noche del once en que daba parte del resultado del Jury. Ahora lo he vuelto a hacer para decirle a Ud. que todo va bien. Que estos hombres malvados en medio de su despecho, temen. La pronunciación del pueblo es unísona. Toda la población detesta a su opresor y no piensa sino irse a incorporar a los restauradores. Don Juan Ramón está furioso y me ha mandado decir que sólo los respetos a Juan Manuel no lo hacen tomar medidas contra mí; mi contestación ha sido que de miedo lo voy a hacer compadre. Aquí no hay sino entusiasmo y decisión. Cuidado que no tenga que enojarme con Ud. porque flaquee. Ya he echado para fuera muchos godos, a los maletas no hay quien los mueva. Ya Ud. me entiende... La ciudad es un desierto, nada de cantones porque no tienen fuerza. Los hombres se van a engancharse sólo por ir arreados y así va todo...

¡Viva la patria, la Federación y sus defensores! ¡Vivan para siempre los montaraces! Sólo es la voz de su "compañera".

Carta de Encarnación Ezcurra a Rosas (1º de septiembre de 1833)

[A]vanzó más este malvado y dijo que tus amigos me habían engañado a mí para de este modo voltearte más pronto, que los principales eran los mismos de tu familia, que te había escrito y no le habías contestado; que esto era por cuentos míos. Este bribón ha mandado a la imprenta cuatro comunicados de su puño y letra, uno contra don Pedro Burgos y otra contra Prudencio por lo que roban, otra contra María Josefa mi hermana, y otra contra esta casa que dice es de la patrona de los godos.

He ofrecido 300 pesos por los originales para mandarte estos preciosos documentos que hacen ver quién es ese infame; le cuenta las calumnias que propala contra ella la señora de Balcarce, lo mejor que dice es que siempre he vivido en la disipación y los visios, que vos me mirás con la mayor indiferencia y por eso te ha importado poco y nunca has tratado de contenerme, te elogia a vos cuanto me desagrada a mí, este es el sistema, porque a ellos les duele por sus intereses el perderte, y porque nadie dé la cara del modo que yo, pero nada me da de sus maquinaciones, tengo bastante energía para contrarrestarlas, sólo me falta tus órdenes en ciertos casos, las que las suple mi razón y la opinión de tus amigos a quienes oigo y gradúo según lo que valen, pues la mayoría de casaca tiene miedo y me hacen sólo el "chumbalé".

2. La segunda emigración: los federales doctrinarios en Uruguay y los planes de derrocamiento de Rosas (1833)

Tomás de Iriarte, Memorias. Luchas de Unitarios, Federales y Mazorqueros, *Buenos Aires, Ediciones Argentinas, 1944, pp. 107-110.*

Desde que llegué a Montevideo, mi primera diligencia fue promover y tocar todos los resortes pra crear un foco de acción contra el infame Rosas; todo cuanto yo podía ofrecer era mi persona y mis relaciones: las tenía con López, el gobernador de Santa Fe, desde el año 1820, pero las que tenía el canónigo Vidal, eran más estrechas y continuas, había sido apoderado de López en Buenos Aires. El canónigo Vidal estaba también emigrado de resultas de la revolución contra Balcarce, y era enemigo mortal de Rosas, deseaba como todos los desterrados trabajar para derribar al tirano y regresar a Buenos Aires; así es que muy pronto nos pusimos de acuerdo, y empezamos a ocuparnos de los medios más eficaces para debelar al déspota argentino. Convinimos, pues, que el general Espinosa marcharía a Santa Fe, con carta del canónigo Vidal y mías para López, invitándolo a entrar y proteger la cruzada que se proyectaba en Montevideo [...].

Pero yo quería que para darle más importancia y aumentar las probabilidades de un buen éxito, el partido unitario tomase parte igualmente activa, y para esto que precediese una sincera y solemne reconciliación con la emigración federal que iniciaba la empresa. [...] Habíamos en verdad combatido en los comicios públicos, en la tribuna, por la prensa y en los campos de batalla, y no habíamos hecho después la paz; y por esto mismo era importante que ésta tuviese lugar; y que, si se rehusaban a nuestra invitación, les diésemos al menos una prueba práctica e incontestable de que por nuestra parte relegábamos al olvido las querellas y animosidades pasadas. Sin contar que, como ya he dicho, la cooperación de los unitarios sería sumamente eficaz en todo sentido.

Rosas y su caída debían ser nuestro delenda-Cartago, todo lo demás era de un orden subalterno, secundario y hasta mezquino: era de necesidad olvidarlo. [...]

Los individuos de la segunda emigración, federales-liberales, no obstante que venían de dar recientes y evidentes pruebas de enemistad a Rosas, puesto que por oponerle una vehemente resistencia, por haber contrariado su sistema se habían expatriado menoscabando sus fortunas, los emigrados de la segunda data, decíamos, encontraron tan mala acogida de sus compatriotas más antiguos en el destierro, que éstos ni por cortesía se dignaron visitarlos, se encontraban en la calle, y si se saludaban era con un ceño severo que descubría muy a las claras la mala disposición del corazón que encerraba todavía amargas prevenciones de resentimiento, que ni la desgracia común ni la identidad de causa ni el interés recíproco de la unión tenían bastante poder para extinguirse. [...]

Diré con este motivo, que si conseguimos que los unitarios contrajesen este compromiso, se debió principalmente al doctor [Valentín] Alsina, cuyas disposiciones y anhelo por derrocar a Rosas eran las más vehementes. Pero al mismo tiempo, nos apercibimos, y Alsina mal podía encubrirlo, que si los unitarios cedían era a más no poder, porque se alarmaron con la idea de que el círculo federal-liberal se lanzase solo y recogiese solo también los provechos del triunfo. Nos dijo Alsina que ellos tenían un gran plan que no podía revelar, pero que no pasarían tres o cuatro meses sin verse públicamente sus efectos; y que el temor de que nuestro proyecto, una vez en ejecución, pudiera perjudicar al gran plan los había retraído al principio de decidirse sin vacilar o tomar parte en el nuestro. Nos dijo también, que habían creído conveniente que los dos partidos no apareciesen en contacto, y en relaciones íntimas en lo público, por no despertar las sospechas de Rosas, y que se trabajase con este gobierno para alejarnos de las costas y hacernos establecer en el interior de la campaña. Pero los federales-liberales conocíamos que era un pretexto, que el motivo verdadero era el que aquellos hombres vanos y fatuos desdeñaban alternar con nosotros, y en prueba de ello, la incomunicación y entredicho continuó por mucho tiempo, sin que ni por cortesía ni de un modo oculto y privado nos visitasen; porque éramos los últimos llegados y los habíamos encontrado establecidos, contaban seis años de emigración.

3. La carta de la Hacienda de Figueroa: Rosas argumenta en contra de la organización constitucional del país (1834)
Barba, Correspondencia, *pp. 96-105.*

Considerando excusado extenderme sobre algunos otros puntos, porque según el relato que me hizo el señor Gobernador de ellos están bien explicados en las instrucciones, pasaré al de la Constitución.

Me parece que al buscar usted la paz y orden, [desgraciadamente alterados, el argumento más fuerte y] la razón más poderosa que debe usted manifestar a esos señores Gobernadores y demás personas influyentes, en las oportunidades que se le presentes [aparentes], es el paso retrógrado que ha dado la Nación, alejando [tristemente el suspirado] día de la grande obra de la Constitución Nacional. ¿Ni qué otra cosa importa el estado en que hoy se encuentra toda la República? Usted y yo deferimos a que los pueblos se ocupasen de sus constituciones particulares, para que después de promulgadas entrásemos a trabajar los cimientos de la (Constitución) [gran Carta] Nacional. En este sentido ejercitamos nuestro patriotismo e influencias no porque nos asistiere un positivo convencimiento de haber llegado la verdadera ocasión, sino porque estando en paz la República, y habiéndose generalizado la necesidad de la Constitución, creímos [que] debíamos proceder como lo hicimos, para evitar mayores males. Los resultados lo dicen elocuentemente los hechos, los escándalos que se han sucedido, y el estado verdaderamente peligroso en que hoy se encuentra la República, cuyo cuadro lúgubre nos aleja toda esperanza de remedio.

¿Y después de todo esto, de lo que enseña y aconseja la experiencia tocándose hasta con la luz de la evidencia, habrá quien creerá que el remedio es precipitar la Constitución del Estado? Permítame usted hacer algunas observaciones a este respecto pues aunque hemos estado siempre acordes en tan elevado asunto, quiero depositar en su poder con sobrada anticipación, por lo que pueda servir, una pequeña parte de lo mucho que me ocurre y que hay que decir.

Nadie, pues, más que usted y yo podrá estar (más) persuadido de la necesidad de (una Constitución Nacional) [la organización de un Gobierno General, y de que es el único medio de darle ser y respetabilidad a nuestra República]. ¿Pero quién duda de que este debe ser el resultado feliz de todos los medios proporcionados a su asecución? ¿Quién aspira a un término marchando en contraria dirección? ¿Quién para formar un todo ordenado y compacto, no arregla y solicita, [primeramente] (antes) bajo una forma regular y permanente, las partes que deban componerlo? ¿Quién forma un ejército ordenado con grupos de hombres, sin jefes, sin oficiales, sin disciplina, sin subordinación, y que no cesan un momento de acecharse y combatirse contra sí, envolviendo a los demás en sus desórdenes? ¿Quién forma un ser viviente y robusto con miembros muertos o dilacerados, y enfermos de la más corruptora gangrena, siendo así que la vida y robustez de [ese] nuevo ser en complejo no puede ser sino la que reciba de los propios miembros de que se haya de componer? Obsérvese que una muy cara y dolorosa experiencia nos ha hecho ver prácticamente que es absolutamente necesario entre nosotros el sistema federal, porque, entre otras razones, de sólido poder, carecemos totalmente de elementos para un gobierno de unidad. Obsérvese que el haber predominado en el país [una facción] (los hombres) que se hacían sordos al grito de esta necesidad, ha destruido y aniquilado los medios y recursos [que teníamos] para proveer a ellas, porque ha irritado los ánimos, descarriado las opiniones, puesto en choque los intereses particulares, propagado la inmoralidad y la intriga, y fraccionado en bandas de tal modo la sociedad, que no ha dejado casi reliquias de ningún vínculo, extendiéndose su furor [a romper] hasta el (de la religión) más sagrado de todos y el [único que podría servir para restablecer los demás [cual es el de la religión], y que en este lastimoso estado es preciso crearlo todo de nuevo, trabajando primero en pequeño; y por fracciones para entablar después un sistema general que lo abrace todo. Obsérvese que una República Federativa es lo más quimérico y desastroso que pueda imaginarse, toda vez que no se componga de estados bien organizados en sí mismos, porque conservando cada uno su soberanía e independencia, la fuerza del poder General con respecto al interior de la República es casi ninguna, y su principal y casi toda su investidura, es de pura representación para llevar la voz a nombre de todos los estados confederados en sus relaciones con las naciones extranjeras; por consiguiente, si dentro de cada Estado en particular no hay elementos de poder para mantener el orden respectivo, la creación de un Gobierno General representativo no sirve más que para poner agitación a toda la República a cada desorden parcial que suceda, y hacer que el incendio de cualquier Estado se derrame por todos los demás. [Así es que la República de Norte América no ha admitido en la Confederación los nuevos pueblos y provincias que se han formado después de su independencia, sino cuando se han puesto en estado de regirse por sí solos, y entre tanto los ha mantenido sin representación en clase de estados, considerándolos como adyacencias de la República].

Después de esto, en el estado de agitación en que están los pueblos, contaminados todos de unitarios, de logistas, de aspirantes, de agentes secretos de otras naciones y de las grandes logias que tienen en conmoción a toda la Europa, ¿qué esperanza puede haber de tranquilidad y calma al celebrar los pactos de la Federación, primer paso que debe dar el Congreso Federativo, en el estado de pobreza en que las agitaciones políticas han puesto a todos los pueblos? ¿Quiénes, ni con qué fondos podrán costear la reunión y permanencia de ese Congreso, ni menos de la Administración General? ¿Con qué fondos van a contar para el pago de la deuda exterior Nacional invertida en atenciones de toda la República, y cuyo cobro será lo primero que tendrá luego que se erija dicha administración? Fuera de que si en la actualidad apenas se encuentran hombres para el gobierno particular de cada provincia, ¿de dónde se sacarán los que hayan de dirigir toda la República? ¿Habremos de entregar la Administración General a ignorantes, aspirantes, unitarios y a toda clase de bichos? ¿No vimos que la constelación de sabios no encontró más hombre para el gobierno General que a Don Bernardino Rivadavia, y que éste no pudo organizar su Ministerio sino quitándole el cura a la Catedral, y haciendo venir de San Juan al Doctor Lingotes para el Ministerio de Hacienda, que entendía de este ramo lo mismo que un ciego de nacimiento entiende de astronomía? (Después de esto a vista) [finalmente a vista] del lastimoso cuadro que presenta la República, ¿cuál de los primeros hombres [héroes] de la Federación se atreverá a encargarse del Gobierno General? ¿Cuál de ellos podrá hacerse de un cuerpo de representantes y de ministros, [federales todos], de quienes se prometa las luces y cooperación necesaria para presentarse con la debida dignidad, salir airoso del puesto y no perder en él todo su crédito y reputación? Hay tanto que decir sobre este punto que para sólo lo principal y más importante sería necesario un tomo que apenas se podría escribir en un mes.

El Congreso General debe ser convencional, y no deliberante, debe ser para estipular las bases de la Unión Federal y no para resolverlas por votación. [Debe ser compuesto de diputados pagados y expensados por sus respectivos pueblos, y sin esperanza de que uno supla el dinero a otros, porque esto que Buenos Aires pudo hacer en algún tiempo le es en el día absolutamente imposible.] [Antes de hacerse la reunión, debe acordarse entre los gobiernos, por unánime avenimiento, el lugar donde ha de ser, y la formación del fondo común que haya de sufragar a los gastos oficiales del Congreso, como son los de casa, muebles, alumbrado, secretarios, escribientes, asistentes, porteros, ordenanza y demás de oficina; gastos que son cuantiosos, y mucho más de lo que se creen generalmente. En orden a las circunstancias del lugar de la reunión debe tenerse cuidado que ofrezca garantías de seguridad y respeto a los diputados, cualquiera que sea su modo de pensar y discurrir, que sea sano, hospitalario y cómodo, porque los diputados necesitan largo tiempo para expedirse. Todo esto es tan necesario cuanto que de lo contrario muchos sujetos de los que sería preciso que fuesen al Congreso, se excusarán o renunciarán después de haber ido, y quedará reducido a un conjunto de imbéciles, sin talentos, sin saber, sin juicio, y sin práctica en los negocios de Estado. Si se me preguntase dónde está hoy ese lugar, diré que no sé, y si alguno contestase que en Buenos Aires, yo diría que tal elección sería el anuncio cierto del desenlace más desgraciado y funesto a esta ciudad y a toda la República. El tiempo; el tiempo sólo, a la sombra de la paz y de la tranquilidad de los pueblos, es el que puede proporcionarlo y señalarlo. Los diputados deben ser federales a prueba, hombres de respeto, moderados, circunspectos, y de mucha prudencia y saber en los ramos de la administración pública, que conozcan bien a fondo el estado y circunstancias de nuestro país, considerándolo en su posición interior bajo todos aspectos, y en la relativa a los demás Estados vecinos y a los de Europa, con quienes está en comercio, porque hay grandes intereses y muy complicados que tratar y conciliar, y a la hora que vayan dos o tres diputados sin estas cualidades, todo se volverá un desorden, como ha sucedido siempre, esto es, si no se convierte en una zanda de pillos, que viéndose colocados en aquella posición y sin poder hacer cosa alguna de provecho para el país, traten de sacrificarlo a beneficio suyo particular, como lo han hecho nuestros anteriores Congresos, concluyendo sus funciones con disolverse, llevando los diputados por todas partes el chisme, la mentira, la patraña, y dejando envuelto al país en un *mare magnum* de calamidades de que jamás pueda repararse.

Lo primero que debe tratarse en el Congreso no es, como algunos creen, de la erección del Gobierno general, ni del nombramiento del Jefe Supremo de la República. Esto es lo último de todo. Lo primero es dónde ha de continuar sus sesiones el Congreso, si allí donde está o en otra parte. Lo segundo es la Constitución General, principiando por la organización que habrá de tener el Gobierno General, que explicará de cuántas personas se ha de componer, ya en clase de Jefe Supremo, ya en clase de Ministros, y cuáles han de ser sus atribuciones, dejando salva la soberanía e independencia de cada uno de los Estados Federados. Cómo se ha de hacer la elección, y qué calidades han de concurrir en los elegibles; en dónde ha de residir este Gobierno, y qué fuerza de mar y tierra permanente en tiempo de paz es la que debe tener para el orden, seguridad y respetabilidad de la República.

El punto sobre el lugar de la residencia del Gobierno suele ser de mucha gravedad y trascendencia por los celos y emulaciones que esto excita en los demás pueblos, y la complicación de funciones que sobrevienen en la Corte o Capital de la República con las autoridades del estado particular a que ella corresponde. Son éstos inconvenientes de tanta gravedad que obligaron a los Norteamericanos a fundar la ciudad de Washington, hoy capital de aquella República que no pertenece a ninguno de los Estados Confederados.

Después de convenida la organización que ha de tener el Gobierno, sus atribuciones, residencia y modo de erigirlo, debe tratarse de crear un fondo nacional permanente que sufrague a todos los gastos generales, ordinarios y extraordinarios, y al pago de la deuda nacional, bajo el supuesto que debe pagarse tanto la exterior como la interior, sean cuales fueren las causas, justas o injustas, que la hayan causado, y sea cual fuere la administración que haya habido de la hacienda del Estado, porque el acreedor nada tiene que ver con esto, que debe ser una cuestión para después. A la formación de este fondo, lo mismo que con el contingente de tropa para la organización del ejército nacional, debe contribuir cada Estado federado, en proporción a su población, cuando ellos de común acuerdo no tomen otro arbitrio que crean más adaptable a sus circunstancias; pues en orden a esto no hay regla fija, y todo depende de los convenios que hagan cuando no creen conveniente seguir la regla general, que arranca del número proporcionado de población. Los Norteamericanos convinieron en que formasen este fondo de derechos de aduana sobre el comercio de ultramar, pero fue porque todos los Estados tenían puertos interiores –no habría sido así en caso contrario, porque entonces unos serían los que pagasen y otros no. A que se agrega que aquel país, por su situación topográfica, es en la principal y mayor parte marítimo, como se ve a la distancia por su comercio activo, el número crecido de sus buques mercantes y de guerra construidos en la misma República, y como que esto era lo que más gastos causaba a la República en general, y lo que más llamaba su atención por todas partes, pudo creerse que debía sostenerse con los ingresos de derechos que produjesen el comercio de ultramar o con las naciones extranjeras.

Al ventilar estos puntos deben formar parte de ellos los negocios del Banco Nacional y de nuestro papel moneda, que todo él forma una parte de la deuda nacional a favor de Buenos Aires, deben entrar en cuenta nuestros fondos públicos y la deuda de Inglaterra, invertida en la guerra nacional con el Brasil, deben entrar los millones gastados en la reforma militar, los gastados en pagar la deuda reconocida que había hasta el año ochocientos veinte y cuatro procedente de la guerra de la Independencia, y todos los demás gastos que ha hecho la Provincia con cargo de reintegro en varias ocasiones, como ha sucedido para la reunión y conservación de varios congresos generales].

Después de establecidos estos puntos y el modo como pueda cada Estado federado crearse sus rentas particulares sin perjudicar los intereses generales de la República, después de todo esto, es cuando recién se procederá al nombramiento del [Jefe] (Presidente) de la República, y erección del Gobierno General. ¿Y puede nadie concebir que en el estado triste y lamentable en que se halla nuestro país pueda allanarse tanta dificultad, ni llegarse al fin de una empresa tan grande, tan ardua, y que en tiempos los más tranquilos y felices, contando con los hombres de más capacidad, prudencia y patriotismo, apenas podría realizarse en dos años de asiduo trabajo? ¿Puede nadie que sepa lo que es el sistema federativo, persuadirse que la creación de un gobierno general bajo esta forma atajara las disensiones domésticas de los pueblos? Esta persuasión o triste creencia en algunos hombres de buena fe es la que da [anza] (ocasión) a los [otros pérfidos y alevosos que no la tienen o] que están alborotando los pueblos con el grito de *Constitución* [para que jamás haya paz, ni tranquilidad, porque en el desorden es en lo que únicamente encuentran su modo de vivir]. El gobierno general en una República federativa no une los pueblos federados, los representa, unidos: no es para unirlos, es para representarlos que pasa interiormente en ninguno de los Estados, ni decide las contiendas que se suscitan entre sí. En el primer caso sólo entienden las autoridades particulares del Estado, y en el segundo la misma Constitución tiene previsto el modo como se ha de formar el tribunal que debe decidir. [En una palabra,] la unión y tranquilidad, pues, crea el gobierno general, la desunión lo destruye, él es la consecuencia, el efecto de la unión, no la causa, y si es sensible su falta, es mucho mayor su caída, porque nunca sucede [ésta] sino convirtiendo en escombros toda (grandes males) la República. No habiendo [pues] hasta ahora entre nosotros, como no hay, unión y tranquilidad, menos mal es que no exista (esa Constitución) que sufrir los estragos de su disolución. (¿No vemos todas las dificultades invencibles que toca cada provincia en particular para darse Constitución? ¿Y se no es posible vencer estas solas dificultades, será posible vencer no sólo éstas sino las que presenta la discordia de unas provincias con otras, discordia que se mantiene como acallada y dormida mientras cada una se ocupa de sí sola, pero que aparece al instante como una tormenta general que resuena por todas partes con rayos y centellas, desde que se llama al Congreso general?)

Es necesario que ciertos hombres se convenzan del error en que viven, porque si logran llevarlo a efecto, envolverán la República en la más espantosa catástrofe, y yo desde ahora pienso que si no queremos menoscabar nuestra reputación ni mancillar nuestras glorias, no debemos prestarnos por ninguna razón a tal delirio, hasta que dejando de serlo por haber llegado la verdadera oportunidad, veamos indudablemente que los resultados han de ser la felicidad de la Nación. Si no pudiésemos evitar que lo pongan en planta, dejemos que ellos lo hagan [enhorabuena,] pero procurando hacer ver [al público] que no tenemos la menor parte en tamaños (errores) disparates y que si no lo impedimos es porque no nos es posible.

La máxima de que es preciso ponerse a la cabeza de los pueblos cuando no se les pueda hacer variar de resolución es muy cierta; mas es para dirigirlos en su marcha, cuando ésta es a buen rumbo, pero con precipitación o mal dirigida, o para hacerles variar de rumbo sin violencia y por un convencimiento práctico de la imposibilidad de llegar al punto de sus deseos. En esta parte llenamos nuestro deber, pero los sucesos posteriores han mostrado [a la clara luz] que entre nosotros no hay otro arbitrio que el de dar tiempo a que se destruyan en los pueblos los elementos de discordia, promoviendo y fomentando cada gobierno por sí el espíritu de paz y tranquilidad. Cuando éste se haga visible por todas partes, entonces los cimientos empezarán por valernos de misiones pacíficas y amistosas por medio de las cuales sin bullas, ni alboroto, se negocia amigablemente entre los gobiernos, hoy esta base, mañana la otra, hasta colocar las cosas en tal estado que cuando se forme el Congreso lo encuentre hecho casi todo y no tenga más que marchar llanamente por el camino que (la opinión pública le haya) designado. Esto es lento, a la verdad, pero es preciso que así sea, y es lo único que creo posible entre nosotros, después de haberlo destruido todo, y tener que formarnos del seno de la nada.

Adiós, compañero. El Cielo tenga piedad de nosotros, y dé a usted salud, acierto y felicidad en el desempeño de su comisión: y a los dos, y demás amigos, iguales goces, para defendernos, precavernos y salvar a nuestros compatriotas de tantos peligros como nos amenazan.

Juan M. de Rosas

4. El asesinato de Facundo Quiroga en un romance popular
Juan Alfonso Carrizo, Cancionero popular de La Rioja, *Buenos Aires, Espasa-Calpe, 1942, número 86. (reproducido en Olga Fernández Latour de Botas,* Cantares históricos, *61-62.)*

Madre mía del Rosario!
Madre mía, mi señora!
Voy a contar la desgracia
de Juan Facundo Quiroga.

Madre mía del Rosario!
Madre mía de Luján!

III. Las guerras del rosismo (1831-1852)

Voy a contar la desgracia
que ha tenido el General.

Cuando salió el General,
ausente de su familia,
ya le anunciaba el destino
de que iba a perder la vida.

Ya marcha para Santiago,
como lo cuenta el autor,
iba el General ansioso
de paz y de religión.

A la vuelta de su viaje,
le armaron revolución:
Uno de los Reinafé,
para matarlo a traición.

Ya hicieron rodar el coche
por la senda del camino.
En frente del Totoral
un vaso de agua ha pedido.

Roque Junco y Pablo Junco:
Ellos fueron los bomberos,
como eran tan advertidos,
ahí iban junto con ellos.

En ese "Guase" los Marquez
le demoran el auxilio.
Dámdole tiempo a los gauchos
que se hallen bien prevenidos.

En este Barranca Yaco
dicen que lo han de matar

la gente de Santos Pérez
y de Benito Guzmán.

En ese Barranca Yaco,
donde se pierden los hombres,
dicen que van a matar
una partida de hombres.

—A la carga, dijo Pérez,
militares advertidos!
Aquí muere, hoy fenece
un general asesino!

Roque Junco le decía:
—Un error he cometido:
A Quiroga lo hemos muerto,
siendo un padre tan querido.

Santos Pérez le decía:
—Para mí no hay compasión.
En el punto que yo me hallo
no conozco que haiga Dios.

Entre toda la partida
se hallaban de confusiones,
de ver a Quiroga muerto
temblaban los corazones.

5. Carta de Rosas a López reflexionando sobre la situación de la Confederación Argentina luego del asesinato de Quiroga (1835)
Barba, Correspondencia, *pp. 260-274.*

Buenos Aires, Octubre 1º de 1835

Señor Don Estanislao López

Santa Fe
fecho

He recibido su favorecida de 24 del próximo pasado en contestación a las dos mías de 11 y 12 del mismo contraídas a hablarle sólo de los asuntos de Córdoba y siento que no estemos de acuerdo en ideas sobre la cuestión si debemos o no reconocer a Don Pedro Nolasco Rodríguez en clase de Gobernador Provisorio de aquella Provincia. Para poder expedirme con el orden y claridad que deseo en este punto, debo decir a usted, ante todas las cosas, que cuando en la mía anterior me detuve en indicarle los medios que me ocurrían para obtener que el Coronel Don Manuel López fuese electo Gobernador en propiedad de la Provincia de Córdoba de un modo legal, fué porque estando ambos conformes en que sólo podemos confiar para dicho Gobierno de un sujeto que tenga compromisos muy formales contra los unitarios, y siendo dicho Coronel el que me ocurría con las calidades necesarias para merecer nuestra confianza en el puesto de Gobernador y desde luego creí como creo siempre que convendría lo ocupase en propiedad, pues aunque no le he tratado, no he tenido correspondencia con él, hace mucho tiempo que estoy muy persuadido de su patriotismo, capacidad, honradez y firme adhesión a la causa federal. Mas entre tanto ni he tenido mi empeño en que sea electo Gobernador, ni he dejado de conocer las principales dificultades e inconvenientes que ofrecería su nombramiento; pero como en medio de las críticas circunstancias en que se halla el país y de la gran escasez de hombres para la organización de un buen Gobierno en la expresada Provincia, me parecía que esto era salir de un espinal mayor a otro menor, en la precisa necesidad de andar por entre las espinas, en este sentido creí que era adoptable la indicación de usted a su favor, siempre que se lograse vencer la gran dificultad que ofrecía su poca versación en los negocios públicos.

Partiendo de estos principios fué que como dije a usted, me eché a buscar un sujeto de capacidad y confianza a quien pudiese nombrar de Ministro, pues era lo que usted me decía que no había podido hallar, y como me encontrase en el mismo caso, después de haberme calentado la cabeza todo lo que pude hallar fué que ciertamente creía muy difícil se prestase a servir tal empleo, y que por otra parte, a mi juicio no llenaba del todo el objeto por las razones que usted me apunta y que tuve entonces muy presentes, pero era el único que me ocurría para suplir del modo que fuese posible la falta de otro mejor.

Impulsado de las mismas ideas, y para hacer efectiva la indicación de usted con respecto al Coronel López del mejor modo que fuese posible, le propuse la misión del Mayor Bustos, sin más motivo que considerarlo fiel a nosotros y a la causa de la federación, y suponer que siendo en Córdoba conocido, podría servir lo que allí hablase en el sentido de lo que se le previniese por el bien de su Patria. Mas como no sabía si la ida del Mayor Bustos tendría algunos inconvenientes que yo no alcanzaba, por esto fué que se lo propuse solamente, pues que aunque sé que encontraba hoy partidos de unos federales contra otros, no tengo un conocimiento detallado de esto, ni sé si todos éstos que se dicen federales lo son en realidad.

Bajo de este concepto, si usted después de bien meditado el negocio, considera que no conviene que el Coronel López ni sean llamados a los puestos que hemos hablado, y que es inútil lo demás que a este respecto le propuse, yo estoy conforme con su opinión, y esto es ya negocio concluído.

Paso ahora a contestar a usted sobre el reconocimiento del actual Gobernador Provisorio de Córdoba, y para no desviarme de los principios fijos que deben regirnos en este negocio y en que hemos estado y estaremos acordes, los repetiré. Tal es, primero: que no debemos confiar para dicho Gobierno en persona que no tenga compromisos muy formales contra los unitarios. La razón de esto es bien sencilla, a saber, porque hay muchos anfibios y otros disfrazados con la máscara de la federación que se ocupan incesantemente y por todos los medios de traicionarla. Consiguiente a este principio debemos observar otro aún más urgente y absolutamente indisimulable, y es tener por sospechoso a todo el que como particular y principalmente como funcionario público, no se manifieste celoso en propender a que se fortifiquen los vínculos de orden y unión a que está librada la tranquilidad, seguridad de la República y estabilidad del régimen federal, que han proclamado y estipulado los pueblos que la componen.

Guiado por estos dos principios y bien persuadido que los unitarios tienen libradas todas sus esperanzas a la división que se proponen y esfuerzan de todos modos por introducir entre los federales, y principalmente entre nosotros dos, es que creo indigno de nuestro reconocimiento al actual Gobernador Provisorio de Córdoba. Él es verdad que ha preso a dos de los Reynafés y que con respecto a los otros dos que se han escapado ha librado requisitorias a todos los Gobiernos de la República. También es verdad que de esto ha dado aviso oficial a este Gobierno. ¿Pero no ha hecho más? Me dirá usted que sí, pues ya me refiere que ha hecho mucho más; que ha embargado las propiedades de todos ellos, ha preso sobre cuarenta personas de las que dicen complicadas en el asesinato sin excluir al mismo Secretario de Reynafé, ha destituído varios de los amigos de éstos que se le han indicado, y promete ejecutar cuanto se le diga. Muy bien. ¿Y ha dado aviso oficial a este Gobierno de todas estas cosas? No lo ha dado. ¿Y por qué? ¿Ignora acaso ese Gobernador provisorio, unitario perverso, que con el asesinato del General Quiroga y su comitiva, se ha hecho una injuria atroz a toda la República y muy especialmente al Gobierno y Provincia de Buenos Aires? ¿No ha visto ese pelafustán unitario logista que por esta razón hallándose este Gobierno encargado de las Relaciones Exteriores de la República, ha creído que tenía un doble título para tomar, y que por él ha tomado la iniciativa en la intimidación a Córdoba, y en la iniciativa a los demás Gobiernos para que secundasen aquélla cada uno por su parte? ¿No ha visto que todos los Gobiernos la han secundado designando al de Buenos Aires para que ante él se apersonen los Reynafés y demás complicados a responder a los cargos que resulten contra ellos sobre el expresado asesinato? ¿Por qué pues ese silencio? ¿Ha creído por ventura que esto es bullanga de pillos que se reduce a tirar cada uno por su lado, y que al fin todo quede en nada? ¿Ha creído que el Gobierno de Buenos Aires es algún estropajo, y un estafermo el que lo preside? ¿Y un desprecio semejante de este Gobierno, y un desaire tal a mí como Gobernador, a mí que he hecho los servicios y sacrificios que todo el mundo sabe por la causa Nacional de la Federación y libertad de todos los Pueblos de la República; a mí por cuyo parecer aceptó dicho General la investidura de Representante de este Gobierno para la misión de paz acerca de los Gobiernos de Tucumán y Salta, a mí que he tomado el más vivo interés por vindicar el honor de la Nación y especialmente el de este Gobierno, promoviendo la persecución y castigo de los asesinos, un desprecio semejante a este Gobierno y un tal desaire a mí ha podido hacerlo un patriota federal, un hombre de bien que aspira al orden y a la visión de los Pueblos y habitantes de la República, cuando al mismo tiempo se distingue en comedimientos con usted que sabe que es mi íntimo amigo y compañero en la grande empresa de salvar al País, y de afianzar el orden en toda la República bajo el régimen federal? No, compañero: esto es propio de sólo de un pillo, unitario logista, atrevido y bribón, perverso, que queriéndonos igualar a los de su clase, se propone crear celos entre nosotros para dividirnos y aislarnos, y si es posible fuere, para que nos destruyamos el uno al otro, y cargar entonces contra el que quede solo a fin de restablecer su infame política. Póngase usted en mi lugar y considere si su honor le permitiría mostrarse indiferente a una conducta tan preñada como perversa, y si no deduciría usted las mismas consecuencias que yo deduzco.

Recuerde usted las carocas que le hacían los Reynafés, al paso que a la sordina me hostilizaban a mí en cuanto podían.

Recuerde usted las carocas que le hacían el finado General Quiroga algunos de los que ahora, después de su fallecimiento han mostrado que yendo al sol que más calienta, están sus peores enemigos, y se convencerá de esa política mañosa con que nos trata de minar y hacer la guerra, política que es la misma de los Unitarios aquí en Buenos Aires en donde los tenemos metidos en un cuerno y tapados con el otro. Aquí mismo esos pícaros por entre sombras y tinieblas, con mañosa habilidad tratan de calentarles la cabeza a muchos de los Federales, no sugiriéndoles ideas contra mí, sino desconfianzas y recelos de la conducta política de usted para conmigo, fingiendo que se interesan por mí, y por el buen éxito en mi administración, y forjando a cada paso cuentos y especies para dar visos de verdad a sus sugestiones.

Me dice usted que no halla que la Provincia de Córdoba esté perturbada por la influencia Unitaria. ¿Y quiénes prepararon las cosas y los ánimos de los Reynafés para que arrojasen acometer el atentado contra el General Quiroga? ¿Han podido ser Federales de importancia? ¿Han podido ser Federales de los que forman el común del Pueblo? No, porque unos y otros por este mismo hecho acreditarán que no eran tales federales y si se dice que ellos influyeron inducidos como los Reynafés, vuelvo sobre mi pregunta: ¿Quiénes lo inducían? Y al fin hemos de venir a parar en que el primer móvil de este atentado han sido los Unitarios, cuya influencia se deja ver por la magnitud del hecho y el gran riesgo a que se han expuesto sus ejecutores.

Me dice usted que luego que se hicieron públicas las intimaciones no hubo un solo hombre en toda la extensión del territorio de Córdoba que se le ocurriese sostener a los Reynafés, que lejos de ello todos a porfía se han empeñado en perseguirlos y buscarlos en todas direcciones. Yo creo, compañero, que para formar este juicio se apoya usted en lo que se ha escrito, con generalidad y no dudo que así habrá sido hablando generalmente, porque los verdaderos federales estaban muy irritados contra ellos, los anfibios no podían dejar de mirar con horror el atentado de Barranca Yaco; unos y otros debían avergonzarse de que su tierra hubiese sido el teatro de tamaña infamia y los Unitarios debían complacerse de que después de muerto el General Quiroga por los mismos Federales, éstos lo fuesen también en castigo de su crimen, pues su plan está reducido a maniobrar de modo que por *fas* o por *nefas*, como suele decirse, nos matemos unos a los otros para quedar ellos dueños del campo con la máscara de federales, y hacer después lo que se les antoje.

Entretanto usted observe que en medio de esa discusión que se nos ha querido hacer ver en todos, Don José Antonio se escapó de la ciudad, sin que hasta ahora el Gobernador provisorio nos haya informado cómo sucedió esto; y por noticias particulares, se sabe que a solicitud de su suegro el Presidente de la Sala de Representantes hizo testamento para fugarse, y anduvo públicamente comprando onzas de oro que pagó hasta del precio de 23 pesos, que cuando salió de fuga lo encontraron y conocieron cerca de la posta del Carnero; que creo está como a nueve leguas de la ciudad para arriba, y que ha atravesado la mitad del territorio de Córdoba sin que nadie lo haya estorbado, ni se sepa por dónde ha ido.

El Don Francisco ha atravesado el territorio de la Provincia de Córdoba por donde era más conocido.

Todo esto no puede tener lugar sino en un país donde existan no pocos enemigos y traidores.

Siento pues mi muy amado compañero, y lo siento sobremanera, que usted no encuentre, como yo, el gran poderío de influencia que tienen los Unitarios en Córdoba. Y a decir a usted la verdad, esto me sorprende, pues mucho antes de la entrada de Paz en aquella ciudad, cuando gobernaba tranquilamente el finado Bustos, oía yo decir que generalmente en toda la Provincia, la población copetuda era Unitaria, y creo que esto se vió con bastante claridad durante la dominación del expresado Paz.

La Federación estaba entonces y ha permanecido después en sólo la gente de la campaña y el vulgo de la ciudad, que no son los que dirigen la política del gabinete. Entre la gente de fraque y borlas habrá algunos pero no muchos que puedan decirse verdaderos federales de corazón, y si aparecen más de los que son en realidad, es porque habrá entre éstos muchos anfibios y enmascarados.

Me asegura usted que debo deponer todo recelo de que el Gobernador Rodríguez prevaleciéndose de su posición, obre en el sentido de hacerse elegir en propiedad y de dañarnos si es malo, pues si tal sucede, debo estar cierto que una carta o un recado bastará para echarlo abajo. Mas yo, tan lejos de poder disponer tal recelo, cada día encuentro nuevas razones para afirmarme en él, y concibo que cuando por su mala conducta nos resolviésemos a echarlo abajo, no por esto nos libraríamos de los males que habría causado. Para hacer mal más que para hacer bien, vale mucho estar investido legalmente del poder. Sírvase usted volver la vista sobre lo que pasó en esta Provincia durante sólo la administración del señor Balcarce, etc.

A pesar del gran poder real y de opinión que yo tenía en toda la extensión de esta Provincia, en la Ciudad y Campaña, y a pesar de que los que dirigían la marcha del Gobierno sabían muy bien, por lo que habían experimentado, de cuánto era yo capaz en todas las formas y en todo sentido para salirles al encuentro, sin embargo, prevalecidos de su posición, aunque se contenían, no cesaban de marchar en dirección a sus objetos, sin poderlos yo atajar, dirigiendo la nave hacia donde nos esperaban nuestros peores enemigos con los puñales prontos para acabarnos.

Verdad es que al fin tuvieron que pagar y abandonar el puesto; pero fué después de haber hecho un mal inmenso dejando las cosas todas en un caos y en tal disposición, que ninguno de los federales más capaces se atrevía a encargarse del mando, y a mí mismo que me veía singularmente favorecido por mi particular posición, y que debía contar con elementos muy poderosos, me hacía temer el tamaño de la empresa que importaba su admisión; la que si al fin tomé a mi cargo, fué por las razones que he manifestado a usted anteriormente.

Así es que sólo trabajando sin descanso día y noche, y a reventar, he logrado poner recién a flote el barco, haciendo milagros con el auxilio de Dios, nuestro Señor, pues los que no miraban ya como inevitable y pronto el naufragio estaban en la persuasión de que cuando menos era si no imposible, muy difícil mover el buque del punto en donde había encallado. Esto es todo lo que por ahora he podido conseguir; pero para ponerlo en disposición de navegar, ¡cuánto hay que hacer, compañero! ¡Cuánto tiempo debe correr! ¡Y quién sabe si me alcanzarán las fuerzas! Porque ha de saber usted que no tengo un rato de descanso fuera del tiempo muy preciso para satisfacer con escasez el sueño y las primeras necesidades de la vida.

Pero volviendo al punto de los unitarios, es preciso, compañero, que no nos alucinemos. No es poco el número de ellos en nuestra República, y como que su principal profesión es vivir de la intriga y del enredo, no cesan de trabajar en hacernos guerra a la sordina para trastornar el país, siguiendo la máxima que dice: *a río revuelto, ganancia de pescadores.* Ellos han sido los autores del atentado cometido por los Reynafés. Ellos son los que por sus relaciones y valiéndose de mil arterías que forman todo su saber en política, hacen cometer continuos traspiés a los Gobiernos del interior, a pesar de los buenos deseos con que éstos proceden, porque los toleran y les dan un lugar que no merecen, alucinarlos con esas máximas, mal entendidas, perniciosas y funestas, de cortesías y miramientos, de moderación y decencia para con unos pícaros que no conocen más que la maldad y la perfidia. Ellos son los motores de esas funestas novedades y trastornos acaecidos en Mendoza, San Juan, La Rioja, Catamarca, Tucumán y Salta; y para que usted se convenza de ello, le remito las adjuntas copias entre las que va la del extracto de la causa criminal seguida en Mendoza contra el negro Barcala, por el cual verá usted las maniobras horrendas del famoso unitario Domingo de Oro. (Y lo seguiré de cerca como lo hago con todo feroz inmundo logista de su clase.)

El Sargento Mayor Mendiolaza a quien por las declaraciones de Barcala aparece que el tal Oro con sus intrigas logró poner en salvo, traicionando la sencillez del señor Yanzón, es el mismo por quien este Gobierno dirigió una circular a los Gobiernos de Cuyo, San Juan, La Rioja, Catamarca, Tucumán, Santiago y Córdoba, reclamando su prisión y entrega a virtud del tratado litoral, por haber intentado una revolución en San Luis después de la muerte del General Quiroga, como consta por el sumario que al efecto levantó aquel Gobierno. Este Mendiolaza, nativo de Córdoba, perteneciente al ejército de Paz, es de los prisioneros que hizo en Chacón el General Quiroga, y que luego fué agregado por la indulgencia del mismo General Quiroga a nuestras tropas, como lo fué Barcala, Torres el desertor del Salto en mi tiempo, y otros, que al fin han mostrado que la cabra siempre tira al monte, y que moro viejo no puede ser buen cristiano; pues el Torres hizo raya en ésta en tiempo de Balcarce, y Barcala en el de Viamonte.

Al leer usted las declaraciones de Barcala notará viciadas algunas expresiones que indican el plan de la logia unitaria de que dí a usted noticia en algunas de mis ocupaciones al regresar y a mi regreso del desierto; y para que usted dé todo el valor que debe al mérito de dicho sumario, debo instruirle que Oro, uno de los agentes de ese plan de sangre jurado contra nosotros por la expresada logia, sin pararse en medios, fué enviado de aquí a Chile a trabajar sobre su ejecución y entre otros encargos llevó el de maniobrar para que aquel Gobierno se abstuviese de cumplir con su oferta de hacer bajar una división para que operase simultáneamente con las fuerzas argentinas contra los salvajes del Sud; y desde luego lo consiguió. Después bajó a San Juan sin duda alguna con el objeto que se advierte en las declaraciones de Barcala y usted observará lo mucho que él y los demás unitarios han avanzado en sus proyectos, y que sin embargo de que con todo nuestro poder y valer hemos trabajado unidos y sin cesar después de mi ascenso a este Gobierno, aún nos tienen en conflicto.

También notará usted el espíritu del periódico de San Juan, y la sagacidad y astucia con que Oro, que es el principal autor, juega con la sencillez del señor Yanzón, y procura alucinar a los federales inocentes disfrazándose con la máscara de la federación; pues en medio de ese federalismo que cuida de ostentar en dicho periódico, para que a largas distancias vean los de su inicua facción que allí está llenando sus depravados designios como periodista y como Ministro de Gobierno, le hace firmar al señor Yanzón la nota, que acompaño a usted en copia, contestando a la incitación de este Gobierno en la que después de hacerse cargo de los dos puntos que comprende la incitación, desciende con una grosera inconsecuencia a desentenderse del que debió precisamente evacuar, señalando por su parte la autoridad ante quien deben comparecer y ser juzgados los Reynafés y demás cómplices. Por supuesto que se la voy a devolver al señor Yanzón, hablándole con la claridad y franqueza que es necesario en estos casos, y reforzándole lo que tengo dicho relativamente a lo bribón que ese el tal Oro.

Para esto me favorece que dicho señor Yanzón en su correspondencia me manifiesta sus mejores deseos en todo y por todo a fin de secundar la marcha firme y consecuente contra los Unitarios; pues creo que tiene la mejor intención, y que el estar obrando en mal sentido, es como he dicho a usted porque lo engañan los unitarios que son muchos en San Juan, y de los copetudos, pero principalmente Oro, que hoy día es allí el corifeo de todos ellos.

Está tan embaucado por este bribón el señor Yanzón, que en carta del seis de julio último me dice: "Acaba de recibirse de la Secretaría a mis manos su estimable de 30 de mayo, y me he visto en conflictos para decidirme. Por una parte quería satisfacer los deseos de usted y por otra como había sido necesario hacerle al caso violencia para que aceptase, no sabía cómo despedirlo que no pareciese inconsecuencia".

En otro período dice: "Estaba yo tan lejos de tener desconfianzas, que lo que lo nombré propietario, me dijo a la verdad que su nombramiento podría ser desagradable a personas poderosas con quienes no corría bien, mas yo lo creía excusa y lo desatendí. En fin nuestro arreglo es trabajo de corta duración, y cesará en el acto que se concluya: entre tanto guardaré precaución, aunque su conducta desde que anda por acá no me inspira recelos". Esto me dice el señor Yanzón, y entre tanto el expresado periódico de San Juan lo redactan el mismo Oro, como he dicho a usted, y Don Ruperto Godoy, recién llegado de su emigración desde la Batalla de Chacón.

Felizmente el Gobernador de Mendoza y el General Aldao están al cabo de quién es Don Domingo Oro y del plan bárbaro que abriga en su corazón, como uno de los agentes principales de la logia Unitaria. El segundo me ha remitido una larga carta, que le ha escrito el dicho Oro, fechada en San Juan el 20 de julio en la que trata de justificar su inocencia en el atentado que fraguaba Barcala, pero el modo de hacerlo es, a mi juicio, de un hombre a quien le acusa su conciencia. También le dice que ha dado pasos para reconciliarse conmigo; no sé cuáles hayan sido éstos. Sé, sí, que él es el autor del expresado oficio del señor Yanzón, que remito a usted en copia, contestando a la incitación de este Gobierno; si éste es uno de los pasos que ha dado, es por cierto bien raro el modo que se ha propuesto de reconciliarse conmigo.

Yo lo seguiré de cerca como lo hago con todo feroz inmundo logista de su clase.

En caso algo parecido, aunque no del todo igual al del señor Yanzón, se hallaba el señor Molina, Gobernador de Mendoza, con su Ministro, el cual lo estaba engañando y haciéndole dar continuos traspiés. Yo le había escrito bastante sobre varios errores que le notaba; pero el buen hombre seguía alucinado hasta que habiéndole devuelto privadamente la contestación oficial que pasó a este Gobierno a mi aviso circular de mi ascenso al Gobierno, haciéndole ver que no le hacía honor, y mucho menos a la República bajo el actual régimen federal, se convenció de los engaños que estaba sufriendo por la perfidia de su Ministro y después de haber puesto enérgicamente el remedio conveniente, ya se expresa y expide de otro modo, y en el sentido que debe hacerlo. Pero también y tan satisfactoriamente a la causa federal, como se advierte por los documentos públicos, y por el hecho de haber fusilado a Correa, Barcala, etc.

El Don Mauricio Herrera a quien últimamente nombró la Junta de Catamarca de Gobernador por renuncia de Navarro, es otro de los pájaros unitarios enmascarados. Estaba en esta Provincia de oficial auxiliar del Ministro de la guerra cuando gobernó el señor Balcarce, a cuyo círculo perteneció, y en esta virtud, sabiendo que era unitario, fué excluído del servicio, como lo verá usted en la página 99 del Registro Oficial del primer semestre de este año que le adjunto. Inmediatamente salió de aquí, y al instante encontró colocación, y nada menos que de Gobernador de Catamarca, pero al paso que debía sernos muy sensible el que hubiese logrado engañar al señor Herrera debe sernos muy satisfactorio el que lo haya conocido pronto por haberle faltado a lo que pactó con él.

Por lo que estamos viendo que sucede en aquella Provincia puede tenerse por indudable que las autoridades de ella no andaban derecho, y que esa entrevista que se dijo anteriormente que había tenido el señor Navarro con el Gobernador intruso de Salta puede haber sido muy cierta]. Mas yo no me paro aquí, sino paso más adelante, y deduzco de toda esta cadena de sucesos que el señor Heredia ha estado y está rodeado de Unitarios que no cesan de acecharlo, que al fin le han de dar el pago con la perfidia y ferocidad que acostumbran, entre tanto que él creía había hecho, como me dijo en una carta, una fusión de partidos, para darme a entender que lejos de temer, debía esperar mucho de ellos porque no hay quién les quite de la cabeza a algunos de nuestros federales el sistema de cortesías y miramientos indebidos y perjudiciales con esa clase de hombres hipócritas en sus palabras y modales, mientras no pueden obrar a cara descubierta, y sin ninguna decencia, porque en su corazón son la quintaesencia de la inmoralidad. Pero felizmente en medio de todo debe sernos consolante y satisfactorio que esa claridad y franqueza de nuestra buena fe con que he procedido y hablado a los amigos del interior vaya produciendo los saludables efectos de su objeto; Dios es justo, nuestra causa es Santa, Nacional, y la Justicia debemos esperar que triunfará si continuamos del mismo modo y con la misma constancia.

He ocupado la atención de usted en la narración de todos estos sucesos para imponerlo del estado verdadero de las Provincias del interior y a fin de que los pasajes que refiero sirvan de ejemplo para convencerlo de que de ningún modo podemos ni debemos reconocer al Unitario Pedro Nolasco Rodríguez en el carácter de Gobernador Provisorio de Córdoba. A mí no me asiste la menor duda por todas las reflexiones que he hecho a usted en ésta y demás cartas anteriores de que el tal hombre no es federal, y que no sólo no debe merecer nuestra confianza, sino que debemos temer mucho de que sea muy mala y funesta a la República su comportación. Por esto yo por mi parte insisto en el propósito que he hecho de no reconocerlo ni aun en el carácter de Gobernador Provisorio, pues obrando de otro modo traicionaría mi conciencia y faltaría a la fidelidad que debo a toda la República y especialmente a la tierra de mi nacimiento, desde que concibo que dicho reconocimiento ha de ser perjudicial a aquélla, y que es deshonrante a ésta después de la conducta criminal de que ha usado el tal Rodríguez con este Gobierno.

Juan Manuel de Rosas

6. La bandera federal (1836)
Carta de Rosas al Coronel Vicente González (23 de marzo de 1836), en Partes, *II, p. 448.*

Señor Don Vicente González.
Buenos Ayres, Marzo 23 836.

He entregado al Coronel una hermosa bandera que debe remitir a V. en primeras carretas, con el correspondiente oficio. Esta es para los dias de celebridad en ese punto. Sus colores son blanco y azul oscuro un sol colorado en el Centro y en los estremos el gorro punzó de la libertad. Esta es la vandera Nacional por la Ley vigente. El color celeste ha sido arbitrariamente, y sin ninguna fuerza de ley Nacional introducido por los malvados de los Unitarios. Se le ha agregado el letrero de Viva la Federación! Vivan los Federales y Mueran los Unitarios!

Deseando la salud de V. y su mejor acierto quedo suyo y afectisimo amigo.

J. M. R.

7. La mazorca

Antonio Somellera, Recuerdos de una víctima de la mazorca, 1839-1840 *[1886], Buenos Aires, Elefante Blanco, 2001, pp. 18-22.*

Subiendo por la calle Corrientes, tomé por la de Florida hasta la case de Comercio de Planes Atkinson [...] busqué la "Gaceta Mercantil" del día y encontré en ella que el martillero Sr. Arriola daba un remate en la case de D. Guillermo Olazábal [...]. [M]ientras yo iba en su busca [de su amigo Manuel Bustillo] al remate de Arriola con probabilidad de encontrarlo pues teníamos convenido asistir a esos puntos de reunión para comunicarnos, sin refundir sospechas a los agentes de la tiranía; porque a la sazón era imprudencia grave que más de dos personas que no fuesen federales netos y cabales, se reuniesen en un paraje visible. [...]

No habíamos llegado al zaguán cuando sentí que por la puerta de calle pasaban caballos. Mi acompañante había tomado la delantera pasando por entre tres o cuatro hombres de poncho; yo iba a hacer otro tanto, cuando uno de esos tipos, trigueño, de gran bigote y patillas a la andaluza tan renegridas como sus ojos, sacando los brazos de debajo de su poncho forrado de paño colorado, impidiéndome la salida, trató de agarrarme, llamándome salvaje afrancesado y agregando: "ya caíste hijo de ... no te escaparás".

El que parecía capitanear aquel grupo de hombres con citajos colorados en los sombreros, avanzando hacia mí siempre, trataba de agarrarme.

Defendiéndome y procurando escapar entre el tumulto de gentes que de los patios se dirigían apresuradamente a la calle, retrocedí hasta llegar a la puerta del segundo aposento del primer patio, donde conseguí entrar en momentos en que a toda prisa salían muchos atropellándose y exclamando algunos de ellos en voz baja: ¡Cuitiño!

No bien había entrado a ese cuarto, me sentí sujetado fuertemente de los brazos por mis espaldas por el célebre mazorquero Merlo [...] Asegurado como estaba, le fue fácil a Cuitiño, que era el mismo que me perseguía, tomarme de la barba con la mano derecha, de cuya muñeca pendía un rebenque de cabo de plata.[...]

¡Cortémosle las patillas francesas! gritó uno de los mazorqueros que en ese día hacían su estreno en su carrera de escándalos y crímenes, y Cuitiño trató de sacar acto continuo, el puño con la mano izquierda, y como no pudiese, uno de sus compañeros le alcanzaba el suyo.

Para tomarlo con la mano derecha soltome por un momento la barba de que me tenía asido; aprovechando ese momento hice un último esfuerzo, consiguiendo liberarme de Merlo y de un salto salvé los dos escalones de aquella puerta y me precipité y confundí entre la oleada de gente que tumultuosamente ganaba el zaguán buscando rápida salida a la calle.

Logré así poner entre mis perseguidores a quienes los grandes ponchos dificultaban la marcha entre la multitud, una muralla compacta e infranqueable por algunos momentos, circunstancia que facilitaba si no aseguraba mi salvación.

Al llegar a la calle acorté estudiosamente el paso, y reflexionando que en ella fácilmente sería tomado, me entré a la casa contigua de la del este, encontrando cerradas cuantas puertas daban al patio. Desde allí oí gritos de ¡allá va! Y desprenderse jinetes al galope en la misma dirección que yo había tomado al salir. Arreglé rápidamente el desaliño que habían sufrido en la lucha y empellones, mis ropas y sombreros, y como aún salían gentes de la casa del remate, resolví salir antes de que la calle quedase completamente despejada, tomando esa vez dirección al campo, no sin ensayar desfigurarme para que no me conociesen, tomando la precaución de calarme lo más que pude el sombrero y levantar los hombros; quíteme además la divisa que llevaba en el ojal para que las gentes de aquellos barrios retirados creyesen que era yo un extranjero. Así anduve hasta la altura del Molino de Viento, y tomando al norte por la calle de Cangallo vine al Centro.

8. La revolución de los Libres del Sur (1839)

a) Las acciones, los líderes, la derrota
Somellera, Recuerdos de una víctima..., *pp. 122-124.*

Después de haber escuchado al respetable anciano [Sr. Villarino] conmovido por el recuerdo de aquellos acontecimientos desgraciados, Pillado tomando el hilo de tan interesante asunto, entró a narrar varios episodios interesantes, de los cuales, unos había presenciado y otros le habían sido referidos estando prisionero en una gran pieza del Juzgado de Paz, en que los custodiaban algunos que momentos antes habían sido sus soldados.

Fue allí en prisión que supe que Castelli y Crámer habían muerto peleando, y que Rico y Olmos y muchos otros habían pasado por la Postrera al sur, seguidos por buen número de gente.

Supe igualmente que los cadáveres de esos jefes de antecedentes gloriosos habían sido recogidos por sus amigos y sepultados en una misma fosa en el cementerio del pueblo cerca de una de las paredes, señalándose el paraje con una cruz blanca pintada en la pared.

Que fue difícil reconocer a Crámer por las innumerables heridas que había recibido de balas, lanza y sable, habiéndose comprobado su identidad por una cicatriz que tenía cerca del hombro izquierdo, proveniente de un balazo que había recibido en España al servicio de Napoleón, y por los guantes de gamuza que siempre usaba y que se encontraron cerca de un árbol donde su cadáver se encontró recostado.

El cuerpo de Castelli, también acribillado de heridas, fue levantado del mismo campo donde sufrió aquella inopinada derrota la revolución triunfante [...].

Sin la muerte de Castelli y Crámer, aquel desgraciado suceso de Chascomús no habría pasado de uno de esos contratiempos comunes.

En efecto, la revolución se hizo en aquella parte de la campaña donde Rosas creía tener su mayor poder debido a los acertados trabajos de esos dos beneméritos militares con el valioso concurso de los Campos, Ramos, Los Ezeiza, Rico, Olmos, Arroyo y demás, todos ricos hacendados del sur, y habría dado seguramente en tierra con el poder del tirano si ellos no hubieren sucumbido.

Desaparecidas esas dos figuras que imprimían dirección y nervio a los trabajos de la revolución y a las fuerzas con que contaba, los demás no se consideraron con condiciones suficientes como para sustituirlos en la espinosa tarea y se expatriaron yendo a embarcarse en el Tuyú para ir a incorporarse al General Lavalle.

b) Colaboración de hacendados federales con el gobierno en la represión
Carta del hacendado José Manuel Saavedra a Rosas (Campo del Tala, 20 de diciembre de 1839), en Partes, II, pp. 473-479.

¡Viva la federación!
Mueran los unitarios

Enemigos de la Patria
Traidores a su gobierno.

Campo del Tala, 20 de Diciembre de 1839.
Año 30 de la Libertad
24 de la Independencia y
10 de la Confederación Argentina.

El Ciudadano
José Manuel Sabedra.

Al Excelentisimo Señor Brigadier Ilustre Restaurador de las Leyes Don Juan Manuel de Rosas Encargado de las Relaciones Exteriores de la Republica Argentina, Governador y Capitan General de la Provincia de Buenos Ayres.

El que firma pone en conocimiento de V. E. el movimiento que he tenido desde el día que principiaron el movimiento los sublevados, los vecinos de este partido del Sur encabezado por los Barbaros y desesperados Unitarios Pedro Castelli, Manuel Rico, José Antonio Lopez y una porción de vecinos del Partido de Monsalvo que se aparecieron por esta con empleo y colocacion de Oficiales reuniéndose y marchado con direccion á Dolores con una desesperación y movimiento de locos que no dejaron á uno sin moverlo para marchar dando la voz de Libres del Sur que desde aquel dia no existia el Gobierno Tirano en Buenos Ayres que los tenia oprimidos que desde ese dia se conociesen los Libres del Sur era lo que gritaban a la arma sin perdida de tiempo y marchaban á colocarse en el mando. El que firma se encontraba en un puesto que tiene en el Campo del Tala y el 30 sabiendo que habian abanzado al Tala llevandose las armas y municiones y caballadas del Tala y el primero de Noviembre me fí [sic] del Tala á imponerme de noticias que cosa sería este movimiento donde estube como dos minutos y me volví á mi puesto por dentro de los sublebados que cubrian el campo con diferentes partidas donde se iban reuniendo [los] que tenian [que] hacer esa cruzada. Metiendome dentro de durasnillales durasnillales [sic] y hasi que habité mi población donde tenia mi familia dibisé que llegaba á las casas una partida de diez y seis hombres y llendo yo por la costa de un uncal me tube que ganar dentro de dicho uncal y como á la media ora de estar alli llegó otra partida á dicha población, la primera partida mandada por el Alferes Robles y la segunda mandada por un tal Pedro Lacasa los que hiban en busca mia y harriaron con toda mi caballada que habia en mi población que me llebaron ciento y tantos caballos y no me dejaron mas que dos muy enteramente estropeados y el que yo tenia montado lo hubo de tomarse la cavallada, se fueron á las casas a insultar mi familia y que me buscaban para matarme lo decian a gritos, y me robaron cuanto pudieron encontrar en las casas solo si no dentraron al cuarto que estaba la familia, en el patio encontraron unas matas de rosas las que acharon con el sable y cuchillo diciendo que este nombre no debia existir entre ellos. Yo tube que estarme todo el dia desde las diez de la mañana hasta las nueve de la noche metido dentro el uncal por que todo el día anduvieron halli cruzando y hasta la ora que salí, encontré a mi capataz en esta población con tres peones que tenía sitao por los sublevados á marchar con ellos como al otro dia lo verificaron [,] donde me encontré con toda mi poblacion y familia abandonada sin tener mas que dos muchachos de edad como de nueve años y dos peones sitaos a trabajar por dia que con estos conseguí que uno se quedase en la poblacion y el otro fuese en mi compañía y me dirijí á estas mismas horas que eran las diez de la noche para mi estancia en las sierras del Tandil que logré llegar a la media noche de ese día haciendo mi viaje ocultamente por uncales y durasnillales porque toda esa cruzada venía cubierta de partidas que benian á reunirse á las Haciendas de los Ramos [.] Ya encontré en mi Hacienda

III. Las guerras del rosismo (1831-1852) 205

noticias que habían ido dos partidas á buscarme por allí [,] anduve oculto dos días dentro de la sierra y me dirijí á los tres días a la sierra de la Tinta, y me llegué así a la estancia de un sobrino del Señor Don Nicolás Anchorena donde supe en dicha estancia que había estado el encargado de la Hacienda del Tala el Señor Don Roque Baures el que había pasado al Tandil al que le hize un chasque en el momento que llegué á dicha estancia, y me contestó que pasase yo al Tandil á hablar con él, como que en el momento que recibí su contestación me puse en marcha al Tandil y acordamos de hirnos á hacer presente á V. E. ó saber el estado en que se hallaba pues hasta esta fecha no sabíamos nada [.] La voz que se corría [era] que el Gobierno no existía en Buenos Aires [por] lo que nos encontrabamos en un conflicto sin saber que hacer allí [.] Nos encontramos con el Coronel del Valle que estaba en dicho punto como cinco ó seis dias haciendo salidas para asia Dolores que lo hizo por dos o tres ocasiones hasta un puesto llamado de los Patrios á distancia de legua y media del Tandil y se volvió al Tandil y allí acordamos con dicho Señor que lo acompañariamos [.] Hizo llamar a Morilla que estaba en su estancia de los Guesos el que nos reunió en ese mismo dia mandó el Coronel Valle a la Hacienda de los Álzagas [de] donde llevaron uno de los Álzagas con catorce peones, de las mismas Haciendas trajieron cincuenta caballos de los Álzagas [.] Esta era la tropa del Coronel Valle y la caballada en que salió del Tandil albertiendo que todos estos eran traídos a la fuerza y solo unos Laras vecinos de la Tinta eran los que lo acompañaban a dicho Coronel; yo, Don Roque Bauris, Morilla y su gente [,] componiamos una fuerza de veinte hombres por que en las demás no teníamos confianza y el día que salimos del Tandil yo con veinte caballos de mi propiedad y Don Roque con catorce nos pusimos en marcha a trote y galope y a distancia de catorce leguas de las costas del Arroyo de los Guezos que nos dirijimos asia la laguna Colorada que pasamos a mudar [caballos], que serian las tres de la tarde donde estabamos por hacer merendar a la gente se nos apareció un bombero de la fuerza que había salido a la una de la tarde de las Haciendas de Diaz Velez como trescientos hombres que iban a tomar el Tandil, este no bino a bombear por que tenia abiso que estabamos en dicho destino [.] En el momento nos pusimos en marcha y como a las dos horas de salir nosotros de este punto bino una partida de setenta hombres de la fuerza que hiba para el Tandil en alcance nuestro, como a la hora aquel dia nos auxilió con una noche muy oscura contra marchamos del rumbo que traimos y nos volvimos asi al Azul en donde fuimos aguardar el dia en una estancia del Señor Prudencio Rosas [.] En la mañana de esta noche llegamos al Azul al salir el sol allí [acampamos]; ese dia hicimos una suscrision yo, Don Roque y Morilla, donde les dimos a la tropa que llebabamos dos pesos a cada uno, sesenta pesos de pan y seis frascos de licor donde los hicimos gritar Viva como de costumbre, Viva Nuestro Restaurador y los Federales defensores de Nuestra Patria y Mueran los barbaros sublevados del Sur y con este corto obsequio que les hizimos a la Tropa que nos acompañaba desde este momento se volvieron decididos Federales todos los que nos acompañaban, esto lo hicimos sin conocimiento del Coronel por nuestro interes, despues que lo berificamos se lo comunicamos [.] De alli [continuamos] mas hasta llegar a Camarones donde me tomé la facultad de decirle al Coronel sacasemos la caballada de los Agueros que layo habiamos auxiliado al Coronel con los caballlos de nuestra propiedad que nos hacian falta para el servicio de nuestras personas; en Camarones reunió Morilla toda la gente que pudo del Establecimiento incluso los Indios vecinos de Camarones [.] Marchamos en esa misma noche hacia Dolores y a la mañana siguiente nos presentamos a la division del Señor Don Prudencio donde nos incorporamos y nos ofrecimos a sus ordenes [.] Al Señor General nos presentabamos cada momento para que nos ocupase en cualquier ocurrencia seguimos asi a los montes acompañandole siguiendo el rastro de los barbaros sublevados hasta el Tuyú que desde allí bolbimos a Dolores. Al otro dia bien temprano se nombró al Coronel Valle con una division de trescientos hombres donde salió Don Roque Bauris con una partida de todos los hombres que pudo reunir de las Haciendas del Tala [a] hacer una correria por los campos del Tala a perseguir a los barbaros sublevados y a mi me entregó en Dolores el Señor Valle toda la fuerza dandome a reconocer de Comandante de dicha fuerza y el Señor Coronel Valle el gefe de toda la fuerza, [desde] donde nos dirijimos al Becino, Loma de los Difuntos, Barrancosa y Uncales, Arroyo Chico, Arroyo Grande, Sierras del Bolcan, Loberia [.] Y nos dirijimos [luego] al Arroyo Nutria Mansa y he hay al otro dia que llegamos me mandó el Señor Coronel al otro lado del Quequen con docientos hombres a perseguir una reunion de sublevados, que había de aquel lado de aquella banda del Quequen por el Medano Blanco [y] Tres Arroyos, de los dragones del Tandil y los milicianos acantonados en dicho punto [.] Que todos estos se sublevaron [y] se fueron bajo las ordenes del Sargento Ufracio Madrid [.] Eran los que ocupaban esos campos y poniendome en persecusion de ellos desde que pasé al Quequen logró que se tomasen y se presentasen veinte y seis hombres harmados y todos con dos caballos, donde se tomó el mulato mucamo de Diaz Velez, y el baqueano de dicha reunion el dragon Juan Arrieta el que me impuso que desde que sintieron la fuerza que los perseguia se dirijieron en fuga disparando asia los Tres Arroyos y pasaron hasta el rio Salao en donde se volvio el baqueano con ocho hombres, y le pidieron el rumbo para salir a la Blanca ó a la Federacion y los puso en camino por la Costa del Sauce Chico, que siguiendo las costas de este Arroyo debian salir a la Blanca llendo en la reunion cuarenta y un hombre compuesta de siete veteranos desertores de Bahia Blanca y collebando como ciento y tanto caballos, todos ellos muy mal armados y sin orden por que no llevaban gefe a quien obedecer, solo ban hullendo de temor como pueden en la costa del mar asi [a] el Arroyo de las Mostasas [...] Hemos dado la vuelta por el Durasno acompamos a Arroyo Grande donde el 18 de este [diciembre] pedí permiso al señor Coronel para pasar a ber a mi familia que había corrido dejandolas en este puesto en medio de todos los enemigos [.] He tenido el gusto de encontrarlas conformes teniendo la gloria que los perbersos del Sur no haigan logrado su intento, y satisfaccion que a mi familia le complase y olvide los insultos y amarguras que han sufrido, tambien me han destruido la estancia que tengo en la Sierra donde me han llebado ciento treinta y cuatro caballos compuestos en cinco tropillas y sacaos de una manada de caballos que hacen dicha cantidad, hacerme pedasos los puestos de la poblacion, llebarme de dentro de las casas como treinta y cinco mil [pesos] en efectos que quince dias antes que habia hido a Buenos Ayres y fuí a descargar tres carretas a donde todo estaba encajonado conforme lo mobí de Buenos Ayres [en] que hiva la ropa y utiles de toda la familia y un hermoso apero completo que todavia no lo habia estrenado y once mil trecientos pesos moneda corriente sin contar traste y utiles de cosas que habia en aquella antes de esta remesa [.] Este robo lo han hecho los emigrados del Tandil incluso algunos indios de dicho punto de suerte que mi poblacion hoy se haya auxiliada por el fabor de Don Benjamín Suviaure que el me ha prestado dos hombres con veinte caballos despues de haber estado tirada doce dias a disposicion de todos los ladrones becinos a mas, de dicho establecimiento, me llebaron seis manadas de yeguas y hasta que he llegado a este punto he reunido cinco muchachos de aquella poblacion los que he devuelto a su destino habiendo quedado por aquellas inmediaciones tres matreriando que siempre daban alguna vuelta [.] A quedado esta campaña del Sur muy destruida echo pedasos las poblaciones, muy desabenido[s] los habitantes. [...]

Me pongo a las ordenes de S. E. y que estoy dispuesto a serbir con mi persona y mis bienes y hacer cualquier sacrificio a fin de alludar a sostener a S. E. y defender nuestra amada Patria; salud, felicidad y acierto a nuestro gobierno y que castigue a muerte a todos los enemigos que mal le deceen.

Dios guarde a V. E. muchos años.

José Manuel Saavedra

9. La iniciación intelectual de un joven provinciano de la Nueva Generación (1839)

Villafañe, Reminiscencias históricas, *pp. 38-43.*

A mediados de 1839, hallándome accidentalmente en la capital San Juan, se presentó en mi habitación un hombre joven, de apariencia simpática. Manifestóme que la señora en cuya casa me había alojado, acababa de decirle: tengo de huésped a un joven tucumano, por cuyas palabras y preguntas, juzgo que debe ser mui unitario. Añadió, que al oir esto, sin más ni más, le había ocurrido el deseo de visitarme y ofrecerme su amistad.

Lo desconocido, impone, y sin dejar de tener las atenciones que en tales casos la urbanidad prescribe, guardé respecto de él, las reservas y circunspección que desde luego se comprenden.

No obstante, nuestra conversación se hizo cordial y franca de más en más, y acabamos por separarnos como dos amigos de tiempo atrás relacionados.

El caballero con quien yo acababa de estar, llamábase Domingo Faustino Sarmiento!

Al día siguiente y subsiguientes, volvimos a reunirnos. Llevóme a una escuela de niñas fundada por él o bajo sus auspicios y la que funcionaba a cargo de una señorita hermana suya. Mostróme un opúsculo que había escrito, quizá el primer ensayo de su pluma. No recuerdo su objeto y tendencias.

En una de tantas veces, era de noche, mes de Mayo, íbamos por esta o aquella calle, cuando deteniéndose de improviso, me dijo: He aquí la casa donde nos esperan los amigos de quienes he hablado a vd. antes de ahora, y donde debemos jurar el pacto de unión en favor del dogma político social, de que también tiene vd. conocimiento.

Entramos en ella y luego a una sala ocupado por los amigos antedichos. Eran los señores doctores Antonino Aberastain, Santiago Cortinez, Quiroga de la Rosa y Saturnino Laspiur.

Después de presentado a ellos y luego de cambiar algunas palabras, el señor Cortinez ocupó su asiento, teniendo por delante una mesa o carpeta, pliegos de papel y todo el aparato de una presidencia.

Dijo alguna cosa a manera de preámbulo, y en seguida leyó, poniendo a discusion estas palabras simbólicas de la Asociación, que no creo de más repetir a pesar de su notoriedad.

1. Asociación.
2. Progreso.
3. Fraternidad.
4. Igualdad.
5. Libertad.
6. Dios –centro y periferia de nuestra creencia religiosa; el cristianismo, su ley.
7. El honor y el sacrificio –móvil y norma de nuestra conducta social.
8. Adopción de todas las glorias lejítimas, tanto individuales como colectivas de la Revolución; menosprecio de toda reputación usurpada o ilegítima.
9. Continuación de todas las tradiciones progresivas de la revolución de Mayo.
10. Independencia de las tradiciones retrógradas que nos subordinan al antiguo réjimen.
11. Emancipación del espíritu americano.

12. Organización de la patria sobre la base democrática.
13. Confraternidad de principios.
14. Fusión de todas las doctrinas progresivas en un centro unitario.
15. Abnegacion de las simpatías que puedan ligarnos a las dos grandes facciones que se han disputado el poderio durante la revolución.

Como se ve, los propósitos de esta asociacion, nada tenian de indiferentes para el réjimen a la sazón imperante en toda la República. Teniendo por base la existencia, la libertad de pensamiento, la discusión de todo acto referente a la vida pública, el respeto a la ley, etc., presentábanse desde luego al espíritu, como una censura, la más amarga, contra la política de Rosas y sus colaboradores. [...]

Debo si decir, que ese credo que hoy todos conocen y palpan, puesto que cuarenta años de ruda labor y sacrificio lo han vuelto carne, tenia entonces para nosotros, todo el encanto de las novedades trascendentales. Era la Revolucion de Mayo, inconciente, instintiva todavia, dándose cuenta de sí misma, estudiando tranquilamente su punto de partida, sus hechos consumados, tendencias y miras lejítimas. La pájina que contenia esa profesion de fe, entrañaba para nosotros, para mí a lo menos, un santo ideal surjiendo repentinamente del abismo.

Rosas, se ofrecia a nuestro espíritu, como un rabioso continuador de la vieja España, y al contemplar su carácter y el de nuestras muchedumbres, íbamos hasta temer el naufragio de la idea cristiana. No estaban ahí el doctor Francia y Paraguay para justificar tan lúgubre presentimiento?

Luego debiamos pensar ante todo, en remover ese obstáculo, y continuar a nuestro turno la obra iniciada en 1810; era menester algo mas; prepararse para realizar a su caida, el ensueño que cada uno de nosotros llevaba en su mente. [...]

Aquel nuevo dogma que rompía toda solidaridad con los dos grandes partidos que hasta entonces se habian disputado el poderío en la República, exhibiendo nuevos y misteriosos horizontes, era para nosotros, un segundo evangelio, pidiendo a la época con acento irresistible, apóstoles y mártires.

A este propósito, nuestras impresiones fueron tan vivas, el impulso dado al pensamiento tan poderoso, que no creo aventurado afirmar, que sin esa inspiracion del jenio argentino, no tendríamos hoy ni las "Bases y puntos de partida para la organización de la República Argentina" ni el "Facundo", ni obra alguna de literatura seria de las escritas poco despues, y de que podemos envanecernos en justicia.

Por lo que a mí se refiere [...] no había podido estudiar con el orden y método que se estudia en nuestros dias; había solo aprendido el idioma francés, algo de geografía, teneduría de libros; y en cuanto a ideas generales, había leído mucho el Telémaco, Robinson Crusoe; Vida de Franklin, Viajes de Anacasis, Moral Universal de Holbach; algo de derecho público, algo de Lamartine, Byron —y sea dicho de paso, más de una novela picante del siglo XVIII. Tenia sí, y en alto grado, la pasion pública y aquellas simpatías y antipatías que en tiempos de revuelta huelen a pólvora y arden hasta en el hogar. A este punto de vista, era yo un salvaje unitario hecho y derecho.

Y a fe que la gran mayoria de la juventud, no se hallaba mejor preparada.

10. Lavalle "montonero" y Rosas "militar serio" en las campañas de 1840

Villafañe, Reminiscencias históricas, pp. 76-78 y 80.

Una cosa que hirió desde luego nuestra atencion, fué esos grupos de hombres en derrota entregados á su propia voluntad, pasando á poca distancia de nosotros y los que seguían su camino sin preocuparse en manera alguna de nuestra presencia de aquellos lugares. Los primeros que se presentaron, fueron traídos a nuestro Cuartel General, interrogados y hasta obsequiados; pero, y luego? Aquello fué una especie de torrente desbordándose por donde quiera. Es que obedecían al primer impulso, á la consigna dada: merodear, buscar recursos donde se hallaran.

Luego que llegó el general Lavalle, se les pudo contener un poco y someter á cierta disciplina, evitando, no en el todo, sino por el momento y hasta por ahí, el espíritu de desorden y de pillaje que los embargaba.

¿Era que (hecho que nosotros ignorábamos) el General del primer Ejército Libertador, Lavalle, profundamente impresionando por sus recuerdos de diez años atrás, en que al mando de fuerzas bien disciplinadas, habia sido vencido por montoneras; eran esos recuerdos, repito, los que lo habian inducido á cambiar de táctica y plan de operaciones en su cruzada de 1840, contra Rosas? El caudillo desgreñado y demasiado indulgente con los suyos, habia reemplazado en él al hombre de orden severo en otro tiempo? Pienso que sí.

Y singular coincidencia! En Rosas se habia operado el mismo cambiamiento; pero en sentido inverso: de montonero que habia sido en 1831, habiase vuelto militar serio, en los dias á que asistiamos. La organización y movimiento de sus fuerzas, eran ahora correctas, prevaleciendo en ello marcada predileccion por las armas de infanteria y artilleria. Rosas, habia pues, adelantado alguna cosa en los años transcurridos: habia aprendido á ser mas certero en el arte de matar.

Por lo demas, yo me esplico, y creo tener derecho á esplicarme esta evolucion del general Lavalle en su modo de pensar y combatir. Una ilusion lo dominaba. Creía él, que el pueblo de Buenos Aires, se hallaba exasperado, mui exasperado contra su tirano; y que bastaria su presencia en las inmediaciones de aquella capital, para que haciendo un esfuerzo, se levantara, á secundarlo. Dado este antecedente ó disposicion de su animo ¿qué importaban las irregularidades en que por el momento podia incurrir en orden á disciplina? Una vez arriba, y vencedor, facil seria volver las cosas á su corriente natural.

Bajo esta impresión, llegó á las puertas de la gran ciudad; permaneció allí dos ó tres dias, y, echo inesperado! Ni una sola carta, ni una sola palabra amiga que saliera á su encuentro.

Entonces nuevo Coriolano, la rabia y el despecho se apoderaron de él; volvió la espalda á sus esperanzas, y bajo el pretesto de perseguir á Juan Pablo Lopez que amenazaba su retaguardia, se encaminó hacia el interior del pais, esperando de lo desconocido, una reparacion cualquiera á sus esperanzas burladas. La licencia de su tropa en este retroceso, dícese, fué espantosa.

Mas he aquí que yo, muchacho aturdido hasta por ahí, puse de repente el dedo en la llaga sin pensar en el efecto que ella podia producir. Hablé de disciplina, y hablé no mui bien de la gente voluntariosa que en nuestras filas convenia sujetar.

Al oir esto, el General se puso bruscamente de pié, y su palabra tomó el acento de la tempestad. ¡Disciplina, dice usted! Orden y piedad para Rosas y los suyos! Y sabe cuales son los suyos? No son solamente Oribe, Pacheco y Lagos; son todos esos cobardes que se dicen sus enemigos, y que sin embargo, autorizan con su inmovilidad y silencio las atrocidades del bárbaro que los azota y humilla. ¿Disciplina en nuestros soldados! No! ¿Quieren matar? Déjelos que maten ¿Quieren robar? Déjelos que roben.

11. Lavalle y sus soldados: desorganización del Ejército Libertador de Lavalle (1840)
Paz, Memorias póstumas, *II, XXVI, pp. 270-278.*

El general Lavalle era generalmente querido de la tropa, y tenía una gran influencia en el soldado; nadie ignora que poseía ciertas dotes especiales que lo hacían amar, a la par del efecto que causaba su varonil presencia; poseía buenos talentos, tenía rasgos de genio y concepciones felices, que emanaban de aquellas primeras calidades; hubiera sido de desear más perseverancia para seguir un plan que había adoptado y un poco más paciencia para desarrollar los pormenores de su ejecución. Estaba sujeto a impresiones fuertes, pero transitorias, de lo que resultó que no se le vio marchar por un sistema constante, sino seguir rumbos contrarios, y, con frecuencia, tocando los extremos.

Educado en la escuela militar del general San Martín, se había nutrido con los principios de orden y de regularidad que marcaron todas las operaciones de aquel general. Nadie ignora, y lo ha dicho muy bien un escritor argentino (el señor Sarmiento), que San Martín es un general a la europea, y mal podía su discípulo haber tomado las lecciones de Artigas. El general Lavalle, el año 1826, que lo conocí, profesaba una aversión marcada, no sólo a los principios del caudillaje, sino a los usos, costumbres y hasta el vestido de los hombres de campo o gauchos, que eran los partidarios de ese sistema; era un soldado en toda forma.

Imbuido en estas máximas, presidió la revolución de diciembre del año 28, y tanto que quizá fue vencido por haberlas llevado hasta la exageración. Despreciaba en grado superlativo las milicias de nuestro país, y miraba con el más soberano desdén las pueblada. En su opinión, la fuerza estaba sólo en las lanzas y los sables de nuestros soldados de línea, sin que todo lo demás valiese un ardite.

Cuando las montoneras de López y Rosas lo hubieron aniquilado en Buenos Aires, abjuró sus antiguos principios y se plegó a los contrarios, adoptándolos con la misma vehemencia con que los había combatido. Se hizo enemigo de la táctica, y fiaba todo el suceso de los combates al entusiasmo y valor personal del soldado. Recuerdo que en Punta Gorda, hablando del entonces comandante Chenault, le conté que había organizado en años anteriores, y desciplinado hasta la perfección, un regimiento en la provincia de San Juan, pero que, desgraciadamente, este regimiento, por causas que no es del caso analizar, se condujo muy mal en la acción del Rodeo de Chacón. "Por eso mismo –me contestó–, que se habían empeñado en darle mucha disciplina, es que se condujo cobardemente". Hasta en su modo de vestir había una variación completa. Años antes lo había conocido haciendo alarde de su traje rigurosamente militar, y atravesándose el sombrero a lo Napoleón; en Punta Gorda, y en toda la campaña, vestía un chaquetón si era invierno, y andaba en mangas de camisa si era verano, pero sin dejar un hermoso par de pistolas con sus cordones pendientes del hombro. Llegó a decir que no volvería a ponerse corbata.

Esta vez quería el general Lavalle vencer a sus contrarios por los mismos medios con que había sido por ellos vencido, sin advertir que ni su ubicación, ni su genio, ni sus habitudes, podían dejarlo descender a ponerse al nivel de ellos. Al través del vestido y de los modales afectados del caudillo, se dejaban traslucir los hábitos militares del soldado del ejército de la independencia. Cuánto mejor hubiera sido que, sin tocar los extremos, hubiese tratado de conciliar ambos sistemas, tomando de la táctica lo que es adaptable a nuestro estado y costumbres, conservando, al mismo tiempo, el entusiasmo y decisión individual, tan convenientes para la victoria. Es natural que una disciplina llevada a los extremos acabe por hacer del soldado una máquina, un autómata, y que concluya con las disposiciones morales que tanto se necesitan; pero también es fuera de duda que si todo se deja al entusiasmo, desatendiendo la disciplina, jamás podría tenerse ejército propiamente dicho. [...]

La subordinación era poco menos que desconocida o, al menos, estaba basada de un modo particular y sobre muy débiles fundamentos. Todo se hacía consistir en las afecciones y en la influencia personal de los jefes, y, muy principalmente, en el del general. Este me dijo un día, en Punta

Gorda: "Aquí están tres mil hombres que sólo me obedecen a mí y que se entienden directamente conmigo". Esto lo explica todo, lo dice todo. Toda autoridad, toda obediencia, todo, derivaba de la persona del general, y es seguro que si éste hubiese faltado, se hubiera desquiciado en un día el ejército libertador. Más tarde, cuando los reveses del Quebracho y Faimallá hubieron puesto a prueba esa decantada decisión, no bastó la influencia personal del general Lavalle, y todo se disolvió.

En el ejército libertador, en tiempo de la campaña de Entre Ríos, y juzgo que lo mismo fue después, no se pasaba lista, no se hacía ejercicio periódicamente, no se daban revistas. Los soldados no necesitaban licencia para ausentarse por ocho ni por quince días, y lo peor es que estas ausencias no eran inocentes, sino que las hacían para ir a merodear y devastar el país. Eran unas verdaderas expediciones militares en pequeño, para las cuales los soldados se nombraban oficiales que los mandasen de entre ellos mismos, cuya duración era la de la expedición. De aquí resultaba que una cuarta parte del ejército estaba fuera de las filas, porque andaba a seis, doce, veinte y más leguas; de modo que cuando se quería que estuviese reunido, era preciso ocurrir a arbitrios ingeniosos. Una vez se consiguió avisando con anticipación que se trataba de dar una buena cuenta en metálico; y otras, que se preparaba una batalla, lo que siempre surtió buen efecto, porque es evidente que aquellos soldados eran valientes y decididos. Todo esto me lo referían unánimemente los jefes y oficiales del ejército, añadiendo, en tono de alabanza, que esas partidas merodeadoras, con sus oficiales improvisados por ellas mismas, habían batido otras enemigas que les habían salido al encuentro. Esto se quería explicar atribuyéndolo a una muestra de exaltada bravura y patriotismo; pero en realidad, era un efecto de la más terrible desmoralización, que había de despopularizar, al fin, la causa y el ejército. [...]

El propio Lavalle sintió los efectos de esa imprudente licencia, pues recuerdo haber visto una orden general, dada en la campaña de Buenos Aires, que pinta al vivo los disgustos de su alma por los desórdenes que no podía remediar. Se proponía prohibir a la tropa que se separase a bolear caballos o hacer otras cosas peores, y no encontrando expresiones bastante fuertes en el diccionario militar, ni recursos en la disciplina que no existía, los apostrofaba, diciéndoles: Son malditos de la patria los que no cumplen mis órdenes, etcétera. El mal no fue menos por eso, y el desorden siguió hasta el fin.

El mismo desgreño se observaba en la administración de los caudales públicos, pues, aunque había intendente y comisario, pienso que estos funcionarios ni llenaron ni pensaron jamás seriamente llenar sus funciones. Testigos presenciales me han asegurado que cuando se dio la buena cuenta en metálico, de que hablé poco antes, hubo jefe de división a quien se le entregaron los haberes de su cuerpo, diciéndole: "Lleve usted estas talegas de dinero; pague usted la tropa en los términos prevenidos y vuelva usted por lo que sobre". Por lo demás, el general Lavalle distribuía por sus manos dinero a los que juzgaba preferir, mientras otros nada recibían

Los agraciados poco aprovechaban, porque el dinero que recibían iba por lo general a la carpeta. El juego era la diversión universal, y me han asegurado que se hizo distribución de naipes a los cuerpos. No se crea que el general Lavalle obraba sin objeto, pues lo tenía, y llegó a conseguir lo que se proponía. Se proponía atraer a los correntinos, embriagándolos con una abundancia, con una licencia que no habían conocido, para hacerlos pasar el Paraná sin que se acordasen de su tierra. Al mismo tiempo, quería presentarse en las otras provincias como un caudillo popular y condescendiente; como un hombre, en fin, que era todo lo contrario del Lavalle de los años 28 y 29.

La distribución del armamento, vestuario y raciones no era menos irregular, y hablando del primero diré que tuvo el ejército una abundancia nunca vista en los nuestros, tanto por el número de armas como por su superior calidad. Fuera de los suministros que hacía la Comisión Argentina de Montevideo, los franceses proveyeron con profusión. A nadie se hacía cargo por las armas que perdía, rompía o tiraba; tal era la facilidad de conseguirlas. Esto no necesita pruebas, pues se deja entender por sí mismo.

El modo de distribuir vestuarios era de dos modos. Alguna vez se le daban al jefe de división, que los repartía bien o mal, según se le antojaba, y otras muchas venían los cuerpos formados al cuartel general, donde el general en persona iba dando a cada soldado poncho, chaqueta, camisa, etcétera. He oído mil veces celebrar, como un acto de extraordinaria habilidad, el fraude que hacían algunos soldados retirándose de la fila después que habían recibido un vestuario, para formarse en otro lugar a donde no había llegado la distribución, para que se le diese otro; repitiendo esta operación, hubo alguno que obtuvo tres, cuatro o más vestuarios, logrando, además, los aplausos de sus jefes por este rasgo de ingenio.

Muchas veces se repartieron a la tropa efectos de ultramar, finos, y particularmente las mujeres, a quienes se daba el gracioso nombre de patricias, tuvieron su parte en ellos. Me han asegurado que se les distribuyeron pañuelos y medias de seda, y otras cosas de esa clase, con la misma irregularidad que se hacía todo lo demás. Las mujeres son el cáncer de nuestros ejércitos; pero un cáncer que es difícil de cortar, principalmente en los compuestos del paisanaje, después de las tradiciones que nos han dejado los Artigas, los Ramírez, los Otorgués, y que han continuado sus discípulos, Los Rivera y otros. [...]

El general Lavalle había hecho las campañas últimas de la Banda Oriental con Rivera, y allí había visto el manejo de este caudillo, que él, a su vez, quería aplicar al ejército que mandaba. De aquí venía esa tolerancia, y aun consideración, con la clase más prostituta de la sociedad, que es más extraño para quien había conocido los principios severos del general Lavalle a este respecto; de aquí ese desgreño en las distribuciones; de aquí ese despilfarro en la administración.

La distribución de raciones participaba del mismo desorden que todo lo demás; la yerba y el tabaco se sacaban por tercios y sin cuenta ni razón. ¿Y la carneada? Se hacía a discreción; no hay idea del desperdicio, ni será fácil imaginarse cuánto se perdía inútilmente. Baste decir que donde campaba el ejército desaparecían como por encanto numerosos rebaños, y se consumían, sin aprovecharse, rodeos enteros.

Fuera de los suministros de todo género que hizo la Comisión Argentina del producto de gratuitas erogaciones, de valiosos empréstitos que contrajo; fuera de lo que daban los franceses; el general Lavalle celebró contratos y contrajo empeños que montaban a sumas considerables. No se detenía en ofrecer, y estoy persuadido que, siguiendo el sistema de Rivera, se proponía ligar los hombres y hacerlos depender de él por la esperanza de que los tuviese presentes para los pagos. De estos contratos resultaron esos cargamentos de efectos, poco adecuados para un ejército, que se distribuían a las chinas, y que, acaso, tenían otros empleos aún menos justos, sin que el general se apercibiese. Asombra oír a las personas instruidas de estos pormenores, que, por mucho que digan, es de creer que no lo dirán todo.

En resumen: los costos que hizo el ejército libertador fueron ingentes, y es indudable que, con una mejor administración, hubieran podido sostenerse en la abundancia cuatro ejércitos como él. Sin embargo, debe tenerse presente que las circunstancias que rodeaban al general Lavalle eran extraordinarias, que todo era excepcional y salía de las reglas comunes. Sirva esto de descargo, añadiendo que su autoridad, al menos hasta que llegó a Corrientes, era revolucionaria; entonces la legalizó, pero no entraba en los cálculos de él, ni en el partido que lo sostenía, el conservar esa dependencia, que podía ser una traba.

12. Pronunciamiento de Tucumán contra Rosas: el general Lamadrid cambia de bando (1840)
Lamadrid, Memorias, *II, pp. 110-112.*

Al siguiente día amanecieron formados en la plaza más de ochocientos hombres para sostener el pronunciamiento de la Sala [de Representantes]. Esta se reunió a las 7 u 8 de la mañana, y se pronunció por unanimidad dando por terminada su misión y retirando al gobierno del señor Rosas las facultades que le habían concedido para mantener las relaciones exteriores con todo los demás que contiene aquel solemne pronunciamiento. El pueblo todo expresó su aprobación con muestras visibles de entusiasmo y todos los ciudadanos y soldados se pusieron en el acto una cinta celeste al pecho en los ojales de la casaca, anunciando su entusiasmo con mueras al tirano y vivas a la libertad.

Yo había encargado a una persona de mi confianza que en el acto de tomar la Sala su resolución corriera a avisarme, fuera cual fuera, antes de que se publicara; así fue que en el acto que supe la resolución de mi pueblo, arranqué el distintivo de Rosas y pidiendo al gobernador una pieza de cinta celeste, coloqué un retazo en el ojal de mi casaca y mandé el resto al comandante de mi escolta, con el capitán Álvarez, ordenándole que quitasen la cinta punzó con el retrato de Rosas y colocasen la celeste en su lugar. Así se hizo en el acto.

A pocos instantes aparecieron todos los representantes reunidos, seguidos por todo el pueblo, en casa del señor gobernador, dando vivas a la libertad, mueras al tirano, cubiertos todos de los distintivos nacionales, y cantando con la música: "*Oíd mortales el grito sagrado*", y otras estrofas del Himno Nacional.

Preciso es hacer una observación en obsequio de la verdad, sea cual fuere el juicio que el público forme de mi conducta. Al marchar yo de Buenos Aires comisionado por el señor Rosas a las provincias en el estado en que estas se encontraban y no a traer el armamento que se les pedía en la comunicación que yo llevaba, sino a depositarlo en mi poder y hacerme gobernador de mi pueblo, Tucumán, por grado o por fuerza, pues estas eran las miras del señor Rosas, yo no formé jamás la idea de traicionar su confianza, porque habría creído indigno de mí un proceder semejante, sin embargo de haberme arrepentido algunas veces antes de mi salida de Buenos Aires de haberme venido de Montevideo, a causa de las muchas tropelías que había presenciado y de verme compelido a alternar con los mazorqueros en las reuniones y fiestas federales; en primer lugar porque conociendo el señor Rosas mi carácter y amor a la libertad de mi patria, como lo conoce bien, no pude yo juzgar que me mandara a ellas, donde yo gozaba de una estimación general, con otro objeto que el de evitar el escándalo de una revolución dándoles en mí una garantía, la más completa, pues todas ellas conocían mi patriotismo, mi moderación y desinterés, y no debían juzgarme convertido en un vil instrumento de su degradación y opresión. Por consiguiente, yo creo, según todas las conversaciones que había tenido conmigo respecto al estado de nuestros pueblos, que él trataría de uniformar por otros modos la opinión de ellos, con el fin de constituir el país, pero también es cierto que, sin embargo de esta mi creencia, jamás pensé en violentar la voluntad de los pueblos, así fue que, sin embargo del general descontento que observé en el tránsito por las provincias, y aun en la misma campana del norte de Buenos Aires, al verme marchar al servicio de Rosas y con su retrato por distintivo, y la disposición en que me encontré a mi pueblo, así como a los de Salta y Catamarca, yo procuré por medios razonables, hacerle conocer el solemne compromiso que iban a contraer si se pronunciaban, los riesgos a que se exponían, el gran poder que tenían que combatir, y lo prematura que me parecía esta su determinación; por consiguiente, todos los pasos que di antes del pronunciamiento y conociendo la decisión de los pueblos por su libertad y porque el país se constituyera cuanto antes, según la libre voluntad de todos, no me juzgué en el deber de retirarme para con las armas en la mano combatir a la mayoría que pedía su libertad, y la constitución del país, y es por esto que siguiendo el voto de mi pueblo me pronuncié por él. Di en seguida cuenta al señor Rosas de cuanto había practicado para llenar debidamente mi comisión; de los obstáculos que había encontrado, y por último del pronunciamiento de la Sala y de haberme decidido después de esto a seguir la suerte de los pueblos, que sólo querían su libertad y la pronta constitución del país.

Así que entraron los representantes a la casa de gobierno acompañados del numeroso pueblo que los seguía lleno de entusiasmo tomé la palabra en el patio de la casa y dije: "Señores; el paso que acabáis de dar ha sido imprudente y extemporáneo, él os ha comprometido altamente y comprometido a mí mismo, en una guerra de que seremos víctima miserablemente, si no obráis con la rapidez y desprendimiento que exige vuestra audacia y el interés mismo de la causa que acabáis de proclamar, y muy particularmente el vuestro, como voy a demostrarlo.

El gobierno de Buenos Aires que acabáis de desconocer retirándole los poderes que le habíais conferido para las relaciones exteriores y reteniéndole el armamento que pertenecía al ejército, es poderoso y le están sometidos todos los pueblos, mientras que vosotros no tenéis otro recurso que el de vuestra decisión y coraje, la rapidez y audacia que os exijo. Haced ahora mismo el sacrificio de reunir seis mil pesos para gratificar a estos valientes que están en la plaza, y demás gastos que ocurran en el camino, que yo os respondo con mi cabeza de los resultados. Todas la provincia de Córdoba ha quedado maldiciéndome al verme pasar con la divisa federal o el retrato de Rosas; esto mismo ha sucedido en la campaña norte del mismo Buenos Aires, en la de Santa Fe y hasta en la de Santiago; y al verme ahora marchar con los nacionales que conquistaron nuestra independencia, todos se me unirán, no lo dudéis. Los gobiernos del tránsito quedan desarmados, y en la confianza de que yo venía a remacharos las cadenas de la esclavitud; ved cuán distinta será la impresión de los gobernantes y de los pueblos al verme ahora a la cabeza de una división libertadora, proclamando sus derechos. ¡Los primeros correrán a engrosar nuestras filas, y los segundos huirán despavoridos! ¡Entonces los pueblos todos del interior levantarán el grito de libertad, y formarán con nosotros una misma causa y el pueblo tucumano se habrá cubierto de glorias por haber encabezado una empresa tan atrevida! No lo dudéis, señores, que estos serán los resultados; de lo contrario, yo os aseguro que vuestros sacrificios serán estériles e infructuosos, y que seréis arruinados tal vez para siempre, después de haber gastado cien veces más de lo que ahora se os exige".

Todos los soldados aplaudieron mi discurso, y pedían a voces marchar inmediatamente, muchos de los ciudadanos manifestaron la misma opinión; mas el gobierno y los que podían facilitar la miserable suma que se les exigía, contestaron que era mejor estar a la defensiva; prepararse y esperar que los demás pueblos se pronunciaran. En vano desde aquel momento no cesé de manifestarles mi opinión, no sólo ante el gobierno y los representantes del pueblo, sino ante cada uno de los ciudadanos; mis reclamos no fueron escuchados por los que podían llenarlos fácilmente, ya por un efecto de mezquindad, ya pretextando las desconfianzas que mis émulos trataban de infundir contra mí, de que quería apoderarme de la fuerza para traicionar a mi pueblo y ponerme con ella a la orden del señor Rosas. El resultado fue que, tanto el gobierno como los más influyentes de la Sala de Representantes, se empeñaron en organizar un cuerpo de coraceros, ponerlo a las órdenes del coronel Acha, después de incorporada a dicho cuerpo mi escolta y mantenerse a la defensiva hasta que las demás provincias con que contaban hiciesen su pronunciamiento. En vano les aseguré que mientras ellos organizaban un cuerpo miserable Rosas organizaría diez perfectamente equipados, y que cuando él nos buscase sería con centuplicado poder y fuerza, que entonces tendrían que gastar inútilmente cien veces más de lo que hoy era sobrado para hacer triunfar la revolución. Todas mis reflexiones fueron inútiles y estoy cierto que mil veces se arrepintieron después y están arrepentidos hasta hoy de no haber escuchado los consejos de un hombre que ha de sacrificarse por la felicidad de la patria.

13. "¡Libertad, Constitución o Muerte!" La provincia de Salta decide unirse a la Coalición del Norte (abril de 1840)

"Manifiesto de la Representacion Jeneral de Salta justificando su conducta ante la opinion publica en su pronunciamiento del 13 de abril ultimo", en Manuel Solá (h), *La Liga del Norte contra Rosas (1839-1840), Salta, 1898, pp. 210-224.*

La Representación de la Provincia de Salta cumple con el sagrado deber de manifestar á los pueblos de la Confederación Argentina las fundadas razones que ha tenido para decretar la ley de Abril, negándose á reconocer al Sr. Don Juan Manuel Rosas en el carácter de Gobernador de Buenos Aires; retirándole en consecuencia la autorización para entender en las Relaciones Esteriores, y resistiendo la remisión del armamento que ecsijia de esta Provincia por conducto del Jeneral Don Gregorio Araoz de la Madrid, despachado con este aparente objeto al mando de tropa armada, y sin el menor antecedente ni aviso previo.

El Pueblo Salteño, cuyo clamor ha prescripto á su República la sanción del 13 de Abril, siempre moderado, y dispuesto siempre á cualquier género de organización nacional, se ha violentado para resolverse á ser de los primeros en alzar el grito contra el oprobioso régimen á que el dictador de Buenos Aires ha sometido á los pueblos, y contra sus manifiestas pretensiones de encadenarlos aun mas y mas, hasta precipitarlos en un abismo. Su embarazo para tomar esta resolución no consistía en temores que pudiera infundirle el poder tirano de la Patria. Un pueblo que á las veces supo guerrear solo contra el poderío de una nación fuerte, no ha podido arredrase á la vista de un tirano sin otro prestijio que la sangre que derrama y los cadalsos que levanta. Ecsisten aun un el seno de la Provincia los robustos brazos que supieron desgarrar á los leones de la Iberia, y abunda además en una juventud deseosa de imitar las nobles acciones de sus padres, y de practicar como ellos los senderos de la gloria. El embarazo, pues, de los salteños ha consistido en el respeto que tributan á los pueblos, y en el miramiento de no ser acusados alguna vez como perturbadores de algún orden establecido por ellos. [...]

La Provincia de Salta tiene conciencia segura de que la causa que ha proclamado, es la de todo Arjentino, y de todo hombre libre; y espera muy satisfecha, que el eco de de su voz se repita muy luego en todos los ángulos del Estado. Sin embargo de esta lisongera persuación, sus RR [Representantes]. pasan á justificar su conducta ante las provincias de la Confederación á quienes tienen el honor de dirijirse.

Hay cosas de por sí tan luminosas que repelen todo retoque con que se pretenda darles mayor grado de claridad: tal es la verdad del hecho que funda la resolución del 13 de Abril. No ecsiste en la República Argentina, otro réjimen jeneral, que una ominosa dictadura usurpada y ejercitada por un hombre contra los votos y las libertades de los pueblos: porque preguntamos ¿Cuál es nuestra organización interior? ¿Dónde está nuestra carta constitucional: cuáles son las recíprocas relaciones establecidas entre los pueblos; y cuáles los deberes de cada uno para con la nación? ¿Dónde están nuestros poderes políticos, esos poderes protectores, sin los cuales no hay garantías, ni orden, libertad? ¿Donde esos poderes necesarios en toda nación para conservar el orden interior, promover sus adelantamientos; representarla constitucionalmente en el esterior, y establecer relaciones convenientes y durables para organizar según los casos, las fuerzas que han de garantir su dignidad é independencia? Nada ecsiste; y van corridos seis lustros de sangre, por darnos instituciones: y los pueblos siempre clamando por la organización nacional, y los puñales de los satélites del déspota, ahogando infatigable su voz en nombre de una libertad que aborrecen, y de una Patria que enlutan y adornan solo de cadáveres.

Nuestras leyes de comercio interior son alternativamente el foco de disensiones y guerras entre las provincias: las del esterior son la conveniencia prócsima de algún déspota: el delicado derecho de hacer la guerra y la paz está en usurpación: la defensa nacional sujeta al libre querer de un hombre que no puede mandar, sino haciendo guardar silencio á las leyes. Digámoslo todo de una vez: nuestro sistema jeneral consiste en palabras, y sin otra realidad que el capricho de un hombre.

Han corrido doce años desde que el Sr. D. Juan Manuel Rosas, encabezando un nuevo orden político, proclamó el hermoso sistema federal. Los pueblos cansados de controversias, y ansiosos de una organización, se prestaron á aquel, y de buena gana, sin escepcion de uno solo. ¿Y cuál es nuestra Federación después de tan dilatado tiempo? ¡Ah! ella ha quedado reducida para nuestro oprobio y befa á las cintas de una gavilla de hombres atraviliarios llamados los de la mas-horca, con la misma suma del poder público que el Sr. Don Juan Manuel Rosas; á una gaceta organizada de modo que entre línea y línea de las cosas mas frívolas y despreciables se escriba con letras grandes Viva la federación: viva el ilustre Restaurador de las leyes que no puede tolerar; en que la voz de Rosas sea respetada en todos los ángulos de la República como un precepto inviolable; en hacer adorar su retrato, y en proscribir hasta los trajes y usos de la jeneral cultura. Pero ¿adonde somos arrastrados? ¡Ah! Demos desahogo á nuestro espíritu, retirándole de la melancólica contemplación de actos tan ignominiosos como inauditos. Entre tanto, apelamos al íntimo sentimiento de todos los pueblos.

La nación primogénita de la Libertad entre las Sudamericanas; la que con sangre y los tesoros de sus hijos contribuyó esforzadamente á fijar la independencia de otras muchas, elevadas hoy á un alto grado de brillo y prosperidad, es la que mira mas distante de sí el objeto de sus sacrificios. Cuantas veces ha visto aprocsimarse su deseado término, genios funestos la han alejado mas y mas. Entre estos se ha distinguido el Sr. Don Juan Manuel Rosas; y es estraño que bajo su funesta influencia, no hayan perdido los pueblos hasta la esperanza de un mejor porvenir. Apoderado por medios desnudos de honor y gloria, del mando de la Provincia más importante que tiene la nación, y de las cuantiosas rentas del único puerto de la República, invocó hipócritamente la federacion para atraerse las simpatías de los que de buena fé sostienen este sistema de Gobierno. Todos los pueblos se allanaron, mirando la forma como el menos, siendo la Constitución el mas, y el principal objeto de sus deseos: todos repitieron la voz de federacion, porque en ella se encerraba precisamente la idea de constitucion; pero el hombre que tomó la iniciativa que halagó y ecsitó sus esperanzas, se limitó á concederles solamente la posesion y el goce de la palabra, oponiéndose con todos sus esfuerzos al de la significacion. Desde entonces el Sr. Don Juan Manuel Rosas ha perseguido de muerte á todo hombre que ha promovido la idea de Constitución bajo de algún sistema y no ha mucho que para distraer á los pueblos apercibidos sufrió el descuido de publicar una comunicación particular en que terminantemente sienta su opinión dicidia, de que debe considerarse como traidor á la Patria al que hable de

Constitución. ¿Y aun habrá Argentino que crea sanidad de intenciones en el que así medita, allá en el secreto de su gabinete? ¡Traidor á la Patria el que opine por darle ecsistencia positiva para que deje de fluctuar incierta y desventurada! ¡El que quiera que la ley mande á los hombres y no el capricho de cualquier tirano! ¡El que aspire á que los pueblos de la Confederacion fijen para siempre sus destinos sobre la única base sólida reconocida en el mundo civilizado: la carta fundamental de su asociación!

La influencia del Sr. Don Juan Manuel Rosas no solamente se ha limitado á privar á la nación del goze de este supremo bien, sino que, a manos llenas ha derramado la ponzoña sobre los pueblos; y parece que les ha abierto la fatal caja de Pandora, para inundarlos con todo género de males. El ejercicio de la dictadura vitalicia á que aspira, le demandaba esclavizar á las provincias, proscribir el libre uso de la imprenta, perseguir de muerte á las luces y á la civilización, y entronizar el estolido idiotismo: y para lograrlo, ha desplegado con activa diligencia todas las macsimas de los déspotas. En el largo periodo de su mando ¿Cuál es el Pueblo, que no se haya visto repetidas veces inundado de sangre? ¿Cuál, el que no hay sido teatro de trastornos y convulsiones repetidas, y ejecutadas con el funesto nombre del Sr. Juan Manuel Rosas, ó por una consecuencia de su infernal política? Por su parte no reconoce como Gobernador legal de alguna Provincia, sino al que es obra de sus manos, al que está dispuesto á hincar una rodilla al sonido de su nombre, y de pronto á ejecutar sus mandatos: pero el que es obra de la voluntad del pueblo, y sostiene la dignidad de la Provincia que le ha encomendado sus destinos: el que quiere circunscribirlo á lo que únicamente importa el encargo de las R. E. es un enemigo de la Patria y concita los odios y trata de arrastrar sobre él las provincias inmediatas fomentando revoluciones interiores con el oro que derrama á manos llenas. Por esto, y para sancionar el principio, que la Patria es Don

Juan Manuel Rosas y su reinado, es que no quiere mandar por la ley, porque su precepto embarazaría estas maniobras criminales, y por esto le produce una ajitacion mortal toda idea ó acto que tenga tendencia á que los pueblos se entiendan sobre sus verdaderos intereses, reconozcan su poder y lo uniformen. Por esto en fin, persigue de muerte á todo hombre que trate de observar sus avances, en que ha marchado con paso progresivo á medida de la division que ha introducido entre las provincias, fomentando rivalidades, haciéndolas destruir unas con otras y alimentando prevenciones entre sus gobernantes.

14. La represión rosista en el interior: ejecución del coronel Mariano Acha (1841)

Testimonio del general Donato Álvarez, en Ernesto Quesada, Acha y la batalla de Angaco, *Buenos Aires, 1927, pp. 175-176, reproducido en* Partes, *III, 128-129.*

Llegó el 14-IX-1841 al Desaguadero el general Benavídez, incorporándose a Aldao, quien se encontraba allí hacía días: ambos acamparon en la costa de Mendoza del lado del río. En la misma costa estaban los tres 'castillos' sin tolda, con palos altos, donde se encontraban los prisioneros. Pacheco estaba a gran distancia de allí, pero se sabía que venía aproximándose a marchas forzadas, Aldao y Benavídez entonces levantaron campamento en la madrugada del 15: amaneció ese día con los fogones abandonados, y los 'castillos' custodiados por fuerzas de la división Granada.

La escolta de Marín, donde yo estaba, volvió como a las 8 de la mañana, repasó el puente, tomó a Acha —que era un hombre de regular estatura, barba entera, pelo castaño con pocas canas, vestido medio militar y medio paisano, buenos ojos, poblada la cabeza de abundante pelo— y lo hizo montar como mujer por tener engrillados los pies, pero él manejaba e iba con una manta de vicuña como poncho. Como trompa de órdenes me encontraba cerca del teniente Marín, cuando este dijo a Acha que lo llevaban a Buenos Aires. 'Vea Vd. A los 19 años voy a volver a ver la cara de Rosas' contestó Acha. Seguimos marchando y como a las ocho leguas, dijo de repente Marín: 'General, vamos a descansar cerca de ese árbol'. Lo recuerdo como si lo viera: era un árbol coposo, situado a una cuadra a la derecha del camino de Mendoza, en un paraje despoblado, y en el cual se veía uno que otro rancho. 'Yo vengo a sus órdenes' contestó Acha. Luego que hubo desmontado, dijo Marín: 'Tengo orden, general, de ejecutarlo'. 'No me extraña –dijo Acha; –cúmplala Vd.'. Y sacando del cinto unas onzas de oro, de su dedo un anillo y de su chaleco el reloj, los repartió a los soldados pidiéndoles que le tirasen bien al pecho y le pegaran bien. El teniente, sin embargo, lo hizo arrodillar y por la espalda lo fusilamos.

En seguida el mismo teniente Marín dio orden de que le cortaran la cabeza, buscó un palo de álamo de unos 12 a 15 metros de alto, que visiblemente había sido tijera de algún rancho y clavando en él la cabeza fue puesta en el mismo camino para que el ejército de Pacheco, la encontrara allí clavada cuando pasara pues sabía que venía por dicho camino. El teniente dijo que así serviría de escarmiento para todos y que nadie se entregaría prisionero sin correr la misma suerte. Ordenó en seguida que volviésemos a incorporarnos a nuestra División, lo que verificamos a las pocas horas. Cuando regresó el ejército, después de Rodeo del Medio, todavía estaba allí el palo, pero la cabeza se encontraba caída al pie.

15. Muerte de Lavalle en Jujuy (9 de octubre de 1841)

a) Primera noticia de la muerte de Lavalle (Jujuy, 8 de octubre de 1841)
Archivo Histórico de la Provincia de Jujuy, Caja 1841.

Viva La Federación
Octubre 8 de 1841. Se delego el mando del Gobno. Unitario en el Juez de 1ª Nominación Dn. Miguel de la Barzena, y el 9 a eso de las seis de la mañana fue sorprendido el Tirano Juan LaValle en la Casa de su alojamiento, y muerto de un valaso en el saguan, el mismo fue conducido por los suios de sabanas en unas cargas hasta el punto del Bolcan donde lo destriparon y salando el cuerpo se lo llevaron en unas petacas, continuando el Delegado nombrado en el Gobno. Bajo el sistema [roto] de la Federación hasta el día 2 del mismo, en el que se recibio del mando el Propietario Cnel. Dn. Jose M[ariano] Iturbe.

b) Carta de Manuel Oribe a Ángel Pacheco (13 de octubre de 1841), en Partes, *III, 178-179.*

¡Viva la Federación!
Recibida el 6 de Noviembre y contestada.

Señor General Don Ángel Pacheco.
Cuartel General en marcha, Octubre 13 de 1841.

Mi estimado amigo: con el mas vivo placer he recibido la importante nota de Vd. del 24 y también del 21 que ya presagiaba aquel resultado feliz. Nunca dudé que tendríamos un día mas de gloria desde que veía a Vd. á la cabeza de esa División y á esta, compuesta de Gefes oficiales y tropa tan valientes y decididos. Solo ansiaba por saber que se hubiesen encontrado lo demás no me inquietaba.

III. Las guerras del rosismo (1831-1852)   233

A la fecha ya tendrá Vd. en su poder mi parte ó carta de la batalla del 19 contra el salvage Lavalle, en el Río Colorado [Famaillá]: la persecución y medidas que á consecuencia del triunfo se tomaron, han dado como resultado la muerte del salvage unitario Juan Lavalle, asesino sobre quien el cielo descargó el golpe, cuando pensaría quizá, haber escapado á él.

Los detalles de este importante suceso son curiosos y lo diré a Vd. brevemente.

Lavalle llegó a Jujuy con veinticinco hombres, dejando lo demás de su fuerza que según cartas suyas, que están hoy en poder del Ilustre Restaurador, alcanzaba a doscientos, en los extramuros: se apeó en la casa de Zenavilla, donde creyó encontrar el salvage unitario Elías Bedoya y metió adentro á los fondos, toda su escolta y caballos.

Ahora bien el Coronel de Jujuy Don Domingo Arenas, había mandado al pueblo una partida de ocho hombres con el Teniente Coronel Don Fortunato Blanco, á sorprender y capturar en su misma casa á Bedoya.

Llega esta, encuentra del lado de afuera de la puerta á un oficial ó asistente de Lavalle, con divisa celeste: le da la voz de preso (es de advertir que ellos no sabían que estuviese allí Lavalle ni sus veinticinco hombres) aquel recula precipitadamente, entra y cierra con llave la puerta: Blanco, entonces hace apear sus cuatro tiradores y descargar á la cerradura para hacerla saltar: al ruido ven a Lavalle á la espresada puerta y al llegar á ella, dos balas que la atraviesan, le atraviesan también el pecho: huyen los nuestros luego que dispararon temiendo ser sentidos por la fuerza de estramuros, sin sospechar el provecho de los tiros: huyen también los salvages y un hombre, quedaba tendido en aquella casa, este era el malvado Lavalle.

Al rato, volvieron diez de los suyos, y lo llevaron en una carga de petacas.

Por estos rumbos, está todo pacificado y los gobiernos federales, establecidos, en Tucumán, General Gutierrez, Salta

Otero y Jujuy, delegado Barcena. El salvage Cubas en Catamarca si está ya será presa del Gobernador Balboa, y del Coronel Maza, á quien envié con su Batallón.

Esto mismo digo, con fecha de ayer al Ilustre Restaurador y le pido ordenes sobre el Ejercito, por que á mi juicio, ya no tiene objeto, en los destinos que ocupa. Hasta recibirlas Vd. permaneceré en Cuyo y yo me mantendré en la campaña de Tucumán.

Sin otro objeto, me repito de Vd. afectisimo amigo y servidor.

Manuel Oribe

16. El sitio de Montevideo: el General Paz organiza la defensa de la ciudad y arma a los libertos (1842)

César Díaz, Memorias, 1842-1862, *Montevideo, Ministerio de Cultura, 1968, pp. 33-36.*

Nombrado el General Paz [...] general en jefe del ejército de reserva, se contrajo con su actividad característica a los diversos objetos concernientes a su encargo. Era arduo su empeño. Debía organizar un ejército con todos sus accesorios, destinado a combatir dentro de muy breves días, sin tener cuadros para los batallones, sin mas que un corto número de oficiales inteligentes para su instrucción, sin parque, sin fusiles, sin vestuarios, y sobre todo sin el numerario que dá impulso a todas las cosas, y que en la guerra, según el dicho de cierto militar, es el alma que anima la materia. Pero estas dificultades no le arredraron. [...]

El día 14 [de diciembre de 1842] comenzó a hacer la distribución de los hombres de color que, según la ley de emancipación, debían ser aplicados a las armas. El número de los que se habían reunido hasta la tarde de ese día no pasaban de setecientos. [...]

Inmediatamente dimos principio a los ejercicios doctrinales, contrayéndonos a ellos con todo el esmero y la asiduidad que requerían las circunstancias.

Una hora antes de amanecer formaban los batallones para la lista; y desde entonces hasta las ocho o nueve de la noche, trabajaban sin más interrupción que para comer el primer rancho. Cuando volvíamos al campamento después de terminado el ejercicio, no teníamos aliento ni aún para hacer nuestra segunda comida, apeteciendo el cuerpo más que el alimento el descanso del sueño. [...]

El general me había dado dos meses de plazo para poner mi batallón en estado de combatir, y yo me había propuesto darle satisfacción de que viese terminada su enseñanza, aunque imperfectamente, en mucho menos tiempo. Además, gran número de personas iban diariamente de la ciudad á nuestro campamento para juzgar por sus propios ojos los progresos de nuestros soldados, en los que por entonces cifraban todas sus esperanzas; y como era natural, deseábamos que no volviesen á la capital llevando noticias desconsoladoras. Estos y otros semejantes estímulos, unidos al sentimiento de patriotismo que es justo supongamos, fueron causa de que al cabo de diecisiete días, hombres nacidos en los desiertos africanos, que jamás habían tenido en sus manos un fusil, maniobrasen é hiciesen fuego de batallón. Verdad es que ellos, a pesar de los estrechos límites de su inteligencia, comprendieron al parecer la alta misión á que estaban destinados; apreciaron debidamente la transición que habían hecho de la desdichada condición de siervos á la distinguida clase de soldados de la república, y pensaron que de ningún modo mostrarían mejor su reconocimiento al país que había quebrantado sus cadenas y los había ennoblecido, como poniéndose cuanto antes en estado de defenderlo y sustentarlo; y su anhelo de aprender fue entonces tanto, como la perseverancia y el valor que más tarde acreditaron en medio de inauditas privaciones y peligros. [...]

El general Paz daba rápido impulso á estos trabajos marciales. Visitaba con frecuencia las fuerzas de la ciudad y de los campamentos; juzgaba por sí mismo del progreso que hacían viéndolas trabajar y dirijiendo á los oficiales y soldados individualmente preguntas relativas á los objetos de su instrucción. Estimulaba á los jefes con palabras adecuadas para lisonjear su orgullo é inflamar su ardor.[...]

Con igual conato, aunque no con el mismo resultado se ocupaba de realizar los diversos objetos comprendidos en su plan de defensa: en algunas cosas la falta de recursos y en otras la acción pusilánime del gobierno, retardaban su marcha y neutralizaban su actividad. El establecimiento de una maestranza había sido uno de los primeros pensamientos desde que se encargó del ejército, porque si esta institución es indispensable en todos los sistemas de guerra bien organizados, aquí era de importancia vital. Necesitábamos montajes para toda la artillería de que ibamos á servirnos, arcones, juegos de armas, espeques, escobillones, lanzas, fusiles, correajes, sables; en una palabra, toda clase de armas y pertrechos de guerra. Algunas de estas cosas no se encontraban en Montevideo, ni había tampoco el dinero necesario para comprarlas.

17. Los negocios de la guerra: los hermanos Madariaga en la campaña de Corrientes (1844)
José María Paz, Memorias póstumas, *II, pp. 525-527.*

En estas circunstancias dos sucesos vinieron en auxilio de la administración Madariaga, y consolidaron por entonces su poder. El uno era, como he dicho, el anuncio de mi ida; y el otro la captura del valioso convoy que iba de Buenos Aires al Paraguay. Cuarenta buques cargados de efectos de ultramar entraron a engrosar el tesoro de Corrientes e hicieron renacer la abundancia. Pero al mismo tiempo empezó el despilfarro y la más estrafalaria dilapidación. Algo naturalmente

III. Las guerras del rosismo (1831-1852)

se empleó en atender las necesidades del ejército, pero una parte inmensamente mayor se invirtió en habilitaciones particulares a los adeptos a los Madariaga o a los que ellos querían ganar. Unos recibían a precios (*cómodos, se entiende*) facturas de cuatro, seis, diez y catorce mil pesos, que salían a expender bajo la promesa de abonar después al estado su importe. De esta naturaleza fueron los créditos de un tal Arias y un español Saball, que se adjudicaron a la caja del ejército y que pomposamente figuran en las partidas que ingresaron por comisaría, que han publicado los mismos Madariaga. El primero de estos señores, aunque no recuerdo si pagó el todo, puedo asegurar que abonó con grandes demoras la mayor parte. El segundo no lo hizo, y cuando se trató de ejecutarlo se excusó con el mal éxito que de un negocio de cueros que había hecho en la Concordia, en que había invertido el capital que se le cobraba. La invocación del nombre Madariaga importaba poner un obstáculo a la ejecución, porque entonces podía ser necesario desagradar a los hermanos y romper. [...]

Con antelación a mi llegada [a Corrientes], los Madariaga habían declarado propiedad del Estado toda bestia mular que hubiese en la provincia. En consecuencia, se habían reunido en gran número y las tenían en invernada en la costa del Uruguay, que es por donde se exportan para el Brasil. Yo apenas dispuse de poco más de cien para el servicio del ejército, y otras en menor número que, recuerdo, se dieron a don Policarpo Elías por artículos de guerra. Cuando en junio del mismo año 44 marchó la expedición de Santa Fe, que tan hermosos principios tuvo, don Juan Madariaga fue en comisión, como después se dirá, a la costa del Paraná. En esos momentos en que estaba en la mayor ansiedad por noticias de todas partes, llegó un *extraordinario* con una carta para dicho don Juan, con la recomendación de *muy urgente*. ¿Creí que podía contener algún aviso importante y la abrí para aviárselo luego, como se dice. Y con qué me encontré?

Con un aviso de don José Luis Madariaga, desde la costa del Uruguay, en que le participaba a su hermano la propuesta que le hacían desde el territorio brasileño para la compra de las mulas del Estado, y en seguida le preguntaba si la mulada que tenían de su cuenta, a la sombra por supuesto de la del Estado, convendría incluirla en la venta. Pesaroso de quel descubrimiento, me limité a remitir la carta abierta a don Juan, diciéndole los motivos por qué la había abierto. La venta no tuvo lugar por entonces, ya fuese por conveniencia o por vergüenza, mas después la han consumado, como otras veces. El medio era muy sencillo: después de haber declarado que el Estado necesitaba todas las mulas que tuviesen los particulares en toda la extensión de la provincia, y de haberlas tomado el gobierno o los Madariaga, que era lo mismo, estos se reservaban una parte, y sin duda la mayor, para vender por su cuenta. Como se hizo con esto se obró en todo lo demás.

Mas dije que de este modo ganaban también prosélitos, y que efectivamente era lo que sucedía; el diputado Santos, que hizo la moción en la sala para que el congreso diese el empleo de coronel mayor a don Joaquín Madariaga, era uno de los agraciados, pues tenía una tienda en la que vendía efectos que se decían del Estado. A semejanza de este, había muchos otros que aspiraban a idénticos favores, y que para obtenerlos era indispensable que se plegasen a las miras ambiciosas de los que podían y querían dispensarlos. [...]

El desorden en la administración, mejor se diría en la destrucción de las haciendas de los que habían emigrado a Entre Ríos era absoluto. Me contraeré pasajeramente a la valiosa estancia de "Aguaceros", pertenenciente a don Pedro Cabral, para que se deduzca lo que se hacía en las restantes. Cualquier jefe, oficial, y aun sargento o cabo, sacaba, pedía, exigía reses y caballos. Todo se arreaba sin consideración. El mayordomo Gamarra, que, a mi juicio, es un hombre honrado, se me quejó mil veces, y me aseguró que hasta que yo me había recibido del mando no se había podido lograr la menor regularidad, ni evitar el desorden más escandaloso. Una vez hízome una representación por escrito, no recuerdo con qué motivo, en que exponía esto mismo, y por bien de él, para no exponerlo a la malevolencia de los Madariaga, tuve que llamarlo y encargarle que hiciera en otros términos su pedimento. [...] Aun sin estar emigrados, los dueños de las haciendas circunvecinas al ejército sufrieron lo mismo, y fueron también desolados. Un anciano respetable, don N. Fernández, llegó, en tiempo que mandaba el ejército don Juan [Madariaga], y encontró que varias partidas de tropa hacían correrías en su establecimiento de campo y destruían los ganados; corrió a apersonarse al general para imponerlo de lo que pasaba, si no lo sabía, y reclamar el remedio; la respuesta que obtuvo fue la siguiente: "No tenga usted cuidado, señor Fernández, por las vacas que se extraen de su hacienda, pues le prometo que en llegando la oportunidad le he de devolver cuatro por una". No sabe uno qué admirar más, si el descaro o la falsedad del ofrecimiento.

18. El pronunciamiento de Urquiza (1º de mayo de 1851)
Beatriz Bosch, Presencia de Urquiza, *Buenos Aires, Raigal, 1953, pp. 75-76.*

Cuartel general en San José, mayo 1 de 1851.

El Gobernador y Capitán General de la Provincia de Entre Ríos.

Considerando.
Primero: Que la actual situación física en que se halla el Excelentísimo Señor Gobernador y Capitán de Buenos Aires, Brigadier don Juan Manuel de Rosas, no le permite por más tiempo continuar al frente de los negocios públicos

dirigiendo las relaciones exteriores y los asuntos generales de paz y guerra de la Confederación Argentina.

Segundo: Que con repetidas instancias ha pedido a la Honorable Legislatura de aquella provincia se le exonere del mando supremo de ella, comunicando a los gobiernos confederados su invariable resolución de llevar a cabo la formal renuncia de los altos poderes delegados en su persona por todas y cada una de las provincias que integran la República.

Tercero: Que reiterar al general Rosas las anteriores insinuaciones, para que permanezca en el lugar que ocupa, es faltar a la consideración debida a su salud, y cooperar también a la ruina total de los intereses nacionales, que él mismo confiesa no poder atender con la actividad que ellos demandan.

Cuarto: Que es tener una triste idea de la ilustrada, heroica y celebre Confederación Argentina, al suponerla incapaz sin el general Rosas a su cabeza de sostener sus principios orgánicos, crear y fomentar instituciones tutelares, mejorando su actualidad, y aproximando el provenir glorioso reservado en premio a las bien acreditadas virtudes de sus hijos.

En vistas de éstas y otras no menos graves consideraciones, y en uso de las facultades ordinarias y extraordinarias con que ha sido investido por la Honorable Sala de Representantes de la Provincia, declara solemnemente a la faz de la República, de la América y del mundo:

1 - Que es la voluntad del pueblo entrerriano reasumir el ejercicio de las facultades inherentes a su territorial soberanía, delegadas en la persona del excelentísimo Señor Gobernador y Capitán General de Buenos Aires para el cultivo de las Relaciones Exteriores y dirección de los negocios generales de paz y guerra de la Confederación Argentina, en virtud del Tratado cuadrilátero de las provincias litorales fecha 4 de enero de 1831.

2 - Que una vez manifestada así la libre voluntad de la provincia de Entre Ríos, queda ésta en aptitud de entenderse

directamente con los demás gobiernos del mundo, hasta tanto que congregada la asamblea nacional de las demás provincias hermanas, sea definitivamente constituída la República.

Comuníquese a quienes corresponda, publíquese en todos los periódicos de la Provincia, e insértese en el Registro Oficial.

Justo J. de Urquiza
Juan F. Seguí
(Secretario)

19. Los soldados de Rosas en Montevideo
Domingo F. Sarmiento, "Las tropas de Rosas", en Campaña en el Ejército Grande, *México, FCE, 1958, pp. 97-101.*

Pocas veces he experimentado impresiones más profundas que la que me causó la vista e inspección de aquellos terribles tercios de Rosas, a los cuales se ligan tan sangrientos recuerdos, y para nosotros preocupaciones que habíamos creído invencibles. ¿De cuántos actos de barbarie inaudita habrían sido ejecutores estos soldados que veía tendidos de medio lado, vestidos de rojo, chiripá, gorro y envueltos en sus largos ponchos de paño? Fisonomías graves como árabes y como antiguos soldados, caras llenas de cicatrices y de arrugas. Un rasgo común a todos, casi sin excepción, eran las canas de oficiales y soldados. Diríase al verlos que había nevado sobre las cabezas y las barbas de todos aquella mañana. La mayor parte de los cuerpos que sitiaban hasta poco antes a Montevideo, habían salido de Buenos Aires en 1837; y desde entonces ninguno, soldados, clases ni oficiales habían obtenido ascenso. El coronel Susbiela, que mandó después uno de estos cuerpos, era el mismo jefe que lo había creado en 1836, y encontró cabos y sargentos a los que él nombró entonces. El teniente Guardia, sanjuanino, pertenecía a un cuerpo que salido de Buenos Aires en 1836, compuesto al principio de doscientas plazas y que conservaba aún treinta y tres soldados y ocho oficiales. Los restos de un batallón de infantería, habiendo perdido todos sus oficiales, estaba hacía años al mando de un negro sargento, que en su calidad de tal mandaba el cuerpo. Urquiza lo hizo mayor.

¡Qué misterios de la naturaleza humana, qué terribles lecciones para los pueblos! He aquí los restos de diez mil seres humanos, que han permanecido diez años, casi en la brecha combatiendo, y cayendo uno a uno todos los días, ¿por qué causa? ¿sostenidos por qué sentimientos?... Los ascensos son un estímulo para sostener la voluntad del militar. Aquí no había ascensos. Todos veían los cuerpos sin jefes, o sin oficiales; por todas partes había claros que llenar y no se llenaban; y los mil postergados nunca trataron de sublevarse. Estos soldados y oficiales carecieron diez años del abrigo de un techo, y nunca murmuraron. Comieron sólo carne asada en escaso fuego, y nunca murmuraron. La pasión del amor, poderosa e indomable en el hombre como en el bruto, pues que ella perpetúa la sociedad, estuvo comprimida diez años y nunca murmuraron. La pasión de adquirir como la de elevarse no fue satisfecha en soldados ni oficiales subalternos por el saqueo, ni entretenida por un salario que llenase las más reducidas necesidades, y nunca murmuraron. Las afecciones de familia fueron por la ausencia extinguidas, los goces de las ciudades casi olvidados, todos los instintos humanos atormentados, y nunca murmuraron. Matar y morir: he aquí la única facultad despierta, en esta inmensa familia de bayonetas y de regimientos, y sus miembros, separados por causas que ignoraban, del hombre que los tenía condenados a este oficio mortífero, y a esta abnegación sin premio, sin elevación, sin término tenían por él, por Rosas, una afección profunda, una veneración que disimulaban apenas.

¿Qué era Rosas para estos hombres? o más bien: ¿qué seres había hecho de los que tomó en sus filas hombres y había convertido en estatuas, en máquinas pasivas para el sol, la lluvia, las privaciones, la intemperie, los estímulos de la carne, el instinto de mejorar, de elevarse, de adquirir, y sólo activos para matar y recibir la muerte? Y aun en la administración de la sangre había crueldades que no sólo eran para el enemigo. No había ni hospitales ni médicos. Poquísimos son los inválidos que han salvado de entre estos soldados. Con la pierna o el brazo fracturado por las balas iba al hoyo el cuerpo, atacado por la gangrena o las inflamaciones. ¿Qué era Rosas, pues, para estos hombres? ¿o son hombres estos seres?

Tócame embarcarme para el Entre Ríos en el vapor Blanco, que llevaba de pasaje a esta misma división Granada. En la mesa de a bordo conocí a todos sus jefes y oficiales. Recabarren me servía de guía para examinar aquel museo humano. Trabé relación con varios, el teniente coronel Aguilar, el teniente Senra, que había conocido al obispo Sarmiento en San Juan y a mi familia, el mayor Aramburu y varios otros cuyos nombres olvido, pero cuyas fisonomías me vienen a la imaginación. El coronel no sabía leer, la generalidad de fisonomías atezadas, torvas algunas, duras y selváticas muchas, se hallaban en igual caso, y cuando Aquino tomó el mando de esta división, de una media filiación que practicó quedó comprobado que sólo siete de entre cuatrocientos catorce soldados, cabos y sargentos, sabían leer y escribir mal.

20. El fin de una era: caos en Buenos Aires después de Caseros, descripto por un sobrino de Rosas y ayudante del General Lucio Mansilla

Alejandro Baldez Rosas, "Caseros", 20 de noviembre de 1893, Partes, *III, pp. 634-642.*

Batalla de Caseros
3- II-1852

El general D. Juan Manuel de Rosas estaba tranquilo respecto al éxito de la jornada. Se ha creído por varios militares que cometió un herror al dejar pasar el Paraná al ejército del General Urquiza. Que era mejor haberlo hostilizado al empezar á pasar ese Río. Es posible que eso hubiera sido mejor, y que según su sistema, habría sido mas acorde con sus anteriores vistas, de tener la guerra lejos de Buenos Aires. Quizá influyó en su animo la poca confianza que tenía en la lealtad de su cuñado, el general Don Lucio Mansilla.

Sea de ello lo que fuere, este Gefe era desde hacía algún tiempo Comandante del Departamento del Norte, teniendo su Estado Mayor en San Nicolás de los Arroyos. El General Pacheco era Comandante del Departamento del Centro, con su Estado Mayor en Luján. Poco antes de Febrero, el General Mansilla, dio parte de enfermo, y bajó a Buenos Aires. En realidad, sabía o sospechaba que Pacheco iba a ser nombrado Gefe del Ejército y no quería quedar bajo sus órdenes – Pocos días después de haber llegado a Buenos Aires, fué nombrado Gefe de la Guarnición; y Pacheco Gefe de Vanguardia del Ejército. Esta fué la única causa de que perdiera la batalla, para el General Rosas. Pacheco hizo retirar todas las fuerzas de la Vanguardia, de los campos de Álvarez, que había dejado Rosas, muy aparentes; y se replegó sobre Caseros, que no servían estratégicamente. Al aproximarse el ejército de Urquiza, y empezar el tiroteo, sostuvo el fuego de cañón el coronel Chilavert. Precisamente en esos momentos el general Pacheco, con su escolta, se retiró a un monte de talas que estaba á la derecha del campo de batalla.

El general Rosas, viendo cierto movimiento que empezaba a producirse en las tropas, mejor dicho, en la Línea, según su orden, dijo á Don Máximo Terrero ¿Donde está el General Pacheco? Terrero le contestó "El General se ha ausentado, por el flanco izquierdo, fuera de la Batalla" – Recién entonces se dio cuenta Rosas, de la traición de aquel hombre, que él había formado, y al que quería como un hijo. "Era preciso mandarle dar cuatro tiros", dijo – Terrero contestó. "Ahora no se le pueden mandar dar cuatro tiros".

III. Las guerras del rosismo (1831-1852)

Y así siguió la desorganización de todo; pues los Gefes, unos venían á Rosas, otros buscaban á Pacheco, otros no sabían que hacer. Y en esos momentos, en que todo depende del orden, debió producirse el natural desorden, y empezar el desvande, mas bien que la derrota.

El Coronel Chilavert era un bravo militar; cuando se prestó a servir al gobierno de Rosas, en su foja de servicios, todos eran con los unitarios – donde decía "Servicios a la Confederación Argentina", Chilavert, puso "ningunos" – Pero mi tio, lo aceptó así y le dio el mando de su artillería; Chilavert cumplió hasta el último momento, hizo fuego hasta que lo rodearon y cayó prisionero. Urquiza agregó una nueva mancha á tantas que tenía encima, mandándole fusilar por la espalda – eso se hace con un bandido indigno, no con un caballero.

Los demás Gefes, la mayor parte de ellos Quesada, Costa, Bustos, Benites etc. etc. se salvaron, pues la derrota se inició muy paulatinamente y daba tiempo, á los militares que conocían esas cosas; Máximo Terrero cayó prisionero: fue puesto en libertad al día siguiente, y así varios otros.

Mi tío también no tuvo mas remedio que ponerse en salvo. El pobre médico de mi tío Dr. Cuenca, lo mataron en Caseros, porque no quiso ponerse en salvo; se le puso que debía esperar órdenes, y cuando llegó la tropa enemiga lo mataron. [...]

Llegó por fin el célebre día, ya que desde temprano se notavan ciertos síntomas nada tranquilizadores. A eso de las 11 ante meridiano fui ó fuimos á la plaza "11 de Setiembre" (nombre moderno). Ese día ya éramos muy pocos los ayudantes [del General Mansilla]. [...] El General dejó al mando de aquella fuerza al coronel D. Joaquín Arana; y á poco mas de una hora vino este á casa del General, donde estábamos, y todo sofocado dio parte de que el enemigo se venía sobre la ciudad. Lo peor fue que no esperó á decir esto al General solo, sino á mi tía y á otros señores que estaban juntos, lo que causó la natural alarma en la familia. Inmediatamente salimos con dirección á la Plaza, y de allí al Fuerte. Y ya empezaban a entrar derrotados sobre todo por la calle Florida; en la esquina de Plaza Victoria y Defensa, me pidió el General un trompa; en esa esquina encontré uno, que no quiso obedecer; pero luego que saqué la espada y le apliqué unos dos planazos en las espaldas, ya me siguió; éste era para el Comandante Viedma que se ofreció á desplegar unas guerrillas por el Bajo del Retiro, y contener o disminuir el desorden, hasta que se presentaran tropas regulares de Urquiza; pero precisaba un trompa para reunir sus antiguos soldados.

A eso de las 3 P. M. me mandó el General, que fuera al Cuartel del Retiro y diera orden de replegarse al Coronel Rodriguez. Por el Bajo del Retiro no era posible ir, debía tomar la calle Florida, que ya estaba llena de derrotados, armados, desarmados, á pie, á caballo, con sables, con tercerolas, con fusiles, con lanzas; era un mundo de gente, compacta, que se estrechaba cada vez mas, que andaba, unos a prisa, otros muy despacio, unos con cara tranquila, otros inquieta, otros azorada, era un cuadro inolvidable...

Entonces –calle San Martín entre Cuyo y Cangallo– sentí que el caballo empezaba a cansarse, y que por allí no había caballería, ni medio de mudarlo, y la orden era necesario cumplirla! Vi a la puerta de una casa un caballo colorado con silla con la marca de mi tío Juan Manuel. Lo tomé y dejé el mío bastante bien ensillado, con recado. Salió el dueño y me mostró un par de pistolas que tenía al cinto. Le dije quedaba el mío y salí. Seguramente que era un caballo superior, y gracias a él pude atropellar por entre aquella multitud. Mas tarde cuando fuí á casa de Gobierno, en la calle Moreno, estaba allí el dueño del caballo, un capitán de buque Mr. Magne, que me dijo cuando me vio "Vous avez l'obligance d'aller l'Hotel de Paris". Pero luego que supo que era ayudante etc. me dijo "no uno, y mil caballos" etc. Por supuesto que el otro caballo con mi recado bueno etc., se perdió, alguno lo tomó, pues Mr. Magne lo dejó allí mismo.

III. Las guerras del rosismo (1831-1852) 247

Ya en buen caballo tomé la calle Florida, y por entre aquella multitud, y aquella gente tan acostumbrada á obedecer á pesar de venir en derrota me dejaron pasar, hasta que al llegar á un grupo compacto encontré alguna hostilidad, tuve que sacar la espada y atropellar resueltamente, pues no había otra cosa que hacer y conseguí al último paso, y pude llegar desde la plaza de la Victoria hasta el Retiro, y cumplir la comisión. Puedo decir que muchos no se habrían animado a cumplirla, porque era imponente aquella calle atestada de soldados, que los mas venían sobresaltados, sin Gefes, sin saber que hacer, á donde irían, y que sería de ellos. La mayor parte, todos los que no eran de la ciudad, iban á reunirse del otro lado del Puente de Barracas. Para allí se les daba cita cuando llegaban á la plaza de la Victoria. Así se pasó toda la tarde.

Al volver á la Casa de Gobierno el General me dio orden de hacer desviar para el Sud un enorme trozo de caballada, que ocupaba mas de cuatro cuadras, y era peligrosa, por las calles de la ciudad; esta fué una de las comisiones mas difíciles de cumplir. Aquellos animales venían asustados, y se llevaban todo por delante; traté de tomar la cabecera, para desviarlos é iban por la calle de Venezuela ya, cuando conseguí, a fuerza de correr por la vereda, hacerlos doblar para el Sud, por la calle Chacabuco. Volví de mi comisión bastante tarde, y ya con tantas otras que había desempeñado, de menos importancia, mi caballo estaba cansado; fui á una caballeriza, en la Plaza 25 de Mayo (entonces) al lado del Teatro Colón y mudé el sexto caballo ¡seis caballos había yo cansado ese día! Este último era un tordillo.

El día 4 por la mañana, salimos con el general (Mansilla), á esperar las tropas de la Vanguardia de Urquiza, que las mandaba el General Virasoro. A eso de las 11 a.m. entraban á la Plaza de la Victoria. El General estaba en la del Ministro francés, y de allí salió a encontrar la fuerza enemiga; para ir a hablar con el Gefe de la Vanguardia, tuvo que atravezar la columna enemiga de caballería del ejército de Urquiza. No era fácil, ni prudente aquello, pues aquella gente nos miraba con ojos de conquistadores, y aunque los oficiales ponían el orden que debían guardar en formación, los mismos oficiales no estaban bien dispuestos, sino al contrario, parece que algunos habían deseado un motivo cualquiera para tener pretexto de un desorden. [...]

En marcha para el Fuerte se vio el General rodeado de una multitud que lo insultaba á grandes voces, y en la entrada al Fuerte á los gritos de "Muera Rosas", también tuvo que decir "Muera". En el Bastión de la derecha había una especie de sublevación de tropa de caballería, allí fué el General, y yo también, cierto que vi dos veces las lanzas cerca de mi, y una de ellas me libré de un lanzazo gracias á mi agilidad, la lanza pasó rozándome la cintura.

En seguida me ordenó el General, ir á hacer desalojar y replegarse, á un cantón con tropa de la Guardia Argentina, que estaba en la azotea de su casa, esquina Tacuari y Potosí (hoy Alsina). Fuí, cumplí la orden, era el último cantón que quedaba y el General, ó se había olvidado o quería que custodiase la casa hasta el último momento. Pero al volverme ya empezaban á entrar partidas de Urquiza, sueltas. Con peto blanco sobre la camiseta colorada, que era el distintivo de sus tropas. Estas partidas venían con todos los fueros de vencedores. Aunque la principal idea que creo que tenían era el saqueo. Así es que muchos lo ignoraban y dejaban abiertas sus puertas de calle y de negocio; pero otros, especialmente extrangeros tenían cuidado de cerrar bien todo, puertas y ventanas, sobre todo negocios. [...]

[M]e dirijí al Fuerte á todo galope. Llegué con algún trabajo y peligros al Fuerte, ya todo ocupado por tropas enemigas, peguntaba por el General Mansilla, nadie me daba noticias, hasta que uno me dijo, que por la calle 25 de Mayo había ido, entonces supuse que al Hotel donde paraba el almirante Francés Mr. Masan. Tanto este señor, como el Ministro Inglés Mr. Gore, se portaron con todos nosotros, los de la familia de Rosas, como verdaderos caballeros que eran.

Pero habiendo visto cerca del Fuerte el caballo ensillado, en que andava Lucio (Mansilla), me fuí á buscarlo; lo encontré; y lo hice traer al Hotel ó casa del Almirante, donde vi que estaba el de mi tio, el General Mansilla. Allí estaba ya la familia del General; [...] El General y Lucio, se embarcaban á bordo de La Astrolave una corveta francesa, que mandaba Mr. Montravel [...].

Yo ya no tenía nada que hace allí; sabíamos que mi tío Don Juan Manuel Rozas había venido á casa de Mr. Gore, el ministro Inglés, y que sea había embarcado en el vapor *Confilict* que zarparía pronto para Inglaterra; allí fue tambien su hija Manuelita y el Coronel Don Gerónimo Costa. Al caballo que tuvo mi tío, quedó con el Ministro; y le puso "Salvador", en recuerdo á que había salvado á mi tío. Cuando mi tío llegó a casa del Ministro el 3 [de febrero], su casa era calle de Bolívar, entre Venezuela y Belgrano, á eso de las 3 P.M., ya estaba allí Manuelita; al ver a su padre (que venía herido en la mano izquierda) esta empezó á llorar; mi tío como estaba ya bajo el pavellon Inglés le dijo, "Good Morning"; pero es posible que estés para bromas le dijo ella. "Hija, le contestó él son las alternativas de este mundo, hoy de un modo, mañana de otro, no hay que acobardarse". Así es que aquel hombre superior, ni un momento perdió, mas que su serenidad, su buen humor. [...]

Entonces fuí á casa; mi pobre madre y mi padre, estaban aflijidos, porque no sabían que era de mi. Dejé mi ropa militar, almorzamos, y salí a la calle á saber lo que se pasaba. Se oían muchos tiros, era que los soldados sueltos de Urquiza, se ocupaban de saquear; almacenes, tiendas, joyerías etc.; algunos estrangeros que estaban prevenidos les tiraban y mataban ó herian a muchos. Por ejemplo Mr. Bazuil, que tenía sombrerería en la esquina de Victoria y Perú, les tiró con su rifle á unos que saqueaban la joyería allí enfrente y volteó algunos. [...]

Volví al Fuerte y el General Guido llenaba las funciones de Ministro de la Guerra. Nunca había servido con un Gefe más atento y caballero, como no estaba acostumbrado á mandar soldados, su carrera había sido siempre diplomática. A la oración me ordenó que fuera al bajo del Retiro, que por allá estaba acampado en General Virasoro, que tratara de hablar con él personalmente y le dijera "que el saqueo seguía de una manera alarmante en la ciudad, según los partes que le llegaban á cada momento, que era necesario que tratar de hacer poner orden". Fui, por el Bajo, y al fin, después de trámites indispensables para hablar con un Gefe de sus condiciones le espuse lo que debía, agregándole que yo mismo mientras iba allá había visto mucha gente saqueando casas de negocio. Me contestó que le dijese al General Guido "que ya iba á mandar un oficial de confianza"; le dije, "Señor, no solo uno sino varios, es necesario mandar, porque saquean por todas partes". "Si, dijo él, ya voy á mandar". Por el modo de contestar vi que en lo que menos pensaba el General Virasoro era en mandar suspender el saqueo, al contrario vi que lo tenían consentido como premio al ejército. Así se pasó esa noche, y parte del día 5 en que empezó a calmar todo y entrar en orden.

Buenos Aires 20 de noviembre de 1893.

Alejandro Baldez Rozas

IV. El país dividido: Buenos Aires y la Confederación (1852-1862)

1. Balance del período rosista y perspectivas para el futuro (1852)

Facundo de Zuviría, Discurso pronunciado el dia 25 de abril de 1852 en la solemne inauguracion de la vigésima segunda Legislatura de la Provincia de Salta, por su Honorable Presidente, *Salta, 1852, pp. 4-6 y 8-15.*

¿Y que hubiera sido señores de nuestra desgraciada patria victima de tan escepcional terror, si Dios no hubiera suscitado un grande *Hombre* armado de un gran *Principio* para contrarrestarlo? ¿Qué hubiera sido de la Confederación Argentina extenuada con cuarenta y dos años de guerra, anarquía, despotismo y terror, si el héroe de *Caceros* no hubiese humanizado hasta la misma victoria siempre cruel y sangrienta aun cuando el vencedor sea humano y generoso? ¿Qué hubiera sido en fin, si después de ella, dando lugar á la justicia, á la venganza y represalias, no la hubiera coronado con la magnanimidad y dado á sus enemigos el último golpe de *perdonarlos*? O la sociedad hubiera perecido, ó muy luego no habría quedado en nuestro suelo, quienes representen la fortuna, el saber, el honor, la virtud, la humanidad, el decoro, ni aun el carácter nacional que sobrevive á todas las revoluciones.

Pero Señores; para honra de nuestra patria y consuelo en nuestros amargos recuerdos, justo es no olvidar, que si ella después de haberse negado por mucho tiempo á producir tiranos, al fin abortó el monstruo que había venido formándose desde los tiempos de Neron y Atila; no alcanzó su poder á agotar en el suelo Argentino toda la tierra vejetal que encerraba y menos á evitar que fructifiquen contra él, los restos de la misma que había arrojado á remotas playas. Del seno de esa misma tierra, nació el héroe que habia de hundirlo para siempre en su Bastilla de Santos Lugares. ¿Y como, y conque elementos? Proclamando principios que eran el terror del tirano y pesaban sobre su alma mucho mas que su hacha matadora sobre la garganta de las victimas: proclamando organización nacional, único sentimiento que no había podido estinguir en veintidós años de sangre; proclamando *unión y amor entre los ciudadanos, olvido y confraternidad entre vencedores y vencidos*. Si señores; con tales elementos triunfó de cuantos la tiranía acumulara en muchos años de poder y espoliacion general.

Tan espléndido triunfo no habría sido completo, si no lo hubiera coronado con el perdón, única y verdadera solución del sangriento problema de las guerras civiles. A su alta capacidad no podía ocultarse que la venganza y las represalias no son sino eslabones de una eterna cadena de desastres; y que nada importaría al complemento de su elevado programa, correr un denso velo sobre crímenes pasados, si al mismo tiempo no contenía las venganzas particulares, las innobles pasiones, que perpetuando los males públicos, obstan á la organización de todo gobierno regular: porque Señores, ¿Qué importa que el Gobierno no oprima ni se vengue de los ciudadanos, si consiente que los ciudadanos se opriman y se venguen entre si?

Por estos medios Señores, el General Urquiza triunfó en un día de un poder consolidado con veinte años de una atroz dictadura; de un *poder* empuñado por una mano de fierro y dirijido en sus golpes por el odio á una opinión que le había petrificado las entrañas, como si las opiniones fueran crímenes ó los cometieran, ó como si los crímenes no fueran actos puramente personales; de un *poder* que después de haberlo subordinado todo y pesado sobre todos por igual, logró hasta reconciliar al pueblo con sus cadenas y á las victimas con sus propias heridas, solo por que cansado de matar ó saciado de sangre, quizo dar á su mano y hacha homicida un descanso en que esta templase sus fulos, y aquella restaurase sus fuerzas agotadas: de un *poder* en fin, que elevado sobre pirámides de cadáveres para estar día y noche en espectacion de las víctimas destinadas á sostener la energía de su furor, no advertía que se colocaba también mas en alto á la execracion de los hombres y siglos venideros.

¿Y de donde Señores pudo nacer un poder tan brutal en la tierra clásica de la Libertad; en el pueblo mas altivo y enerjico entre los Sud-Americanos, y que desde su cuna se vio rodeado de instituciones liberales, de abundancia, de riqueza, de poderío, de saber y de gloria? [...]

La Republica Argentina abundante de Libertad desde su cuna, abusó de ella como se abusa de todo lo que abunda. Adoptando máximas exajeradas, elevó á principios, teorías y hechos que no eran verificados por la experiencia: y queriendo verificarlos á costa de pueblos no preparados para la Libertad, en vez de útiles ensayos, no encontró sino sangrientas catástrofes. No creyéndose libre sin tocar en los extremos de la Libertad y queriendo apurar su copa hasta las heces, no halló en el fondo de ella sino los desastres de la anarquía, precursores de los del despotismo y terror.

Por evitar algunos males inherentes al ejercicio de todo poder y en busca de algunos bienes imaginarios ó a los que no se llega sino después de siglos de prudentes experiencias; nuestros mismos conductores, se convirtieron en verdadera avanzada de la anarquía, y sin preveerlo, adoptaron todas sus consecuencias: fueron los primeros en dar el ejemplo de las discordias individuales y con ellas abrir el paso á las de sus comitentes. Jugando con la Anarquía y acariciándola como al primojenito de la libertad, la dejaron robustecerse para que luego devorase á sus mismos padres. Marchando todos hacia la libertad pero por distinto ó inverso rumbo, acusaban y trataban como á tirano ó enemigo de ella, á todo el que indicaba el verdadero camino ó quería conducirnos á marchar por él para salvarnos de sus propios excesos.

Se confesaba los males de la anarquía que casi desde nuestra cuna no nos fué desconocida: pero no se escusaba de cometerlos, de provocarles y aun de justificarlos como inconvenientes inseparables de la libertad, sin apercibirse que la menor complacencia con aquella importaba un expreso pacto con ella. ¡Error de los tiempos y de nuestra infancia social!

La idea de la tiranía nos espantaba, y huyendo de ella no temíamos de irle preparando su futuro trono, al que debía subir por los escalones de nuestros errores y desaciertos. Temiendo el despotismo de uno, creábamos gobiernos triunviros, sin advertir que no hai peor tirania que la de muchos, por la multitud ó división de la responsabilidad. En un día se quiso ensayar Gobiernos de siglos.

El entusiasmo contra aquella y en fabor de la libertad, creyó al fin asegurar esta, creando Gobiernos ilustrados que nuestra inexperiencia pretendía consolidar con máximas metafisicas y exajeradas. El pueblo, las *masas* que desconocían estos resortes del poder, empezaron por desconfiar de la autoridad de aquellos: apelaron á su instinto que no engaña, que es superior y mas seguro que toda política y mas fácil de conocerse que todas las teorías de la razón y exajeraciones de la demagogia. El *pueblo, esas masas*, que mas se atienen al presente que al porvenir: que prefieren medidas que las alivien á teorías que las engañen y aun á ideas que las ilustren; que anteponen la paz y la abundancia á la misma libertad, por que su libertad y dicha están en la abundancia, en la comodidad y bien estar que obran sobre ellas cada día, cada hora y en cada momento: ese *pueblo esas masas* decía, que discurren con mas imparcialidad por sus menos temores y esperanzas, no podían mirar sino con ojo torbo, Gobiernos que ocupados del exterior, de la prensa anárquica, de la tribuna y formas parlamentarias, del lustre y ornato de las ciudades; descuidaban todo lo que existía fuera de ellas y no satisfacían una sola de las exijencias reclamadas por las campañas y por esas *masas* que son las que principalmente constituyen los Estados.

¿Qué remedio á nuestros males podía esperarse de Gobiernos y de hombres que por mas sabios y virtuosos que fuesen, y conducidos por las mas sanas y patrióticas intenciones; creían factible plantear en nuestra patria, la constitución y leyes Inglesas, modificadas con las teorías de la revolución Francesa é incrustadas con muchas de las instituciones Norte-Americanas? Sin duda olvidaron que cada país, cada época, cada pueblo, tiene sus leyes propias tan naturales y tan justas como las leyes de la naturaleza; y que no siendo las leyes sino la fórmula de las costumbres, de la índole, carácter, antecedentes, población, grado de cultura, necesidades, hábitos, territorio, y de mas condiciones de nuestra existencia social; era en estas fuentes donde de debía buscar las instituciones y leyes análogas á nuestra Patria, antes que en los códigos de Naciones robustas, llenas de saber, riqueza y experiencia. Si es cierto que hai adornos que embellecen á unas personas y afean á otras, también lo es que hai instituciones que decoran y elevan á unos pueblos y abaten ó ridiculizan á otros. La constitución y leyes Inglesas planteadas en nuestra Patria, harían la sátira de su Gobierno, por que carecerían de vida y de movimientos. Serían como estatuas sin alma que las anime.

A datar desde el primer año de nuestra emancipación política, siempre conducidos por máximas exajeradas, por teorías sin el apoyo de la experiencia; alentados por un incidente feliz, que jamás alcanza á crear un sistema; creyendo que la libertad fructifica al otro día de vencido el despotismo, y la paz al siguiente de la victoria; creando principios según las circunstancias è intereses del momento; librando en fin á nuestras pasiones el vasto comentario de nuestros derechos; ni supimos dar vigor y fuerza á los Gobiernos, primeros garantes de la libertad, ni menos poner á esta un solo dique que contuviera sus desbordes. De aquí Señores, los celos de las Provincias con la capital de la Nación, los de los pueblos con las suyas y que han dado por resultado este Archipiélago de Republicas independientes en que vivimos; las revoluciones en los ejércitos destinados á resistir el poder español; la sangrienta guerra entre las campañas y ciudades; la sucesión de algunos feroces caudillos, émulos en instintos exterminadores y cuyos crímenes servían de tradición á los que les sucedían en el mando de los pueblos ó campañas: De aquí en fin, esa desastrosa lucha de que nuestra patria fue víctima por tantos años, y que devorando la mitad de una generación, obligó al resto de ella, fatigado y temeroso, á buscar la seguridad, el descanso y un asilo en los brazos del despotismo, término natural de toda anarquía.

He aquí Señores la cuna de ese monstruo tanto mas robusto cuanto mas prolongada, consistente y sistemada había sido la anarquía que le dio el ser. He aquí Señores, el hijo nefando de esa madre impura y sangrienta, cuyos excesos prepararon los de la humillación en los pueblos, como esta los de la dictadura –último recurso de la desesperación.

Hasta aquí Señores nada de extraordinario en la marcha de las sociedades. Cuando la anarquía ha pesado mucho tiempo sobre ellas y ha devorado cuanto tenia en su contorno, la Dictadura viene á ser una necesidad Nacional á la que se rinden aun los mas entusiastas por la libertad. Si el remedio revela la magnitud del mal, la verdadera medida de este, es la cantidad de aquel. No era pues estraño, que veinte años de esa anarquía sangrienta que entre nosotros había tomado toda la consistencia de un sistema por la misma fuerza y enerjia del carácter Nacional, produjesen otros veinte de feroz dictadura, revestida del mismo carácter y agravada con el personal del individuo que la empuñaba; porque Señores, los caracteres Nacionales son los únicos que revelan la cantidad de Libertad, la fuerza y duración del poder que necesitan los pueblos en su marcha y diferentes situaciones. Los argentinos por la misma energía y altivez de nuestro carácter, siempre necesitaremos de un poder fuerte, vigoroso y enérgico que nos asegure una moderada Libertad.

El estado moral y material de una Nación es la medida exacta de los estragos cometidos en ella por la anarquía ó por el despotismo. Ese estado es el único que revela lo que ambos hayan sido. El en que ha quedado la República Argentina seria el verdadero juicio de los que la han mandado en sus diferentes épocas, si nuestra patria por su mismo temperamento robusto no restaurase en un mes lo que la anarquía y despotismo destruyeron en un año.

Os he presentado Señores la verdadera causa de nuestras pasadas desgracias; os he remontado al origen de la *anarquía* y del *terror* que nos han oprimido por tanto tiempo. El detal de nuestros males pertenece á nuestra historia y á nuestros recuerdos, que serian mas que ingratos y dolorosos, si no fueran templados por los de nuestras glorias y por esa bizarría que no hemos traicionado ni en el infortunio. En toda época y en toda circunstancia prospera ó adversa, no hemos desmentido aquellas, no hemos desmentido nuestro carácter Nacional resultado de nuestros *Progenitores Indígenas y Europeos*. La constante resistencia á la tiranía y al terror, es una prueba incontestable de aquella verdad. Pero aun lo es mas el denuedo con que nuestros libertadores han sabido triunfar de ambos, encarnados en el poder mas fuerte que se elevara en América durante los cuarenta y dos años de nuestra emancipación política. Libres ya de uno y otro por el mas esclarecido de nuestros compatriotas, y por el valor de sus ínclitas legiones, solo nos resta Señores, aprovechar de la feliz situación en que nos ha colocado el poderoso brazo del vencedor en Caceros ¿Y cuales son los medios de utilizar de esa situación, la primera ò quizás la única que nos ofrece nuestra historia; en que la anarquía y el despotismo después de haber hecho sobre nosotros sus respectivas evoluciones, parecen hundidos para siempre?

Aunque en el detal de las causas que han producido tales monstruos, están consignados los remedios que deben obstar à su renacimientos; me permitiréis sin embargo, que os indique algunos que no serán estériles al objeto. Si los Argentinos no estamos condenados á la pena de Sísifo, ó á bogar eternamente entre la anarquía, el despotismo y el terror, esta es Señores la época de que por primera vez empecemos á bogar entre la paz y la libertad. Si no creemos que esta consista en vivir peleando, y aquella en vivir humillados; justo es que nos ocupemos de hermanar la paz con la libertad, la obediencia con nuestros derechos.

Ya nada extranjero nos aqueja: nuestro porvenir está esclusivamente librado á nosotros mismos; pensemos pues en hacerlo dichosos huyendo de los estremos que han causado nuestras desgracias: Trabajemos en que los montones de ruinas y cadáveres legados por el terror, no sirvan de Trono á la anarquía, como los de esta sirvieron antes á aquel.

Cierto es que no tenemos que luchar con tal monstruo que rara vez se reproduce en un mismo suelo. Pero aun tenemos que luchar con la crisis que él ha operado; con toda la revolución en su momento mas peligroso; con todas nuestras pasiones, y sobre todo con las exajeradas pretensiones de libertad que suceden siempre á la tiranía. Aprovechemos de esta feliz entermitencia en que nos ha colocado la espada victoriosa del Ilustre General Urquiza para dirijir á nuestros compatriotas hacia una libertad racional y moderada.

No desconozco Señores que hoy todos queremos marchar hacia la organización Nacional y Provincial; pero quizá cada uno quiera hacerlo por distinto camino. Recordemos que este fué el primer error que sirvió de escalón á la anarquía y el terror. Que nuestra política, sea la consecuencia de nuestro interés Nacional, del que resultará el Provincial, y no la de nuestras pretensiones, ni intereses puramente locales, que pudieran contrariar aquel.

Ni conducidos por un zelo ardiente del bien, vamos á ofrecer el escándalo de la desunión y pasiones personales que suelen desarrollarse en la marcha hacia las reformas; porque si la desunión y las pasiones asoman desde el punto de partida ¿qué será en el resto del camino?

Tampoco aspiremos á una libertad excesiva para la que nuestros pueblos no están preparados después de tantos años de pesadas cadenas. Veamos lo que se deba á las circunstancias sin herir los principios ni los hábitos.

Verdad es que á consecuencia de grandes acontecimientos, la esperanza pública renace, las ideas se exaltan, los sentimientos se avivan y todo toma la enerjia de la *situación;* pero también es cierto que esa es la oportunidad critica en que la sabiduría de los Legisladores debe moderar á los pueblos que semejantes á un resorte que después de comprimido recobra su elasticidad conduciéndose al estremo opuesto; asi ellos oprimidos bajo el peso de la esclavitud, tan luego que esta cesa, no creen recobrar su libertad sino conduciéndose á estremos lamentables. Esta es Señores nuestra primera tarea, nuestro primer deber.

Por abreviar: hundido el terror y asegurada la paz, ya todo el porvenir de la Provincia es obra nuestra y de nuestros comitentes.

En el magnánimo programa del esclarecido General Urquiza, en la feliz época que nos ha abierto su pujante brazo, su vencedora espada, en los elevados principios que ha proclamado y observa con relijiosa escrupulosidad, en la perfecta moralidad de todos sus actos; yo veo Señores desenvuelto el germen de las virtudes del Héroe de Caceros, veo resuelto el gran problema de nuestro porvenir; y los futuros destinos de nuestra cara Patria, reposar tranquilos y gloriosos en la cabeza y orleada frente del que nos ha dado paz, libertad, justicia y gloria. Si me engaño Señores, si mis esperanzas fallan, prefiero engañarme en favor del que nos ha conquistado tamaños bienes, antes que desconfiar de sus elevadas miras. La desconfianza autoriza la infidelidad, y siempre es mas noble engañarse en favor de la moral que en contra de ella.

Si pues, la paz, la libertad, la justicia y la gloria han venido á buscarnos, temamos Señores desairarlas, porque se vengaran de nosotros, descargando sobre nuestras cabezas todos los horrores del despotismo, de la anarquía y de la esclavitud. Si la *razon* nos habla, escuchémosla de *grado*, para que no se haga escuchar por *fuerza* y lamentemos las consecuencias de nuestra conducta.

Empecemos proclamando á nuestros comitentes esa libertad única que es para el cuerpo social lo que la salud para el enfermo. Démosles instituciones que garantan aquellas, garantiendo antes el poder que debe protejerla como su primer baluarte. No temamos fortificarlo en garantía de la misma libertad. El error en contrario ha sido una de las fuentes de nuestros males: los pueblos no temen la magnitud del poder sino su abuso.

Preciso es aprovechar de esta feliz situación para crear algunas instituciones que siendo basadas en la pública opinión, nos presten en lo sucesivo el mismo servicio que nos han prestado algunas de las que nos rigen. Una buena institución, una idea, un principio, pueden envolver todo un sistema. Las *instituciones* y no las *armas* son la verdadera defensa de la autoridad en los momentos del peligro, y lo único que sobrenada en las grandes catástrofes. Recordad cuanto debe esta Provincia á algunas de las que se dio en este mismo recinto hace treinta y un años. Vosotros sois testigos que contra ellas se han estrellado inútilmente todos los Tiranuelos y no han alcanzado á destruirlas el ejemplo de otros pueblos, pero ni todo el poder de la Dictadura. [...]

2. Juicio al período rosista: Antonino Reyes, edecán de Rosas, ¿cómplice u obediente de las órdenes superiores? (1853)

Vindicación y memorias de Don Antonino Reyes. Sobre la vida y la época de Don Juan Manuel de Rosas *(Redactadas y ordenadas por Manuel Bilbao [1883]), Buenos Aires, Freeland, 1974, pp. 127-133 y 147-152*.

Acusación fiscal (Dr. Emilio Agrelo)

El Agente Fiscal en lo Criminal, con tranquila conciencia, con voz segura y mano firme pide contra el reo Antonino Reyes, la pena de muerte con calidad de aleve. Va á fundar las razones en que se apoya. [...]

El tirano Rosas necesitaba instrumentos que hiciesen poner en movimiento sus guillotinas; pero necesitaba sobre todo un hombre que á la maldad uniese la inteligencia, que á la perfidia lo acompañase la astucia, que á la crueldad estuviese ligada la hipocresía, para hacer funcionar esa sangrienta máquina con que triunfó de sus enemigos por el terror. Este hombre era Antonino Reyes. Cómplice de todos los crímenes de Rosas durante 13 años, ha sido el sacrificador de las víctimas que el tirano inmolaba. Era simplemente capitán con grado de mayor, y sin embargo, que en el Campamento de santos Lugares estaba de Inspector General de Armas y varios coroneles, él era el Gefe superior. Su voz imperaba, sus mandatos se cumplían como leyes y su voluntad espresada aunque fuese por un signo, debía tener un exacto cumplimiento, no obstante que ella mandase cortar la cabeza de un ser racional. Esta elección, esta predilección de Rosas, y el destino importante que le daba, forman por sí solos el proceso de Antonino Reyes. [...]

Siendo Antonino Reyes el Gefe superior del campamento de Santos Lugares, él ha hecho ejecutar los fusilamientos y crueldades ordenados por el dictador Rosas. ¿Estaba obligado como militar, ó como simple ciudadano á ejecutarlos? Habiendo obedecido ciegamente á Rosas, ¿ha cumplido su deber ó ha sido criminal? Estas cuestiones deben resolverse previamente, para clasificar la culpa que Reyes puede tener ó el grado que de obediencia que ha debido prestar. [...]

No era, pues, un ejército lo que mandaba Reyes: era una cárcel la que estaba destinado á regentear. Por consiguiente, las órdenes del tirano no le obligaban en el sentido de un Gefe Militar.

Pero aun cuando Antonino Reyes, en este concepto estuviese obligado á obedecer los mandatos de su Gefe, en primer lugar, es necesario que esas órdenes se escribiesen y no se hiciesen simplemente referencia á ellas; y en segundo lugar, que la obediencia que se prestase fuese sobre aquellas cosas y hechos que no prohíbe la ley 4, título 14, libro 4 Recopilación de Castilla, porque nadie puede estar obligado [...] á obedecer las órdenes ó preceptos de su superior (aunque sean del soberano, dice la ley) cuando son en contra de la naturaleza, la sana moral y buenas costumbres [...]; en fin, porque la obediencia que debe un inferior se entiende solamente respecto de los actos comunes y regulares de su empleo ú oficio, y no es empleo ni oficio el asesinar. [...]

Es cierto que nadie habría osado sin castigo desobedecer las órdenes de Rosas; pero había dos medios que poner en planta; el primero sucumbir sin ser criminal, el segundo huir de la presencia del Dictador. Antonino Reyes prefirió ser un instrumento ciego de las crueldades de Rosas: no tuvo bastante virtud para sacrificarse, ni bastante valor para frustrar con la fuga esos sangrientos mandatos del degollador de los argentinos. [...]

Defensa (Dr. Miguel Esteves Saguí)

Allá voy, pues: á ese punto de la obediencia á las órdenes de Rosas. ¡Por Dios y este cargo se hace al que desempeñaba, no un empleo de asesino oculto, es decir, de agarrar á los hombres y llevarlos á los huecos y soledades en el silencio de la noche para pasarles el cuchillo por la garganta; sino un empleo público con título propio y en que sus órdenes iban como á cualquiera oficina pública! Este carfo se hace; y yo no sé por qué no se hace el mismo, y se engrilla y se pide la cabeza de millares de personas que obedecían también.

La obediencia!... Ah! señor acusador! No juguéis con esta palabra: que si ahora podéis hacerlo, echad un poco atrás la vista y decid en conciencia –¡quién había en Buenos Aires .... quién que desobedeciese!.... Ni en el púlpito, ni en el altar siquiera!....

No por esto defenderé el crimen, el asesinato, esos actos oscuros, que cualquiera por torpe que fuese podía comprender perfectamente que la autoridad de hecho que dominaba, cuando así lo ejecutaba ó mandaba ejecutar, era porque no quería echar ninguna responsabilidad sobre sí, ni dejarse rastros de esterioridad en la ejecución. [...]

Muy distinta cosa, es pues, de aquellos mandatos y disposiciones en que esa autoridad despótica y tiránica, bajo su firma, y en público usaba de los cargos y fuerza pública tanbien, en nombre de las atribuciones de que se veía investido. Seamos justos é imparciales, lo repito.

La verdad es, que Rosas había refundido en su persona todo el poder público: justicia, política, legislación, paz, guerra, mando de los ejércitos; de todo disponía en la provincia, hasta en la república sobre los otros gobiernos, y ante la faz del mundo. Un hombre así, pues, legislaba, juzgaba y disponía, á su único y entero arbitrio: todos los empleos y empleados le estaban sometidos. Era más que un rey, más que un Emperador; y sobre todo más que Calígula, peor que Nerón. No subió á esa altura, sino con el más refinado ardid hizo una farsa de las formas; pero subió llenando las formas, y se le dejó llenarlas. Será también ese un crimen imputable á Reyes? Entonces, por qué no se forma cargo y culpa y se pide castigo contra muchos empleados, militares y civiles;

cuando el torpe Urquiza el año anterior, el gefe de policía, el capitán del puerto, á gefes y demás funcionarios, mandó obedecerlo, y le obedecieron, cuando cometió el horrible atentado, el más infame y grande crimen que se ha cometido en Buenos Aires, de atacar á todo un pueblo entero [...]? No se dirá, que la obediencia á tales órdenes no sea lo peor en una sociedad; pero por cierto, es cuando se puede desobedecer ó resistir. Por eso, nadie hace alto en ello, y muchos hombres de esos se sientan hoy tranquilos en sus propios puestos, y mandan sus mismos soldados.

Así, señor, con relación á Rosas, llámese á Reyes como se quiera, era al fin un empleado público, con sueldo, y con las distinciones de tal. Rosas convertía los empleos todos en una especie de enciclopedia para cuanto le parecía. [...]

A tal estremo conducirían semejantes errados principios, que sin la subversión que causarían en cualquier orden establecido, la última conclusión á que con ellos arribaríamos, habría de ser esta: Rosas no es culpable. Rosas no es el criminal: la culpa, el crimen, todo el castigo debe recaer en los funcionarios y empleados [...]: de aquellos que estaban públicamente sometidos, que tenían que obedecer y obedecían sus disposiciones y mandatos. Entonces, siéntese a todos en el banquillo [...].

Repare, pues, el acusador, que por acusar á Reyes, acusa á todos, y acusando á todos, deja inculpable al mismo Rosas; á lo menos, lo exime de una inmensa parte de sus sangrientos y reiterados crímenes. ¿En que quedamos, pues? ¿Acusa á Reyes por todos?... ó á todos en Reyes?

3. Acuerdo de San Nicolás (31 de mayo de 1852)

Acuerdo de San Nicolás de los Arroyos
1º de junio de 1852 (por pedido de Urquiza, se firma con fecha 31 de mayo de 1852 para que la conmemoración del presente acuerdo entre en los de la Semana de Mayo)

Los infrascriptos, Gobernadores y Capitanes Generales de las Provincias de la Confederación Argentina, reunidos en la cuidad de San Nicolás de los Arroyos por invitación especial del Excmo. Señor Encargado de las Relaciones Exteriores de la República, Brigadier General D. Justo José Urquiza, a saber el mismo Exmo. Señor General Urquiza como Gobernador de la Provincia de Entre-Ríos, y representando la de Catamarca, por Ley especial de esta Provincia el Exmo. Señor Dr. D. Vicente López, Gobernador de la Provincia de Buenos Aires; el Excmo. Señor General D. Benjamín Virasoro, Gobernador de la Provincia de Corrientes; el Exmo. Señor General D. Pablo Lucero, Gobernador de la Provincia de San Luis; el Exmo. Señor General D. Nazario Benavides, Gobernador de la Provincia de San Juan; el Exmo. Señor General D. Celedonio Gutiérrez, Gobernador de la Provincia de Tucumán; el Exmo. Señor D. Pedro Pascual Segura, Gobernador de la Provincia de Mendoza; el Exmo. Señor D. Manuel Taboada, gobernador de la Provincia de Santiago del Estero, el Exmo. Señor D. Manuel Vicente Bustos, Gobernador de la Provincia de La Rioja; el Exmo. Señor D. Domingo Crespo, Gobernador de la Provincia de Santa-Fé. Teniendo por objeto acercar el día de la reunión de un Congreso General que, con arreglo a los tratados existentes, y al voto unánime de todos los Pueblos de la República ha de sancionar la constitución política que regularice las relaciones que deben existir entre todos los pueblos argentinos, como pertenecientes a una misma familia; que establezca y defina los altos poderes nacionales y afiance el orden y prosperidad interior; y la respetabilidad exterior de la Nación. Siendo necesario allanar previamente las dificultades que puedan ofrecerse en la práctica, para la reunión del Congreso, proveer a los medios más eficaces de mantener la tranquilidad interior, la seguridad de la República y la representación de la Soberanía durante el periodo constituyente.

Teniendo presente las necesidades y los votos de los Pueblos que nos han confiado su dirección, e invocando la protección de Dios, fuente de toda razón y de toda justicia. Hemos concordado y adoptado las resoluciones siguientes:

1ª.

Siendo una Ley fundamental de la República, el Tratado celebrado en 4 de Enero de 1831, entre las Provincias de Buenos Aires, Santa-Fé y Entre-Ríos por haberse adherido a él, todas las demás Provincias de la Confederación, será religiosamente observado en todas sus cláusulas, y para mayor firmeza y garantía queda facultado el Exmo. Señor Encargado de las Relaciones Exteriores, para ponerlo en ejecución en todo el territorio de la República.

2ª.

Se declara que, estando en la actualidad todas las Provincias de la República, en plena libertad y tranquilidad, ha llegado el caso previsto en el artículo 16 del precitado Tratado, de arreglar por medio de un Congreso General Federativo, la administración general del País, bajo el sistema federal; su comercio interior y exterior, su navegación, el cobro y distribución de las rentas generales, el pago de la deuda de la República, consultando del mejor modo posible la seguridad y engrandecimiento de la República, su crédito interior y exterior, y la soberanía, libertad e independencia de cada una de las Provincias.

3ª.

Estando previstos en el artículo 9 del Tratado referido, los arbitrios que deben mejorar la condición del comercio interior y reciproco de las diversas provincias argentinas; y habiéndose notado por una larga experiencia los funestos efectos que produce el sistema restrictivo seguido en alguna de ellas, queda establecido: que los artículos de producción o fabricación nacional o extranjera, así como los penados de toda especie que pasen por el territorio de una Provincia a otra, serán libres de los derechos llamados de tránsito, siéndolo también los carruajes, buques o bestias en que se transporten: y que ningún otro derecho podrá imponérseles en adelante, cualquiera que sea su denominación, por el hecho de transitar el territorio.

4ª.

Queda establecido que el Congreso General Constituyente, se instalará en todo el mes de Agosto próximo venidero; y para que esto pueda realizarse, se mandará hacer desde luego en las respectivas Provincias, elección de los Diputados que han de formarlo, siguiéndose en cada una de ellas las reglas establecidas por la Ley de elecciones, para los Diputados de las Legislaturas Provinciales.

5ª.

Siendo todas las provincias iguales en derechos, como miembros de la Nación, queda establecido que el Congreso Constituyente se formará con dos Diputados por cada Provincia.

6ª.

El Congreso sancionará la Constitución Nacional, a mayoría de sufragios; y como para lograr este objeto seria un embarazo insuperable, que los Diputados trajeran instrucciones especiales, que restringieran sus poderes, queda convenido, que la elección se hará sin condición ni restricción alguna; fiando a la conciencia, al saber y el patriotismo de los Diputados, el sancionar con su voto lo que creyesen más justo y conveniente, sujetándose a lo que la mayoría resuelva, sin protestas ni reclamos.

7ª.

Es necesario que los Diputados estén penetrados de sentimientos puramente nacionales, para que las preocupaciones de localidad no embaracen la grande obra que se emprende: que estén persuadidos que el bien de los Pueblos no se ha de conseguir por exigencias encontradas y parciales, sino por la consolidación de un régimen nacional, regular y justo: que estimen la calidad de ciudadanos argentinos, antes que la de provincianos. Y para que esto se consiga, los infrascriptos usarán de todos sus medios para infundir y recomendar estos principios y emplearán toda su influencia legítima, a fin de que los ciudadanos elijan a los hombres de más probidad y de un patriotismo más puro e inteligente.

8ª.

Una vez elegidos los Diputados e incorporados al Congreso, no podrán ser juzgados por sus opiniones, ni acusados por ningún motivo, ni autoridad alguna; hasta que no esté sancionada la Constitución. Sus personas serán sagradas e inviolables, durante este periodo. Pero cualquiera de las Provincias podrá retirar sus Diputados cuando lo creyese oportuno; debiendo en este caso sustituirlos inmediatamente.

9ª.

Queda a cargo del Encargado de las Relaciones Exteriores de la Confederación el proveer a los gastos de viático y dieta de los Diputados.

10ª.

El Encargado de las Relaciones Exteriores de la Confederación instalará y abrirá las Sesiones del Congreso, por si o por un delegado, en caso de imposibilidad; proveer a la seguridad y libertad de sus discusiones; librará los fondos que sean necesarios para la organización de las oficinas de su despacho, y tomará todas aquellas medidas que creyere oportunas para asegurar el respeto de la corporación y sus miembros.

11ª.

La convocación del Congreso se hará para la Cuidad de Santa Fe, hasta que reunido e instalado, él mismo determine el lugar de su residencia.

12ª.

Sancionada la Constitución y las Leyes orgánicas que sean necesarias para ponerla en práctica, será comunicada por el Presidente del Congreso, al Encargado de las Relaciones Exteriores, y éste la promulgará inmediatamente como ley fundamental de la Nación haciéndola cumplir y observar. En seguida será nombrado el primer Presidente Constitucional de la República, y el Congreso Constituyente cerrará sus sesiones, dejando a cargo del Ejecutivo poner en ejercicio las Leyes orgánicas que hubiere sancionado.

13ª.

Siendo necesario dar al orden interior de la República, a su paz y respetabilidad exterior, todas la garantías posibles, mientras se discute y sanciona la Constitución Nacional, los infrascriptos emplearán por si cuantos medios estén en la esfera de sus atribuciones, para mantener en sus respectivas Provincias la paz pública, y la concordia entre los ciudadanos de todos los partidos, previniendo o sofocando todo elemento de desorden o discordia; y propendiendo a los olvidos de los errores pasados y estrechamiento de la amistad de los Pueblos Argentinos.

14ª.

Si, lo que Dios no permita, la paz interior de la República fuese perturbada por hostilidades abiertas entre una ú otra Provincia, o por sublevaciones dentro de la misma Provincia, queda autorizado el Encargado de las Relaciones Exteriores para emplear todas las medidas que su prudencia y acendrado patriotismo le sugieran, para restablecer la paz, sosteniendo las autoridades, legalmente constituidas, para lo cual, los demás Gobernadores, prestarán su cooperación y ayuda en conformidad al Tratado de 4 de enero de 1831.

15ª.

Siendo de la atribución del Encargado de las Relaciones Exteriores representar la Soberanía y conservar la indivisibilidad nacional, mantener la paz interior, asegurar las fronteras durante el período Constituyente, y defender la República de cualquiera pretensión extranjera, y velar sobre el exacto cumplimiento del presente Acuerdo, es una consecuencia de estas obligaciones, el que sea investido de las facultades y medios adecuados para cumplirlas. En su virtud, queda acordado, que el Excmo. Señor General D. Justo José Urquiza, en el carácter de General en Jefe de los Ejércitos de la Confederación, tenga el mando efectivo de todas las fuerzas militares que actualmente tenga en pie cada Provincia, las cuales serán consideradas desde ahora como partes integrantes del Ejército Nacional. El General en Jefe destinará estas fuerzas del modo que lo crea conveniente al servicio nacional, y si para llenar sus objetos creyere necesario aumentarlas, podrá hacerlo pidiendo contingentes a cualquiera de las provincias, así como podrá también disminuirlas si las juzgare excesivas en su número ú organización.

16ª.

Será de las atribuciones del Encargado de las Relaciones Exteriores, reglamentar la navegación de los ríos interiores de la República, de modo que se conserven los intereses y seguridad del territorio y de las rentas fiscales, y lo será igualmente la Administración General de Correos, la creación y mejora de los caminos públicos, y de postas de bueyes para el transporte de mercaderías.

17ª.

Conviniendo para la mayor respetabilidad y acierto de los actos del Encargado de las Relaciones Exteriores en la dirección de los negocios nacionales durante el período Constituyente, el que haya establecido cerca de su persona un Consejo de Estado, con el cual pueda consultar los casos que le parezcan graves: quedando facultado el mismo Exmo. Señor para constituirlo nombrando a los ciudadanos argentinos que por su saber y prudencia, puedan desempeñar dignamente este elevado cargo, sin limitación de número.

18ª.

Atendidas las importantes atribuciones que por este Convenio recibe el Excmo. Señor Encargado de las Relaciones Exteriores, se resuelve: que su título sea de Director Provisorio de la Confederación Argentina.

19ª.

Para sufragar a los gastos que demanda la administración de los negocios nacionales declarados en este acuerdo, las Provincias concurrirán proporcionalmente con el producto de sus Aduanas exteriores, hasta la instalación de las autoridades constitucionales, a quienes exclusivamente competirá el establecimiento permanente de los impuestos nacionales. Del presente Acuerdo se sacarán quince ejemplares de un tenor destinados: uno al Gobierno de cada Provincia y otro al Ministerio de Relaciones Exteriores. Dado en San Nicolás de los Arroyos, a treinta y un días del mes de Mayo de mil ochocientos cincuenta y dos. Justo José Urquiza, por la Provincia de Entre Ríos, y en representación de la de Catamarca; Vicente López; Benjamín Virasoro; Pablo Lucero; Nazario Benavides; Celedonio Gutiérrez; Pedro P. Segura; Manuel Taboada; Manuel Vicente Bustos; Domingo Crespo.

Artículo adicional al Acuerdo celebrado entre los Exmos. Gobernadores de las Provincias Argentinas, reunidas en San Nicolás de los Arroyos.

Los Gobiernos y Provincias que no hayan concurrido al Acuerdo celebrado en esta fecha, o que no hayan sido representados en él, serán invitados a adherir por el Director Provisorio de la Confederación Argentina, haciéndoles a éste respecto las exigencias a que dan derecho el interés y los pactos nacionales. Dado en San Nicolás de los Arroyos, a treinta y un días del mes de Mayo del año mil ochocientos cincuenta y dos. Justo José Urquiza, por la Provincia de Entre Ríos, y en representación de la de Catamarca; Vicente López; Benjamín Virasoro; Pablo Lucero; Nazario Benavides;

Celedonio Gutiérrez; Pedro P. Segura; Manuel Taboada; Manuel Vicente Bustos; Domingo Crespo.

4. ¿Ni vencedores ni vencidos? Urquiza ante la rebelión de Buenos Aires (1852)
"Manifiesto del Director Provisorio de la Confederación Argentina, a los pueblos de la Nación" (junio de 1852), en Néstor Tomás Auza, Documentos para la enseñanza de la Historia Argentina, *vol. 1 (1852-1890), Buenos Aires, Pannedille, 1970, pp. 24-26.*

Cuando inicié en Entre Ríos la cruzada que había de derrocar la dictadura del General Don Juan Manuel de Rosas, dije a los pueblos, que yo no reconocía otro enemigo que aquél, y que una vez vencido, era mi misión construir la República.

El General Rosas, derribado en una batalla, buscó asilo en Europa, y yo eché los cimientos de la Constitución. Para la reconstrucción de las instituciones, para la realización de un pensamiento que había de dar por resultado llamar las pasiones locales y las ideas mezquinas de provincia a provincia, a un centro común y de orden; traté de rodearme de las luces y de los consejos de hombres, que bajo la dictadura, o en el destierro, debían haber estudiado las necesidades de la Patria, y me afané en hacer comprender a todos la necesidad de trabajar en la fusión, la fraternidad, el olvido de todo lo pasado porque mis solemnes declaraciones me obligaban a no reconocer ni vencedores ni vencidos; a dar garantías a los pueblos, y a no prolongar una lucha que debía ya tener su término después de tanta sangre y de tantos sacrificios inútiles. [...]

La Constitución Nacional era mi anhelo: la Constitución Nacional era el fin de mis esfuerzos porque si alguna gloria he apetecido es la de ofrecer a mi patria un monumento sublime de instituciones liberales, levantado sobre los escombros de la tiranía. Porque yo quería decir a la República, a la faz de mis ilustres aliados, a la faz del mundo entero:

He aquí la patria de los argentinos. ¡Hela aquí organizada! Hela aquí en posesión de una carta sublime, en donde está escrito su derecho, y que debe ser el muro impecable que defienda al ciudadano, que proteja al extranjero, y que a nadie será dado atacar impunemente.

Con este objeto me transporté a San Nicolás, donde debía ponerse la primera piedra de la Constitución, y el Gobernador de Buenos Aires [Vicente López] y todos los Gobernadores de la Confederación, han sido testigos de mis procedimientos.

A las exigencias, a las pretensiones que podían menoscabar cada pueblo, yo me interpuse como un mediador equitativo; y puedo repetirlo con la mano sobre mi conciencia, y sin temor a ser desmentido, Buenos Aires ha tenido en mí el defensor más oficioso de sus intereses, de sus anhelos y de sus conveniencias.

La base de la Constitución está puesta y todos los Gobernadores han regresado a sus Provincias, para llevar a cabo los trabajos sucesivos, enviando a un punto designado a los Diputados que deben integrar el Congreso Nacional, sancionando la creación de una Autoridad Provisoria, que presenta la centralización de la República. Mucho antes de comunicarse oficialmente ese acuerdo [San Nicolás] a la Sala de Representantes de Buenos Aires, ya el grito de la demagogia se levantó para atacarlo, sembrando desconfianza, inspirando recelos, y presentando al hombre que acababa de combatir por la libertad, como un usurpador, como un tirano! Llega el momento del debate, y ya no es la discusión tranquila, ya no son las inspiraciones del patriotismo las que se manifiestan en los templos de la Ley, sino las insinuaciones pérfidas, los discursos sediciosos, todo lo que sirve a excitar el tumulto, y a ahogar la voz de los hombres sensatos. [...]

¿Y será este el resultado de la victoria que ha costado tantos sacrificios? ¿Y se perderá la Patria, porque conspire contra su tranquilidad y su existencia un puñado de hombres que asumen el nombre de Pueblo de Buenos Aires, para desplazarlo? ¿Y dejaremos de constituirnos porque los manejos anárquicos de unos cuantos demagogos, derraman veneno en el seno de la Patria? ¿Nunca se cerrará pues, esa era de agitación, que nos impide alcanzar nuestro objeto, y que ha malogrado tantos sacrificios y tantos triunfos?

No! Ni el Grande Ejército aliado, ni el Jefe que los condujo a la victoria, han sido animados de otros sentimiento que el de la libertad; no desean otro fin que el de restablecer el orden, de dejar cimentado el imperio de las Leyes, resueltos a inmolarse antes que consentir en que uno y otras sean violadas.

No! los que han combatido con denuedo la tiranía, nos librarán también de esa hidra con mil cabezas, que quieren levantarse para devorarnos. Esta lepra fatal, el mayor enemigo que tienen los pueblos, ha creado una situación alarmante en la ciudad de Buenos Aires, tomando un punto de arranque del Acuerdo celebrado en San Nicolás, y saliendo del franco y luminoso camino de una discusión templada. Ella ha colocado al país en una situación peligrosa, y reducido al Gobierno a no poder continuar en sus noble y patrióticas tareas.

En estos momentos, y cuando puede zozobrar el orden y alterarse profundamente la paz pública, yo no debo tener en mira sino mis compromisos formulados en mi programa, yo no consentiré en que, a mis propios ojos, y ante los mismos soldados que pelearon en Febrero por la libertad de la Nación, sea conculcada por unos pocos, sin mantener y hacer respetar el orden de cosas creado por el voto constitucional. En esa virtud he asumido la posición que me prescribe el deber. Me he colocado al lado del respetable magistrado que preside los destinos de la Provincia, por el voto unánime de sus compatriotas, le he ofrecido el apoyo de mi autoridad y de las fuerzas que mando, para que levante su voz, y llame en torno de sí, al pueblo, a los ciudadanos honrados, a los patriotas que aborrecen a los anarquistas y los sediciosos, y para que conserve el orden a fin de acelerar el momento deseado de la Constitución. [...]

5. Revolución del 11 de septiembre de 1852: Buenos Aires se separa de la Confederación Argentina

a) Las razones de Buenos Aires ante los sucesos del 11 de septiembre. Nota del Ministro de Gobierno de Buenos Aires al Ministro de Gobierno de San Luis (15 de septiembre de 1852), en Facultad de Filosofía y Letras, Sección de Historia, Documentos relativos a la organización constitucional de la República Argentina, *Buenos Aires, 1912, Tomo III, pp. 53-55.*

El infrascripto Ministro de Gobierno de la Provincia de Buenos Aires, tiene el honor de dirigirse a V.E. comunicándole que el día 11 del corriente mes, han sido restauradas las autoridades lejítimas de esta Provincia por la acción expontánea del Pueblo y del Ejército, que fueron derrocadas el 24 de junio por un avance arbitrario de una autoridad militar. Y a este respecto, el abajo firmante, cree de su deber exponer las principales causas del movimiento del 11, para que sea más comprensiva toda su justicia y toda su importancia.

La República Argentina, Señor Ministro, sufriendo el yugo de una sangrienta dictadura, cuyo centro se hallaba en Buenos Aires, había más de una vez sellado con la sangre de sus hijos la protesta de semejante estado. Todas las Provincias han legado más o menos a la historia de la nación, imperecederas lecciones de su resistencia a la tiranía.

Eslabonándose siempre los sucesos, ellos vinieron al fin a tener un término feliz en la jornada de Caseros. Pero Caseros no fue la obra exclusiva de nadie en particular, sino de una reunión de poderes, de principios y de Pueblos combinados para un solo objeto: para derrocar la dictadura de Rosas; y dar la libertad a Buenos Ayres y a toda la república, dejándola en estado de poder organizarse constitucionalmente. Así se lo prometieron todos los aliados. Pero no bien quedó vencido el Director, cuando empezaron a sentirse en Buenos Ayres, síntomas alarmantes de una opresión militar por parte del vencedor de aquel. Y estos indicios tuvieron al fin un estrepitoso desenlace el día 24 de Junio en que por una orden del General Urquiza, apoyada por su Egército para ofender a un Pueblo inerme, todas la Autoridades legítimas de la Provincia fueron derrocadas.

Bueos Ayres no pudo resistir por el momento, pero ella, como todos los hombres del Egército que habían peleado por una libertad práctica esperaban el momento de reivindicarse de aquel avance sobre los derechos de un Pueblo, a quien sus mismas desgracias hacían acceder a su mayor respeto.

Ese momento llegó el 11 del corriente, y entre las filas del Pueblo y del Egército, que proclamaban la restauración de las autoridades, Buenos Ayres vio con orgullo a viejos veteranos de la República, cuyos nombres son conocidos en sus Pueblos todos, en las glorias y en los sacrificios comunes que cuenta la República tanto en las guerras de su Independencia como de su libertad.

Este movimiento, Señor Ministro, ha de atar más y para siempre los lazos de hermandad que ligan entre sí a todos los miembros de la Nación.

La Provincia de Buenos Ayres quiere la paz, quiere la organización nacional, pero una organización que sea el efecto del voto de sus Pueblos, y no de la imposición individual de nadie. La Provincia quiere asistir al Congreso que ha de constituir la Nación; pero quiere asistir por su voto espontáneo; en uso de su derecho propio, y no por la dirección impuesta y dictada por un Gefe militar que, acreedor a gratitud y respeto, no lo fue ni podía serlo, a que la Provincia hiciere por él el sacrificio, porque para esto no está autorizado, no solamente el Gobierno, sino ni aun la misma Representación Nacional.

El abajo firmado se complace, al mismo tiempo, de poder comunicar a V.E. que la Provincia hará prácticas estas declaraciones, tan pronto como hayan vuelto la paz y el orden interior, necesarios como lo comprenderá la ilustración de ese Gobierno, para que la Provincia pueda presentarse dignamente ante un Congreso de la Nación. [...]
Valentín Alsina

b) La provincia de Buenos Aires reasume su soberanía.
Circular del Ministro de Relaciones Exteriores de Buenos Aires a las provincias, comunicando los sucesos acaecidos a consecuencia del 11 de septiembre (29 de septiembre de 1852), en Documentos relativos a la organización constitucional, *III, pp. 19-21.*

El infrascripto Ministro Secretario de Estado en el Departamento de Gobierno de la Provincia de Buenos Aires tiene orden de S.E. el Sr. Gobernador para dirijirse a V.S. incluyéndole los impresos que instruyen los notables sucesos ocurridos en esta capital desde el 11 del presente mes.
Reinstaladas en su virtud las autoridades legítimas y constitucionales de la Provincia que la espada del general D. Justo José de Urquiza había derribado violentamente el 24 de Junio; pronunciado todo el país, de un modo tan uniforme y ardiente, cual jamás se vio; y habiéndose en fin reconocido por el citado General Urquiza el perfecto derecho de esta Provincia, la H. Sala de Representantes, después de emitir el manifiesto adjunto, ha expedido la ley que igualmente se acompaña. Por ella se retira al General Urquiza el encargo de dirigir en cuanto a la Provincia de Buenos Aires las Relaciones Exteriores, las cuales quedan en cuanto a la misma encomendadas al Ministerio del infrascripto.
Habiéndo cesado pues la autoridad nacional en esta Provincia, su Gobierno ha ordenado el cese, respecto de ella, de

los Agentes de la República en países extranjeros, sin que obste a que continúen si es que para ello se creen autorizados, estos ejerciendo las funciones de tales en nombre y representación del resto de las demás Provincias Argentinas y costeadas por esta.

Dejando así cumplidas las órdenes que ha recibido de S.E. el Sr. Gobernador, solo resta al infrascripto protestar a V.E. las seguridades de su alta consideración.

Valentín Alsina

El Vicepresidente 1° de la H. Sala de Representantes
Al Poder Ejecutivo

La Honorable sala de Representantes de la Provincia de Buenos Aires usando de la soberanía ordinaria y extraordinaria que inviste, ha acordado y decreta con valor y fuerza la ley siguiente:

Art. 1. Cesa desde la promulgación de esta ley el encargo de mantener las Relaciones Exteriores de la República que el Gobierno de la Provincia de Buenos Aires delegó por su parte en el General D. Justo José de Urquiza.

Art. 2. El Gobierno de la Provincia de Buenos Aires en sus relaciones con las potencias extranjeras conservará y cumplirá, y hará se mantengan y cumplan en el territorio de la Provincia, en sus costas marítimas, en sus ríos, radas y puertos las obligaciones que el derecho internacional público y privado o tratados especiales hubiesen establecido respecto a las banderas y buques de naciones extranjeras, o respecto a las personas, bienes, acciones y derechos de los súbditos de otras potencias.

Art. 3. El Gobierno adoptará y someterá oportunamente a la sanción de la Legislatura las medidas que considere necesarias para llenar los objetos que expresa el artículo anterior, y proveerá de los empleados subalternos absolutamente necesarios a la Oficina de Relaciones Exteriores que queda a cargo del Ministerio de Gobierno.

Art. 4. Mientras no se constituya una autoridad nacional que represente a la República en el exterior, el tesoro de la Provincia cesará de pagar con arreglo a los usos establecidos, todo sueldo, asignación, costo o demás gastos, bajo cualquier denominación que sea de los Ministros públicos, y agentes diplomáticos, secretarios, escribientes, o agentes de las Legaciones de la República ante potencias Extranjeras.

Art. 5. El Poder Ejecutivo lo hará saber así a quienes corresponda. [...]

Buenos Aires, Septiembre 22 de 1852

c) El rechazo de las provincias a la separación de Buenos Aires. Mensaje del Gobernador de Salta, Tomás Arias, a la Legislatura dándole cuenta de la rebelión de Buenos Aires y del apego de la provincia al Acuerdo de San Nicolás (11 de octubre de 1852), en Documentos relativos a la organización constitucional, *III, pp. 36-37.*

¡Viva la Confederación Argentina!
A la Honorable Junta General de Representantes de la Provincia

Se adjunta copia legal de dos comunicaciones que se han recibido del Señor Ministro de Relaciones Exteriores de la Confederación datadas en la ciudad de Santafe a 14 y 15 de Setiembre. Se instruirán por ellas los Honorables Representantes de la escandalosa rebelión que ha tenido lugar en Buenos Aires. Algunos díscolos aprovechando la ausencia de S.E. el Señor Director Provisorio, que marchó a Santafé a llevar la augusta misión de instalar el Congreso General Constituyente, transformaron el orden público de aquel pueblo; pero el Jefe Provisorio de la Nación se dirije a ahogar la anarquía y castigar el crimen, haciendo uso de las atribuciones que le son concedidas, y deber que le impone la ley fundamental del 31 de Mayo, sin que este incidente desagradable interrumpa abrirse las sesiones del Soberano Congreso tan luego de reunirse el número de Diputados que deben componerlo.

El acuerdo de San Nicolás, Honorables Representantes, está declarado por ley fundamental de esta Provincia; y como igual resolución ha recaído en las demás de la Confederación, es ya una ley de la República Argentina, ninguna Provincia de las que la componen tiene derecho a sustraerse a lo que aquella prescribe, mucho menos para contrariar sus disposiciones cualquiera que sean los motivos que pueda alegar; pues no hay razón contra el precepto de la ley vigente, ni para admitirse disconformidad a lo que haya decidido la Nación. Y cómo podría mirarse con frialdad que un puñado de anarquistas pretendan investirse de un derecho de que carece cualquiera Provincia en la República?

¿Cómo podría tolerarse, que ambiciones e intereses personales disfrazados contraríen e interrumpiesen impunemente el voto unísono de la Nación, de existir constitucionalmente, voto traicionado por tantos años con mengua de la dignidad Argentina? Cómo permitir que se ahogue ese voto, señores Representantes, que después del triunfo de la libertad en Caseros, los Pueblos lo estiman realizado por la observancia de la ley de 31 de Mayo, y por la marcha de S.E. el Señor Director Provisorio, de conformidad a él y a las personas que hizo al iniciar la cruzada de Libertad de las dos Repúblicas del Plata? No, señor: el deber y el interés de los Pueblos y de los Gobiernos se sostiene con vigor y sin reserva de sacrificio, esa ley y la autoridad que establece, y que los ha ligado por la conveniencia mutua para arribar a esa organización anhelada.

¿Y en qué momento HH.RR. aparece esa rebelión? Cuando marchan todos los Diputados legítimamente electos de las Provincias a dictar la Carta Constitucional que prefije nuestra manera de existir, y señalando nuestros derechos y deberes, desaparezca la arbitrariedad que ha segado por tantos años todas las fuentes de producción, y todo halago en la vida del Ciudadano y aun del hombre.

El Gobierno, teniendo por único norte la obligación que le impone la Ley de 31 de mayo, los intereses bien establecidos de la Provincia, y los generales de la república, va a contestar en los términos que lleva expresados en la presente nota. Nada debe admitir ni omitirá, que sea necesario para el sostén de la autoridad nacional existente, de la organización del Congreso y ejecución de lo que este declare. [...]

6. Una reflexión sobre el conflicto entre Buenos Aires y las provincias desde 1810
Discurso de Martín Zapata, diputado por Mendoza, ante la Convención Constituyente de Santa Fe (22 de abril de 1853), en Asambleas Constituyentes Argentinas, *tomo V, p. 495 (reproducida en Dardo Pérez Gilhou,* Las provincias argentinas y la organización nacional, 1852-1853, *Mendoza, IAECyP, 2003, pp. 9-10).*

La federación que muchas veces han proclamado las provincias, si en algunas ocasiones ha importado la defensa de su independencia y su soberanía, las más de ellas han sido la expresión de justas resistencias al poder abusivo de algunos gobiernos de Buenos Aires. [...] Cuando esta provincia ha ido con sus valientes huestes a golpear la puerta del Río de la Plata, no ha ido, no conducida por la sed de sangre de un pueblo hermano y de sus riquezas propias: ha ido como el hermano desheredado injustamente a pedir a su hermano opulento la participación en la común herencia. Y cuando el gobierno de Buenos Aires mandaba también sus huestes, que a su vez devastaban esta Provincia, no era tampoco por el solo deseo de arruinarla y empobrecerla más, no; era el tigre viril y bien nutrido que pone su mano sobre el débil cachorro para que no adquiera brío y fuerza y vaya después a disputarle la presa. Los pueblos y particularmente los pueblos hermanos no se hacen la guerra por solo sed de sangre y destrucción; ellos tienen siempre sus motivos de que aunque muchas veces no puedan darse cuenta, son poderosos porque se fundan en causas positivas de malestar. [...] Todas nuestras guerras civiles de cuarenta años, no son mas que la expresión de estos dos hechos: dominación o influencias unas veces justas, y otras injustas del poder de Buenos Aires sobre las demás provincias, y resistencia, unas veces justa y otras injusta por parte de las demás. Esta es su historia viva, y estos dos hechos no han tenido otra causa que las condiciones inadecuadas con que las provincias y Ciudad de Buenos Aires han funcionado ante la República.

7. Guerra económica entre la Confederación Argentina y Buenos Aires: los derechos diferenciales

a) Carta de Juan Bautista Alberdi a Juan María Gutiérrez apoyando la ley de derechos diferenciales como parte de la guerra con Buenos Aires (Roma, 29 de mayo de 1856), en Beatriz Bosch, En la Confederación Argentina, 1854-1861, *Buenos Aires, Eudeba, 1998, 40-41.*

Los derechos diferenciales como *principio* son condenables por la sana economía, pero como *excepción* pueden ser santificados por la política económica, en ciertas circunstancias. Son como la guerra, condenables en sí, pero necesaria en ciertos casos.

Se dice que ellos darán lugar a represalias por parte de Buenos Ayres. Pero qué más hostilidad puede hacer ya Buenos Ayres a la Confederación que la que hace? Excluirá los productos de las provincias? Peor para Buenos Ayres; pues qué! los recibe por *favor* o por *necesidad?* Se dice que la Confederación perderá la ventaja de los capitales de Bs. As.: al contrario, ganará la ventaja de tener los propios y atraer los de Buenos Ayres mismo.

Una revolución profunda en el mecanismo del comercio interior de la República Argentina, tiene que obrarse más o menos tarde. Pues bien: el legislador debe ayudarla y facilitarla, por los medios de su alcance. Uno de ellos, es el sistema diferencial, pa. con la provincia, que ha querido diferenciarse de todas ella misma, y tratar a la nación, peor que lo haría el mayor enemigo extranjero. El país de la libertad, los Estados Unidos emplearon ese medio con los estados que se resistieron entrar a la *Unión* por miras de egoísmo y antinacionales. Tenían los mejores puertos y les dolía entregarlos al tesoro de la Unión. Por medio de una guerra sin pólvora y sin sangre, los trajeron a buen camino. Considerar el *derecho diferencial* de otro modo que como *derecho de guerra* es puerilidad. Pero, de guerra se trata, de *guerra civilizada*, es decir sin sangre. Que otra definición tiene el estado en que vivimos con Buenos Ayres, o en que vive con nosotros, desde su revolución del 11 de septiembre?

b) Carta del agente comercial de la Confederación en Buenos Aires, Daniel Gowland, a Tomás Guido señalando los alcances limitados de la ley (Buenos Aires, 2 de julio de 1857), en Bosch, En la Confederación..., p. 51.

Mi estimado General

Como di a U. reservadamente copia de mis observaciones sobre la ley de dros. diferenciales me parece bien ampliarlos con algunos datos pa. formar puntos de comparación.

En Junio han entrado á este puerto [Buenos Aires] 84 buques de ultramar, á saber, 14 de E. Unidos, 12 de Inglaterra, 12 de Francia, 9 de España, 5 de Génova, 9 del N. de Europa, 12 del Brazil, 10 de Cabo Verde y 1 de África.

En Junio no hé despachado para el Rosario mas que 4 buques que llevan 29000 arrobas de azucar, 160 lls. pies de pino, 250 pipas de vino, 2000 caxas licores, &&, y para Gualeguaychú uno con sal.

De los buques entrados en Junio, no conosco mas que dos qe. se preparan á seguir con el resto de carga, el Bey Ingles "Siriope", y el Holandes "Ommelander". Elm "Zuyger", que se espera de Hamburgo, tiene vendido aqui cargamento para seguir al Rosario. De lo que lleva el "Siriope" muy poco es lo que no sea vendido aquí, y del Ommelander todo. Qué comercio directo es este?

U. vé, asi mismo, cuan insignificante es lo que vá, y esto ha producido tanta escasez en aquellos mercados del interior que los comerciantes, yá empiezan á ver que les hace cuenta mandar de aquí los efectos en demanda, aun pagando los derechos dobles. [...]

8. Los sucesos de San Juan: asesinato del gobernador federal Valentín Virasoro

Carta de Nicolás Sotomayor al Presidente Santiago Derqui (Mendoza, 19 de noviembre de 1860), en Archivo del General Mitre, *Tomo VII, Antecedentes de Pavón, Buenos Aires, 1911, pp. 36-37.*

Señor doctor don Santiago Derqui. Mi estimado doctor: San Juan acaba de dar un escándalo más al país.

El 16 del corriente, a las 7 de la mañana se presentaron veinte y tantos hombres en la puerta de la casa del gobernador Virasoro, y después de matar al portero, mataron también cobardemente al Gobernador, que a los gritos salió de su cama con un hijo en los brazos, y en ese sentido recibió la muerte, quedando el niño con un balazo de cuidado.

Estos bárbaros no pararon en eso, mataron también al hermano de Virasoro, al joven Hayes, y a todos los hombres que vivían en la casa, incluso a dos enviados de Peñaloza, que habían llegado el día antes y paraban en la casa.

Por lo dicho verá, mi querido doctor, que San Juan es un pueblo especial, y comprenderá que debe atendérsele como a tal, si no queremos establecer y sancionar precedentes de guerra civil.

Como no puedo ser extenso esta vez, porque me falta el tiempo, voy a resumir en dos palabras lo que pienso del hecho.

Los sanjuaninos exagerados concibieron el plan de asesinar a Virasoro y a todos los que pareciesen sus amigos, y como la primera gente de ese pueblo es cobarde por excelencia, compraron hombres para llevar a cabo el hecho consumado.

La gente de frac de San Juan se cree garantida para todo desde que principió Buenos Aires a tener influencia.

Virasoro, comprendiendo que se atentaba contra él, desterró con otro pretexto a un doctor Aberastain y cuatro más; estos vinieron a Mendoza y dos días después Aberastain hizo volver a San Juan a dos de sus compañeros de destierro y fueron estos los que asesinaron a Virasoro y a su comitiva.

Al día siguiente del hecho, Aberastain y tres o cuatro mas sanjuaninos que estaban en esta, recibierno un chasque donde se les decía: "vénganse ya; todos están muertos". [...]

No quiero concluir sin avisarle un acto heroico de la señora de Virasoro; esta mujer ha tenido el valor de presenciar el asesinato de todos los de su casa, y ella misma, sin largar una lágrima, ha lavado con sus manos las heridas de todos los cadáveres que le dejaron.

Excuso más detalles porque esto es mejor.

Soy su amigo. Nicolás Sotomayor

9. Los sucesos de San Juan. La lucha de partidos y los prospectos de guerra civil

a) Urquiza acusa a Buenos Aires de fomentar el asesinato de Virasoro en apoyo a los liberales sanjuaninos.
Carta del General Urquiza al gobernador Mitre (San José, 19 de diciembre de 1860), en Archivo del General Mitre, *Tomo VII, Antecedentes de Pavón, pp. 145-148.*

[...] no hay relativamente a estos sucesos [de San Juan] ninguna disconformidad respecto de la apreciación de los hechos. Todos los detalles posteriores, sin excluir la oficial del Gobierno elegido en seguida de los asesinatos y por una reunión de gente encabezada por los que los perpetraron, no han hecho cambiar la opinión que desde primer momento formé, porque estoy al cabo de la larga premeditación del hecho, de los agentes que se han movido, de los que han recibido, de los que han repartido las armas y el dinero.

No importa que yo creyese que el gobernador Virasoro no había de hacerse querer en ese puesto, por su carácter irascible, violento, y ejerciendo la autoridad en un pueblo que no era el suyo. [...]

Rechacé a Virasoro como Gobernador de San Juan, aunque estimaba en él otras cualidades como militar, como rechacé a Aberastain cuando usted me lo indicó como sucesor diciéndole que era un hombre exagerado en sus pasiones políticas y que fue el principal instigador en el asesinato de Benavídes [...].

Y es la impunidad del asesinato de Benavídes la que ha traído este nuevo crimen, y la impunidad de este haría perder toda fe en los hombres y las cosas de nuestro país, lo desmoralizaría completamente y desacreditaría la paz y la unión, si no fuese bastante a producirse la violencia y sangrienta reacción de los partidos. Esa es mi opinión. [...]

Estoy perfectamente de acuerdo con usted en que la situación actual requiere de parte de los hombres influyentes del país la más imperturbable serenidad. Se ven síntomas reaccionarios. Los hombres que han pertenecido a un partido, los que han estado de parte de la Confederación son excluidos con cuidadoso odio del poder y de toda influencia; la fusión, que debía ser una condición indispensable de la paz y de la unión, se rechaza, y en medio de esto se mata como se mataba en plena anarquía o en pleno despotismo. Los Gobernadores se echan abajo a puñaladas, y los legisladores van en cuerpo a los calabozos. La alarma cunde, el país se conmueve y no sabemos hasta dónde puede llegar esa alarma si no es contenida enérgicamente por los que ejercen el poder legítimamente, y por la influencia moderadora de los hombres de patriotismo y de valer.

Dígole con toda expresión de verdad de que soy capaz, que jamás pude sospechar que los que enarbolaban los principios liberales y aceptaban la unión, como un remedio a la mala situación de San Juan, fueran capaces de la carnicería espantosa de que han sido víctimas los dos hermanos Virasoro y sus adictos.

b) Mitre rechaza la insinuación de Urquiza sobre la injerencia de Buenos Aires en los sucesos de San Juan y acusa a Urquiza de promover la guerra civil.
Carta del Gobernador Mitre al General Urquiza (Buenos Aires, 5 de enero de 1861), en Archivo del General Mitre, *Tomo VII, Antecedentes de Pavón, pp. 157-162.*

[N]o me cabe ya duda alguna que se cree que la revolución de San Juan y la muerte de Virasoro es obra directa de Buenos Aires, ordenada desde aquí y preparada con nuestro oro y hasta con el apoyo de mi Gobierno, y que usted, prestando oídos a esas acusaciones, se ha guardado de comunicarme sus creencias o sus dudas, dando a sus amigos la alarma en el sentido de que tales hechos son el resultado de un plan de partido que tiene por objeto el exterminio de los hombres que le son opuestos en otras provincias.

La última carta de usted, las acusaciones directas y apasionadas contenidas en la prensa del Uruguay, el modo de expresarse de algunas personas que dicen recibir sus informes de San José, conceptos de usted repetidos por algunos que se dicen sus amigos y el tenor de sus comunicaciones a los jefes de Corrientes, de las cuales han llegado multitud de copias a Buenos Aires, me han hecho formar aquella convicción. [...]

En la Concepción del Uruguay leí a usted una carta confidencial del señor Sarmiento, en que me hacía referencia a la negativa formal que habíamos dado a unos sanjuaninos que nos habían pedido dinero para trabajar contra Virasoro, y a los que a más habíamos declarado que no contasen con ningún apoyo de Buenos Aires, en el sentido de una revolución, porque la política de Buenos Aires era apoyar moralmente a sus amigos comunes de causa, sin fomentar directa ni indirectamente ningún desorden, recomendándoles al mismo tiempo moderación y prudencia, por más que reconociésemos que eran víctimas de un Gobierno intolerable por su inmoralidad y su violencia. De Buenos Aires no ha ido un solo peso, ni un concepto directo o indirecto, ni una esperanza siquiera que pudiese alentar la revolución de San Juan, ni siquiera ha existido la idea, en ninguno de sus hombres, incluso el señor Sarmiento, de faltar a este sistema de política. [...]

Esta es y esta ha sido nuestra política. Compárela usted con las acusaciones que se nos hacen, y diga usted, con toda conciencia, si tengo o no ese derecho de estar ofendido como hombre y lastimado como amigo.

Al sincerar a mi gobierno, a mis enemigos, y a mi provincia, de las imputaciones calumniosas que se les dirigen, bien sabe usted que no es por miedo ni vergüenza de reconocer la justicia de las revoluciones de San Juan, por mas que actos de violencia la hayan manchado con sangre, sin que esto quite que todo el pueblo en masa la proclame como obra suya y se haga solidario hasta de sus violencias, porque son un incidente, y como le he dicho a usted, no es por ellas por lo que debe ser juzgada.

Aun cuando yo ni ninguno de los míos haya promovido ni aprobado de antemano la revolución de San Juan; aun cuando todos la veían venir, incluso usted mismo, yo me hago un deber en proclamar justa y santa esta revolución; justa por las condiciones en que se encontraba el pueblo, y santa por sus objetos. Era un pueblo oprimido, saqueado, apaleado y despojado de todos sus derechos, que hace uso de la fuerza para recuperar lo que por la fuerza se le quitó, y por la fuerza se pretendía hacer servir a planes siniestros y liberticidas.

Esta es la voz que sale del fondo de mi conciencia, y la que nada ni nadie podrá hacer enmudecer. [...]

Derrocado el Gobierno legal, el pueblo de San Juan no creó ni pudo crear el Gobierno de Virasoro. Fue una imposición de la fuerza. Así ha salido ello. No contento con mandar en el primer período se hizo elegir contra las prescripciones de la constitución provincial, creando una sala compuesta de facinerosos, aboliendo la justicia, desterrando porque le daba la gana, medrando con las rentas públicas, apaleando en media calle a los que se le antojaba y conspirando abiertamente contra la política que tendía a la pacificación de la República.

Una intervención a mano armada en los asuntos de San Juan, no puede tener por objeto sino restablecer ese orden de cosas tan odioso como inmoral. Tan violento como ilegal, y yo y la Nación entera maldeciría una intervención semejante, que aparte de que promueve a sabiendas la guerra civil, va directamente contra la Constitución y contra la equidad, porque ya todo el mundo sabe lo que importa una intervención realizada por tropas indisciplinadas en el saqueo y la imposición brutal de la fuerza. [...]

Así, pues, la guerra civil se promueve porque se quiere promoverla a todo trance, aun antes de hacer uso de los medios pacíficos, y esto me autoriza a creer que no se va buscando castigar crímenes, sino castigar y sofocar una revolución legítima en sus fines, para vencer en ella a un partido político, por más que esa revolución sea en realidad la obra de todos los partidos que encierra la provincia de San Juan.

No le ocultaré a usted, general, que la opinión pública señala a usted como el instigador directo de esta política, y que, si esto es cierto, usted, que dice no querer pertenecer a partido alguno, se coloca fatalmente a la cabeza de un partido reaccionario, dando la alarma a otro partido que sólo necesita de la paz para ver triunfar las instituciones que son la salvaguarda de todos.

10. Las tropas de la Confederación
Lina Beck-Bernard, Cinco años en la Confederación Argentina, 1857-1862 *[1864]*, Buenos Aires, Emecé, 2001, pp. 201-202.

En un país como la República Argentina, donde durante mucho tiempo cada gobernador de provincia se creyó con derecho a mantener un ejército, el buen porte militar, la indumentaria correcta, el uniforme, resultaban un imposible. [...]

En el ano 1858, el general Urquiza pasó revista a la caballería de la Confederación. Eran catorce mil hombres –y si ponemos de lado nuestras ideas europeas sobre uniformes militares–, el conjunto presentaba, ciertamente, un magnífico aspecto. Los gauchos ricos de todas las provincias rivalizaban en elegancia. En los primeros rangos no se veían más que ponchos de colores lucientes, calzoncillos bordados, espuelas de plata cincelada; las riendas, los cabestros, los pretales de los caballos destellaban como las rosetas del precioso metal. Figuraba en la formación un cordobés que lucía un apero y riendas de oro, en las que había invertido diez mil pesos –cerca de cincuenta mil francos. Los caballos –sobre todo los de Entre Ríos– se distinguían por la viveza del andar y el lujo de los arreos.

Las maniobras ejecutadas por las tropas resulta son admirables, tanto por la presteza y uniformidad de los movimientos como por el arte de manejar las cabalgaduras. [...]

La infantería casi no contaba para nada, y es que las grandes distancias, los malos caminos, la abundancia de caballos, hacían preferible la caballería.

11. Impacto de la batalla de Pavón en Santa Fe
Lina Beck-Bernard, Cinco años..., *pp. 171-173.*

Durante las últimas guerras entre Buenos Aires y la Confederación (noviembre 1861), se vivieron en la campaña de

Santa Fe y la ciudad misma algunas semanas de angustiosa incertidumbre. Después de la batalla de Pavón, el general Urquiza cruzó el Paraná con su Estado Mayor dejando cerca de diez mil hombres de tropa sin comando y sin generales; con la caballería de Entre Ríos, formada por guardias nacionales en su mayor parte y aumentada por voluntarios y vagabundos. Sin jefes, sin víveres, sin dirección alguna, con el ejército de Mitre que los cerraba de muy cerca, esos desgraciados se dividieron en pequeñas partidas bajo la órdenes de algunos oficiales de graduación inferior. Medio muertos de hambre y de sed, pillaban en las estancias del camino, comían el ganado y se llevaban lo que no podían consumir. Algunas de esas bandas se extraviaron por las pampas lindantes con el Chaco y allí perecieron de sed o inanición. Otras pequeñas partidas llegaron a San Carlos, una dilatada colonia agrícola, fundada y habitada por europeos, al sudoeste de Santa Fe. Los colonos patrullaban activamente desde el comienzo de la guerra. Todos eran buenos tiradores de carabina y esa fama infundía respeto. La administración de la colonia no permitió ningún estacionamiento de tropas sobre las tierras cultivadas, pero los colonos, apiadándose de esos desgraciados, les señalaban los mejores sitios para vivaquear, fuera de los límites asignados para la colonia. Allí facilitaban provisiones y agua para los soldados y los caballos. Las tropas en grupos de doscientos, trescientos y hasta cuatrocientos hombres llegaban a Santa Fe para cruzar el Paraná y restituirse a su provincia, Entre Ríos.

En Santa Fe, con excepción de los miembros de la Municipalidad y algunos artesanos indispensables, no habían quedado más que mujeres, ancianos y niños. Las milicias habían sido enviadas a Rosario, donde estuvieron esperando en vano las órdenes del general Urquiza, que ya no impartía ninguna orden. La ciudad quedó a merced de las tropas en retirada.

Solos, sin más que los niños y los sirvientes en nuestra casa, organizamos algunas medidas de defensa. Diariamente examinamos con todo cuidado los fusiles y las pistolas, cargándolos y descargándolos para volverlos a cargar cuando nos pareciese necesario. Hacia la calle estamos protegidos por las sólidas rejas de las ventanas. Pero la puerta de entrada principal se halla carcomida y hacemos arrastrar nuestro coche hasta colocarlo atravesado contra la puerta, en el zaguán, formando una especie de barricada. Entre las ruedas se colocan algunas barricas de tierra como complemento de esa muralla improvisada desde donde puede hacerse fuego contra cualquier atacante.

Al ver nuestros preparativos de defensa, vienen a casa las familias de la vecindad pidiéndonos amparo en caso de asalto. Colocamos unas escaleras contra las paredes que dividen los patios para mudarnos a otro lado, a la primera señal de alarma. Nos preocupaba la responsabilidad de guardar y defender tantas personas en nuestra casa, pero ante el pedido insistente de los vecinos no podemos negarnos a concederles refugio. Tres semanas dura esa situación. En el horno de la casa se cuece doble ración de pan en previsión de que puedan bloquearnos impidiendo la salida, o de que lleguen nuevos huéspedes inesperados. Mientras nosotros fundimos en la cocina y fabricamos buena cantidad de cartuchos, las amigas criollas pasan el tiempo cosiendo entre sus vestidos las perlas y los brillantes o escondiendo el oro en los dobleces de los bolsillos y enterrando las vajillas de plata. Por la noche, al menor ruido sospechoso, al primer ladrido de los perros, ya estamos en pie para tomar las armas y recorrer los cuatro patios de la casa. Este estado de cosas se prolonga cerca de un mes. Durante ese tiempo, la retirada del ejército de Urquiza se lleva a cabo paulatinamente.

Las tropas llegaron a Santa Fe en el más miserable estado. El hambre mostrábase en los rostros de los soldados y estaban tan débiles que su andar no era muy seguro y marchaban apoyándose contra las paredes. Llamaban a las puertas de las casas y había quienes ofrecían sus sombreros de Panamá y otras prendas de vestir a cambio de un pedazo de pan. Siempre ayudábamos a esos desgraciados que solían agradecernos con maneras corteses y correcto lenguaje, denotando ser gente de buena educación y de familias distinguidas, como lo son muchos soldados de la milicia. No fueron pocos los que vendieron sus caballos, tan extenuados como ellos, pero de buena estampa, por un peso que les permitiera pagar el pasaje en los vapores que corren desde Santa Fe a la ciudad de Paraná, capital de Entre Ríos.

Entretanto el ejército del general Mitre avanzaba por cortas jornadas en buen orden, sin que fuera permitido el pillaje ni la devastación. La más severa disciplina regía en esas tropas, bien equipadas, bien provistas y bien comandadas. La caballería, a las órdenes del general Flores, acampó en las islas del Paraná, que tienen mejores pastos. Verdaderos villorrios de carpas se instalaron en las inmediaciones de Santa Fe. Los soldados hacían muchas compras pagando lo que consumían. De esta manera volvió a circular el dinero y se dejó sentir el bienestar, la seguridad, la actividad comercial.

12. Renuncia y exilio del Presidente de la Confederación, Santiago Derqui

"Carta del vicepresidente Juan E. Pedernera a Urquiza" (Paraná, 5 de noviembre de 1861), en Mariano de Vedia y Mitre, "Mitre y la unión nacional", Ricardo Levene (ed.), Historia de la Nación Argentina, *Buenos Aires, Academia Nacional de la Historia, 1947, vol. VIII, p. 519.*

Excmo. Señor Capitán General Libertador Don Justo José de Urquiza.

Mi querido general y amigo:

Hoy día a las ocho de la mañana tuve conocimiento de que el señor Presidente Derqui se hallaba en este puerto a borde del vapor de guerra británico 'Ardent'. Sin conocer la causa o los motivos que lo hubiesen impulsado a un paso semejante, traté de irlo a ver en compañía de los señores ministros de gobierno y lo pude verificar a las dos de esta misma tarde. Por resultado, después de cortos momentos de hallarme con él me significó: que la resolución inquebrantable que lo había traído a bordo, buscando asilo bajo el pabellón inglés para salir al exterior, había sido producida por la última convicción que tenía de que se encontraba sin autoridad, pues aun la escuadra que se había manifestado siempre subordinada a sus órdenes hoy las burlaba y no reconocía otras que las de V.E.: que por lo tanto, decidido a retirarse de la escena pública, como lo hacía conocer del gobierno por nota que hoy mismo le pasaría, muy luego también saldría de aquí; que así mismo se reservaba para después presentar un manifiesto a los pueblos dando cuenta de su conducta: pero que en la actualidad lo excusaba, por no promover una guerra civil; que por igual consideración reservaba también hacer su renuncia hasta que pudiera dirigirla al Congreso que se reuniese; que sobre todo no quería ni pretendía ser un obstáculo para lo que tal vez pudiera hacerse (quitado el pretexto de su persona) en bien del país, y en respeto de las instituciones de Mayo, cuya conservación deseaba y por cuyo triunfo hacía votos al cielo desde la vida privada a la que se retiraba para siempre. Todo esto casi a la letra es lo que nos expuso. Después entrando en otros pormenores se lamentó de la desgracia de no haber podido entenderse después de Pavón con V.E. por más protestas de amistad que le había hecho y aun de renuncias de todo género para decir a V.E. a que viniese a concurrir a la defensa de la causa nacional, perdida por nada otra cosa que por haberse separado V.E. Que por último lo que más deploraba era ver que la obstinación de V.E. hacía perder la mejor ocasión, pues que Mitre se hallaba impotente por las contradicciones con que tocaba en su propio ejército y las que formaba y procuraba la prensa de Buenos Aires. Que esto era demasiado doloroso porque V.E.

a costa de unos pequeños esfuerzos se ponía en el más seguro camino para cubrirse de nuevas y más preclaras glorias volviendo de nuevo a dar vida a esta patria fundada por V.E. En una palabra, general, consideraciones e ideas de este género son las que preocupan al hombre, y no han sido de otra especie ni en otro sentido aquellas de que se ha ocupado la entrevista. [...]"

13. Urquiza reflexiona sobre su accionar en Pavón y su futuro político

"Nota del general Urquiza al gobierno de Entre Ríos", 25 de noviembre de 1861, en Facultad de Filosofía y Letras, Documentos relativos a la Organización Constitucional de la República Argentina, *Buenos Aires, 1911, T I, pp. 262-267 (reproducida en Bosch,* Presencia, *pp. 202-208).*

Uruguay, noviembre 25 de 1861

Al Excelentísimo Gobierno de Entre Ríos.

La situación gravísima en que se encuentra el país, me obliga a dirigirme a Vuestra Excelencia solicitando que, en vista de ella, el gobierno de la provincia asuma la actitud que pueda salvarla de la lucha en que se halla el gobierno general después de haber agotado en ella sus recursos todos.

Doloroso es que la provincia de Entre Ríos que tan grandes sacrificios ha oblado, que tan inmensos esfuerzos ha hecho por conservar las autoridades nacionales emanadas de la organización política que ella como ninguna otra contribuyó a fundar, pueda verse reducida a desligarse de sus compromisos con ella, porque de otro modo no podría salvarse de una guerra desastrosa y cuando aquellas autoridades han perdido el poder que ejercían, sin elemento alguno para restablecerlo, aun cuando las provincias consintiesen en ver perecer sus hijos en una lucha que ha dejado de ser regular para cambiarse en un abismo de anarquía y de disolución.

Pero ésta es la dura verdad que he creído deber declarar el primero, con la serenidad que de la conciencia tranquila, y libre la responsabilidad de tan sensible extremo.

Debo mi gloria a este pueblo de leales que no ha excusado jamás esfuerzo alguno a mi voz para acometer las grandes empresas con que nos ha sido dado enriquecer la historia de la patria; débole el sacrificio de todos mis sentimientos personales cuando le debo la vida; es por eso que no necesito declararle, aun cuando cargue con la animadversión de cuantos sean capaces de posponer los intereses generales a los suyos propios. "Todo sacrificio que se llegue a exigiros para sostener el edificio ruinoso del gobierno nacional sería inconsiderado y estéril. Agotado el tesoro de la Nación, ya no es posible formar un ejército, y la guerra individual de las provincias, importaría de suyo la caducidad de la autoridad nacional."

Por lo mismo que la provincia de Entre Ríos es la que más se ha sacrificado por resolver el problema de la unión constituída de la República, tiene el derecho de contemplarse a sí misma antes de continuar en la senda, donde atraería sobre ella todos los males de la guerra, sin que pudiese halagarla el éxito, sin el temor después de haber sufrido aquellos, de cosechar mayores decepciones.

Después de haberse disuelto todas las fuerzas nacionales en armas en Santa Fe, sin que queden más de mil quinientos hombres de Buenos Aires en aquella provincia obedeciendo la voz de la autoridad federal, el Presidente de la República doctor don Santiago Derqui, que tomó la dirección de la guerra después de la batalla de Pavón, ha abandonado su puesto embarcándose en el vapor de Su Majestad Británica "Ardent", luego de haber agotado todos los recursos de la autoridad que investía, y se dirigió a país extranjero.

Este suceso ha sido desmoralizador en sumo grado.

La provincia de Santa Fe está desarmada, no son las fuerzas de esa provincia las que se oponen a las de Buenos Aires que ocupan y dominan su población más importante. Despedazada por los desórdenes que se sucedieron a la batalla de Pavón, dejó caer dolorida de las manos las armas que su lealtad y la causa nacional le hicieron empuñar y que le cuesta tremendos sacrificios; tampoco puede exigírsele uno más. El Comisionado Nacional, que era el Presidente mismo, se ha visto obligado a abandonar un pueblo, cuyos ayes de desesperación por los sufrimientos que se le impusieron, sofocaba ese entusiasmo viril que le caracteriza la historia.

La guerra no puede sostenerse un día más, si la provincia de Entre Ríos no se echa encima toda su ominosa carga y desvía a su costa sus hijos nunca compensados de sus servicios, a sostenerla allí, mientras se expone a que su territorio se haga teatro de la lucha.

El gobierno nacional reclama mi concurso y el de la provincia como lo único que puede ofrecer en holocausto a su autoridad derruida. Yo no puedo exigirle a Entre Ríos sea una víctima que sacrificar, al honor de sostener hasta el último trance una cuestión entre hermanos.

Creo por el contrario, aunque se me reproche que ofendo mis antecedentes militares, creo que corresponde a mi deber de entrerriano, señalarle el camino por donde debe salvarse, cuando en la situación en que se encuentra, los esfuerzos que haría sería para ella de ruinosas y calamitosas consecuencias. Ella, por lealtad ha contribuido a la guerra que el gobierno de la Nación hacía a Buenos Aires; no es responsable ella. Todo esfuerzo hice a su nombre para evitarla pero mientras se me designó el primer puesto en el peligro, de toda autoridad se me desnudó, toda confianza se me negó para evitarlo, y para ahorrar al país la calamitosa situación que le causa por todas partes sensible ruina y perturbador atraso. Cuando le es dado, pues, alzar su voz, y producir un hecho con el derecho que le da la razón superior de su propia conservación para detener la guerra, y hacer vislumbrar un horizonte tranquilo a la República toda, no puede titubear.

¿Bajará de su importancia política? Quizás. Pero salvará los progresos que debe a la paz, conjurará la desolación, los crímenes, el luto, la sangre, la orfandad y la miseria que cortejan la lucha civil, mantendrá prósperos y tranquilos su industria y su comercio ¿y no es éste el objeto todo de aquéllos a quienes le confía el pueblo sus destinos?

Desgraciados somos los argentinos hace cincuenta años, porque luchamos sin fin despedazándonos por las conveniencias de las formas políticas, en que somos inhábiles precisamente porque nos hemos achicado con nuestras reyertas incesantes, y nuestras luchas las tomamos por nuestro natural ardiente con el entusiasmo que sólo merecía una guerra extranjera.

¿Qué nos promete la unión bajo las condiciones en que los sucesos la han colocado? ¿Qué nos promete una separación temporaria? La paz y marchar por ella a la reconstrucción tranquila de esa misma nacionalidad que no queremos perder. Y puede un necio orgullo nacional sacrificarnos por lo primero.

Las autoridades nacionales existentes han perdido todos los elementos que constituyen el poder, y que establecen el derecho de imponer su voluntad.

La provincia de Entre Ríos debe volver a ser lo que fué el 1º de Mayo de 1851; debe reasumir su soberanía y sustraerse a la lucha. Su ejemplo será seguido y la paz lucirá pronto para toda la República. Este hecho la coloca en plena paz con Buenos Aires como con las demás provincias argentinas que pronto hallarán el medio de volver a poner en vigencia la Constitución federal jurada en paz, en unión y libertad, como corresponde a estados cultos, y no despedazándose bárbaramente porque tales o cuales hombres ocupen el poder.

La provincia de Entre Ríos no tiene que temer, así ningún enemigo tendrá. Buenos Aires la respetaría en su actitud noble y prescindente y ella y todos sus hermanos y los pueblos que con nosotros tienen conexiones y cuyos intereses comprometemos en nuestras luchas, nos agradecerán el contribuir así muy eficazmente a hallar término, el único posible, a una situación tan preñada de desastre como imposible de sostener.

Nos maldecirán los apasionados partidarios, todos los que viviendo de la cosa pública, a su interés posponga la felicidad del pueblo; pero aplaudiremos ese pueblo a quien cegamos horribles, incalculables dolores; la humanidad que se encomia en los sacrificios heroicos de la vida y de la fortuna, no ensalza menos los del amor propio que ahorran sangre y desastres.

La historia no cantará sobre las tristes ruinas de nuestro suelo la abnegación fatal de sus héroes; señalará los progresos debidos a la prudencia de los que envainaron la espada por no desgarrar más tiempo el seno de la Patria.

Arda lejos la tea de la discordia y ensangriéntense los que ensordezcan el furor de los partidos; proteja a Entre Ríos el iris de la paz, cuando a sus hijos ninguna ambición bastarda embarga, sino la de vivir tranquilo y engrandecer a su Patria.

Puedo y debo expresar a Vuestra Excelencia que cuento con la garantía de la palabra del gobernador de Buenos Aires, general en jefe de su ejército, para asegurar que colocada la provincia en las condiciones de su autonomía política, ninguna hostilidad le será inferida, y que reconocida como base *si ne qua non* de toda unión posterior la constitución federal jurada, no sólo se le reconocerá el mérito de haber contribuído a la cesación de la guerra sino a la conservación del sagrado código, a la que únicamente podía dedicar sus últimos esfuerzos, hasta los mayores sacrificios.

No embargue el temor de falta de otras garantías más positivas la resolución que corresponda porque la provincia tiene sobrado poder para resistir todo ataque injusto y toda humillación que quiera imponérsele; dígolo para quienes no tengan como yo la confianza de que esto no ha de suceder.

Ni Buenos Aires, ni provincia alguna pueden olvidar los servicios que nuestro pueblo ha prestado a la libertad y organización de la República; aquella estimará con nobleza nuestra conducta presente que se armoniza con la que observó cuando Caseros y Cepeda: las otras imitarán su ejemplo. El gobierno de Vuestra Excelencia protector, liberal y progresista, en todas las condiciones de orden y regularidad, fuerte y popular, presidiendo un pueblo de bravos y de leales, donde no hay divisiones, ni colores de partido, merece a todos simpatía y respeto. Sin dejar la bandera de nuestros mayores, ni adjurar la ley de unión porque tanto se ha combatido, ahora el pueblo de Entre Ríos se halla en el caso de declarar que no derrama su sangre, ni compromete sus intereses sino en defensa propia y en guerra nacional. Basta ya de sacrificios estériles y nunca compensados.

En cuanto a mí, me encuentro satisfecho de haber cumplido un deber; correspondía en el pensar del vulgo, a mis antecedentes, y a mi gloria, volver a arrostrar la muerte llevando una vez más al sacrificio mis viejos soldados, pues, prefiero la muerte obscura del ciudadano laborioso y pacífico si a costa de mis antecedentes y de mi gloria, mi pueblo consigue días serenos, y si la República ahorra la sangre de sus hijos, la riqueza de su suelo y deja de dar compasión al mundo con la perpetuidad de sus desgracias. Disminuirá el número de los que lisonjean mi prestigio: cambio ese canto de gloria por las bendiciones de las familias de mis soldados y de mis conciudadanos todos para las que pido días sin zozobras, después de tantos años que la soportaron por los halagos de la prosperidad, de la industria y del comercio que con la paz podrán poner a nuestros pueblos en las verdaderas condiciones de pueblos libres.

Disimúleme Vuestra Excelencia estos desahogos y ofrézcole personalmente las demás explicaciones que esta manifestación haga necesaria para el objeto que he indicado.

Si bien Vuestra Excelencia con el conocimiento de la correspondencia cambiado con el señor gobernador de Buenos Aires y de la misión confiada al señor Moreno, está en actitud de juzgar que he dicho cuanto me ha sido posible por obtener ventajas para todos los pueblos, llegándome a persuadir que es indispensable hoy, si es honroso salvar a la provincia de ruinosa guerra, acudir al extremo que he manifestado.

Ya antes le había indicado a Vuestra Excelencia que hubiese urgido porque se llevase a cabo, si no hubiese creído conveniente agotar algunos esfuerzos más para conseguir que la existencia constituída de la República no sufriese un síncope peligroso siempre; pero forzosamente colocado entre los extremos de furiosa e interminable guerra, o una separación temporaria, no me ha parecido deber hesitar por las expuestas consideraciones.

Dios guarde a Vuestra Excelencia.

Justo J. de Urquiza

14. Plan político de Mitre después de Pavón
"Respuesta del General Mitre al General Urquiza" (2 de noviembre de 1861), Archivo del General Mitre, tomo X, pp. 43-48.

[E]xpondré a V.E. los puntos capitales del programa político que me propongo seguir, y que es el que determinan las leyes, los principios y los antecedentes del pueblo de BuenosAires, en cuyo nombre debo obrar; pero al mismo tiempo manifestaré a V.E. francamente los medios y los modos de ejecución que he de emplear al efecto:

1. Buenos Aires no reconoce ni puede reconocer las autoridades nacionales que han caducado de hecho y de derecho, que por otra parte son impotentes para dominar la nueva situación [...].

Como consecuencia natural de este propósito, procurar que todas las provincias hermanas se uniformen a él, retirando sus poderes al Gobierno Nacional, al mismo tiempo que sus diputados del Congreso, excluyendo tan sólo la concurrencia de aquellas provincias que no de hallen en condiciones regulares y de las que hablaré más adelante.

3. Invitar a las provincias a reasumir mientras tanto su soberanía local, manteniendo cada una de ellas, como en depósito, los establecimientos y pertenencias nacionales que se hallen ubicadas en sus territorios respectivos [...].

4. Propender entretanto a que se reúna un Congreso, a cuya convocatoria invitará Buenos Aires a las demás provincias, debiendo tener lugar su reunión a la margen derecha del Paraná [...]; debiendo dicho Congreso elegirse, componerse y reunirse con arreglo a las prescripciones de la Constitución reformada, que todos hemos jurado.

5. Sobre la base de la Constitución Nacional, ya jurada y que es el vínculo que en el entretanto ha de salvar la integridad nacional, reconstruir los poderes públicos que han de regir la Nación, abriendo así una era de paz, de orden, de libertad por el concurso de los mismos pueblos, sin que los intereses de los unos sean sacrificados a los de los otros, y deponiendo en aras de la patria pasiones pequeñas y mezquinas que puedan comprometer su felicidad.

Las bases de este programa, que tiene principalmente en mira la dignidad de los pueblos confederados de que Buenos Aires forma parte integrante, el respeto a sus libertades y derechos, la igualdad que debe existir entre ellos y la seguridad presente y futura de todos los poderes que concurran a esta obra de patriotismo, mostrará claramente a los pueblos que el ánimo de Buenos Aires no es ni puede ser dominarlos ni hacer la guerra a las provincias, como se dice, ni establecer un predominio político que le sería funesto y que nada sólido podría fundar, ni mucho menos el mezquino interés de poner y quitar gobernadores, interés que ha comprometido más de una vez la suerte de la Nación y que la comprometería de nuevo si Buenos Aires no estudiase en el libro de nuestra dolorosa experiencia.

Por consecuencia, y como complemento de lo que dije a V.E., puedo asegurarle que Buenos Aires sólo hará la guerra a los que se la hagan a el, y que su deseo y su interés no puede ser otro que cerrar lo más pronto posible el periodo de lucha, dando a los pueblos lo que más necesitan que es la paz, [...] reuniéndose todos bajo la protección de la Constitución que todos hemos jurado y que es el único vínculo político y social que puede salvar la Nacionalidad Argentina, impidiendo una disolución que nos cubriría de oprobio. [...]

[P]ara concretar en pocas palabras lo substancial de esta carta, diré a V.E.: –que [...] la paz del litoral será un hecho fecundo en resultados para los pueblos, haciendo desde luego cesar los males de la guerra en las provincias ribereñas; que producidos estos hechos, el programa que he manifestado a V.E. será religiosamente cumplido, como ha empezado a cumplirse en Santa Fe, hasta pacificarla completamente; que esto será sin perjuicio de seguir operando militarmente en Santa Fe, hasta pacificarla completamente, y de llevar nuestra acción hasta Córdoba para asegurar el resultado que se tiene en vista; entendiéndose que considero al Gobierno actual de San Luis como colocado fuera de las condiciones que hagan posible un arreglo con él, excluyendo de la invitación al de Mendoza y esperando que la situación de San Juan sea compatible con un nuevo orden de cosas; que considero que las provincias de La Rioja, Catamarca, Salta, Jujuy y Santiago del Estero se hallarán en condiciones de concurrir a un Congreso, lo mismo que las del litoral, si su situación no se modificase por hechos violentos; que por lo que respecta a Tucumán, no debe avanzarse un juicio definitivo, pues en presencia de los sucesos que allí se desenvuelven puede ser necesario adoptar medidas adecuadas [...].

15. Buenos Aires a la conquista del país: la expedición a las provincias (1861)

"Instrucciones al General Paunero, jefe del Primer Cuerpo de Ejército, encargado de la expedición" (28 de noviembre de 1861), Archivo Mitre, **tomo X**, *pp. 174-175.*

Gobernador de Buenos Aires y General en jefe del ejército - Cuartel general en el Rosario, noviembre 28 de 1861.

Al Jefe del primer cuerpo del ejército de Buenos Aires, general D. Wenceslao Paunero:

Habiendo sido nombrado V.S. jefe del primer cuerpo de ejército, se sujetará, en sus operaciones, á las instrucciones siguientes:

1. Marchará en dirección a Córdoba con las fuerzas de su mando, con el objeto de ocupar militarmente aquella provincia, apoyando los movimientos que ella efectúe o haya efectuado con tendencia á uniformar su política con la de Buenos Aires.

2. Su misión política es reinstalar las autoridades legales de aquella provincia apoyando la reunión de su Legislatura para que esta decida sus destinos, cuidando no mezclarse en los partidos internos y respetando en todo caso lo que allí se haga, con tal que no redunde en daño directo de la política que está encargado de sostener y hacer triunfar por las armas. [...]

3. Propenderá a que se forme en Córdoba un cuerpo de tropas costeado por la provincia [...], cuyos haberes y gastos que ocasione serán costeados por las rentas de la aduana del Rosario.

4. Apoyará, si así lo creyere conveniente, todo movimiento sobre la provincia de San Luis con tendencia a cambiar su actual situación, procurando no comprometer en él más fuerzas que las que se mencionan en el artículo anterior, á menos que considerase absolutamente indispensable lo contrario, pues por lo pronto el gran interés y su principal objeto es posesionarse de Córdoba para obrar desde allí política y militarmente, según convenga. [...]

En cuanto a las reglas de proceder para los casos no previstos en estas instrucciones, el infrascripto confía en el patriotismo, valor y prudencia que V.S. tiene acreditados. [...]

Bartolomé Mitre

16. Las provincias retiran sus diputados del Congreso de la Confederación, reasumen su soberanía y delegan el poder en el gobernador de Buenos Aires, Bartolomé Mitre (1862)

"Ley sacionada por Provincia de Jujuy reasumiendo su soberanía" (9 de febrero de 1862), en Facultad de Filosofía y Letras. Sección de Historia, Documentos relativos a la organización constitucional de la República Argentina, *Buenos Aires, 1912, vol. 3, pp. 22-23.*

La Honorable Sala de representantes en uso de sus atribuciones que inviste ha sancionado la siguiente:
Ley:
Artículo 1. La Provincia de Jujuy reasume la soberanía interior y exterior delegada á los Poderes Nacionales, en virtud de haber caducado de hecho y de derecho dichos poderes, quedando desde ahora retirados sus Diputados y Senadores del Congreso de Paraná.

Artículo 2. Autorízase al Brigadier General D. Bartolomé Mitre, Gobernador de la Provincia de Buenos Aires para convocar y hacer efectiva la reunión del Nuevo Congreso Federal con arreglo a la Constitución reformada á la brevedad posible y en el lugar que él designe.

Artículo 3. Ínterin se reúna el Congreso de que habla el artículo anterior, confiérese al Brigadier General D. Bartolomé Mitre las facultades que por la Constitución competen al P. E. Nacional, á los fines de conservar el orden interior, y mantener las relaciones exteriores, siendo responsable del uso que haga de ellas ante el mismo Congreso.

Artículo 4. Comuníquese al P. E.

V. Buenos Aires y la reacción del interior (1862-1870)

1. Las montoneras: hambre de tierras y agua entre los campesinos de los llanos
Domingo F. Sarmiento, "La travesía", en Vida del Chacho *[Buenos Aires, 1866], Buenos Aires, Caldén, 1968, pp. 34-41.*

Las faldas orientales de la cordillera de los Andes, desde Mendoza hasta la cuesta de Paclín, que divide a Catamarca de Tucumán, pocas corrientes de agua dejan escapar para humedecer la llanura que se extiende hasta las sierras de Córdoba y San Luis, al este, que limitan este valle superior. La pampa propiamente dicha principia desde las faldas orientales de estas últimas montañas. Desierto es el espacio que cubren los llanos de La Rioja, las lagunas de Huanacache, hasta las faldas occidentales de las dichas sierras. El Bermejo de San Juan, que rueda greda diluida en agua y se extingue en el Zanjón; los ríos de San Juan y Mendoza, y el Tunuyán, que forman los lagunatos de Huanacache e intentan abrirse paso por el Desaguadero y se dispersan y evaporan en el Bebedero, he aquí los principales cursos de agua que humedecen aquel desolado valle, sin salida al océano por falta de declive del terreno. Veinte mil leguas cuadradas que forman las Travesías, están más o menos pobladas según que el agua de pozos de balde o aljibes ofrezca medios de apacentar ganados.

A la falda de los Andes están dos ciudades, San Juan y Mendoza, que no modifican con su lujosa agricultura, sino pocas leguas alrededor, el desolado aspecto de país llano, ocupado en parte por médanos, en parte por las lagunas, y al norte cubierto de bosque espinoso, garabato y uña de león, que desgarran vestidos o carne, si llegan a ponerse en contacto. Estas espinas corvas o encontradas como el dardo, dejarían al paso como a Absalón, colgado a un hombre, si la rama no cediese a su peso. Los campesinos habitantes de estos llanos llevan a caballo un parapeto de cuero para ambos lados, que cubre las piernas y sube alto lo bastante para tenderse y cubrirse cuerpo y rostro tras de sus alas. Por escasez de agua, ni villa alcanza a ser la ciudad de La Rioja, que está colocada a la parte alta de los Llanos; igual inconveniente al que retarda el crecimiento de San Luis, no obstante que ambas cuentan tres siglos de fundadas.

A estas facciones principales de la fisonomía del teatro del último levantamiento del Chacho, agréganse otras que, por imperceptibles al ojo, pasarían sin se notadas.

Las lagunas de Huanacache están escasamente pobladas por los descendientes de la antigua tribu indígena de los huarpes. Los apellidos Chiñinca, Juanquinchay, Chapanay, están acusando el origen y la lengua primitiva de los habitantes, El pescado, que es allí abundante, debió ofrecer seguridades de existencia a las tribus errantes. En los Berros, Acequión y otros grupos de población en las más bajas ramificaciones de la cordillera, están los restos de la encomienda del capitán Guardia, que recibió de la corona aquellas escasas tierras. En Angaco descubre el viento, que hace cambiar de lugar los médanos, restos de rancherías de indios de que fue cacique el padre de la esposa de Mallea, uno de los conquistadores. Entre Jáchal y Valle Fértil hay también restos de los indios de Mogna, cuyo último cacique vivía ahora cuarenta años.

Pero es en La Rioja misma donde se encuentran rastros más frescos de la antigua reducción de indios. Al recorrer esta parte del mapa, la vista tropieza con una serie de nombres de pueblos, como Nonogasta, Vichigasta, Sañogasta y otros con igual terminación, que indican una lengua y nacionalidad común que ha dejado recuerdo imperecedero en los nombres geográficos. Discurriendo estos nombres por las faldas de las montañas, uno de ellos penetra en San Juan por Calingasta. Un filologista noruego, al leer estos nombres, entregábase a conjeturas singulares, a que lo indujo a averiguada semejanza de los cantos indígenas llamados yaravíes con las baladas populares escandinavas y la frecuente ocurrencia en América de la terminación "marca", significativa de país o región en el gótico, Catamarca, Cajamarca, Cundimarca y otros que recuerdan a Dinamarca o país de los danos, y las "marcas" de Roma que son denominaciones dadas por los lombardos; creía encontrar en las terminaciones en "gasta" la misma en "ástad" de Crosntad, Rastad y cien más que, fuera de toda duda, son la misma de Belukistán, Afganistán, Kurdistán, cuya raíz significativa se halla en el sánscrito, ramificación, como el gótico, de un idioma común al pueblo ariano que dio origen a las naciones occidentales por sucesivas emigraciones.

Más asombroso y de más reciente data encontraba el nombre de Gualilán, que tiene en las inmediaciones de San Juan un mineral de oro trabajado desde tiempo inmemorial; "úel" o "gold" es en gótico "oro", y "land" la terminación de Shetland, Ireland, Island; Gualilán significa, pues, literalmente, "tierra de oro", importando poco las vocales, que se cambian según la ley llamada de Grimm; reputando imposible que la casualidad hubiese dado al mineral el nombre significativo que lleva, desde que se sabe que todos los nombres antiguos de lugares expresaron circunstancias y accidentes locales, como Uspachieta o Uspallata, en quichua, significa montañas de ceniza, color que en efecto asumen las circunvecinas, y cuyo nombre dieron los conquistadores peruanos que invadieron a Chile por el camino del Inca, visible aun a lo largo del valle de Calingasta, y cuyas "pascanas" de piedras, a guisa de villorrios, se encuentran en la quebrada que conduce al paso de la cordillera de Uspallata y pasa por el Puente y la Laguna del Inca.

En Calingasta se encuentran numerosos vestigios de las poblaciones indígenas y restos visibles de la conquista. Por allí estaban las célebres Labranzas de Soria, minas de plata cuyos derroteros se encontraron en el Cuzco en poder de los indios, y que más tarde en su busca trajeron el descubrimiento de las minas del Totoral y Castaño, como la alquimia tras la piedra filosofal reveló los principios de la química. En Calingasta la tradición oral da al capitán Soria una epopeya que termina en la muerte, mandado a ajusticiar por los reyes de España por haberse rebelado con las indianas. Quizá éste es sólo el eco lejano del fin trágico de Gonzalo Pizarro, ajusticiado por La Gasca, y cuyo rumor se extendió por toda la América. En apoyo del hecho muéstranse varios lugares donde, en excavaciones naturales a lo largo de la falda de ciertos cerros, están hacinados por millares esqueletos de indios, muertos, según se dice, de hambre, por no someterse a los conquistadores españoles.

Un examen inteligente de estos curiosos restos muestra, sin embargo, que son cementerios de antiguas y numerosas poblaciones indígenas que poblaron el fértil valle de Calingasta, y que han desaparecido con la conquista. Más al norte, y en dirección hacia el punto de donde vino el pueblo de las terminaciones en "gasta", se encuentra una montaña de sal gema con cavernas prolongadas a extensiones aún no reconocidas en su interior. Estas cavernas son un vasto osario de momias de indios que conservan el cabello en trenzas y las carnes acartonadas, preservadas acaso por las emanaciones salinas del lugar o por algún procedimiento de embalsamar.

Más significativos restos se conservan en el valle mismo de Calingasta, cerca de las actuales poblaciones cristianas. En las extremidades de los espolones de un conglomerado antiguo de guijarros unidos por un cemento, en que el río se ha excavado su actual lecho, vense unas depresiones circulares de origen artificial, hasta quince en un solo lugar. Estas depresiones corresponden a la entrada de otras tantas criptas o tumbas excavadas dentro del conglomerado en bóvedas, llenas hasta la altura de la entrada de esqueletos de indios. En los que se han sacado, todos con cabello rojizo por la acción del tiempo, se encontraron algunos objetos de arte indígena, tales como agujetas de oro con un guanaco figurado, y algunas de cobre. Un esqueleto de niño en una canastilla de esparto de las Lagunas, preciosa industria que se conserva aún en Guanacache, y en Valdivia en Chile. Una espada toledana con empuñadura de plata encontróse en otro punto; y es variado el surtido de vasijas de barro que abundan por todas partes.

A lo largo del río, por leguas, vense de ambos lados en el terreno alto dos bandas o listas blancas que señalan los vestigios de antiguos canales de irrigación, que sirvieron al cultivo del maíz, pues las piedras llamadas "conanas" en que lo molían, y agujereadas por el uso, abundan por todas partes, La vega es igualmente fertilísima y produce hoy el preferido trigo de Calingasta. Aquellas indicaciones de canales sirvieron el gobernador de San Juan en 1863 para fijar el lugar donde habían de erigirse las fundiciones de Hilario, que empiezan a dar nueva vida y riqueza mayor que las Labranzas de Soria a aquellos lugares despoblados por la conquista.

Hacia el centro del valle está la Tambería, que los habitantes muestran como población indígena, y el nombre haría creerla colonia peruana; pero inspeccionándola de cerca vese que es Reducción, según el plan de los jesuitas, y la explicación no sólo de la desaparición de los indios, sino de hechos iguales en La Rioja, y que van a entrar luego en la historia del movimiento indígena campesino suscitado por el Chacho.

La Tambería de Calingasta compónela una serie de ruinas, siguiéndose unas a otras para construir una plaza en cuadro, visiblemente como medio de defensa. En la parte más alta del terreno hay un edificio de piedras toscas, "pirca", de diez varas de ancho y veinte de largo. Ésta ha sido la iglesia, aunque no se descubre cómo ha sido techada, no habiendo en los alrededores maderas naturales. El tamaño del edificio indica que la reducción no pasó de cuatrocientas almas.

Como se ve, pues, la Tambería es una misión jesuítica o de frailes franciscanos que seguían sus planes. Pero aquella población facticia está contando los crímenes de la conquista. Los cementerios indios, las catacumbas excavadas en la piedra, las largas acequias a lo largo del valle, las conanas y vasijas de barro que por todas partes abundan, están demostrando que aquel valle de leguas de largo, estaba densamente poblado por una misión indígena que tenía asegurada su subsistencia en el abundantísimo pescado del río y en el maíz que producía un terreno feraz, irrigado por canales. La caza de vicuñas y guanacos, que todavía se hace en las cordilleras, a más de carne abundante, debía proporcionarles lana para tejerse telas —si las artes peruanas les eran conocidas— o envolverse de la cintura abajo en sus pieles, pues las pinturas indígenas de indios que se ven en las Piedras Pintadas de Sonda —otro valle inferior e igualmente irrigado—, muestran que así vestían, aunque lo imperfecto del diseño no deje distinguir se es de tela o piel el chiripa que figuran.

Estas numerosas poblaciones, desparramadas a ambas orillas a lo largo del río, fueron desalojadas por los conquistadores para hacer de las tierras de labor estancias y propiedad de algún capitán, acaso de apellido Tello, pues a los Tellos pertenece hoy aquel país indiviso aún y semillero de pleitos, como los terrenos eternamente indivisos de Acequión y Berros dados a otro capitán Guardia: el Ponchagual, Mogna y casi todos los campos de San Juan. Los indios fueron a consecuencia reducidos a población, y como era de esperarlo, en tres siglos desaparecieron, pues hoy apenas se ven descendientes de raza pura indígena. En vano las leyes de Indias quisieron proteger a los naturales contra la rapacidad de los conquistadores, que despoblaban de hombres el suelo a fin de crear ganados que les asegurasen la opulencia sin trabajo. Hasta hoy en Buenos Aires mismo se nota esta tendencia de los poseedores de suelo inculto a despoblarlo, no ya de indios, sino de familias españolas allí nacidas, y reducidas a villas, que son nidos de vicio y pobreza.

Que Calingasta fue un señorío, lo revelan las antiguas plantaciones de árboles frutales que alcanzan a una altura prodigiosa, y las ricas capellanías de que está dotada. Lo mismo y peor se practicó en La Rioja donde, siendo escasa el agua, los indígenas vivían a la margen de las escasas corrientes, y fueron reducidos en lo que hoy se llaman los "Pueblos", villorrios sobre terreno estéril, cuyos habitantes se mantienen escasamente del producto de algunas cabras que pacen ramas espinosas; y están dispuestos siempre a levantarse para suplir con el saqueo y el robo a sus necesidades. El coronel Arredondo, que recorrió los "Pueblos" para someterlos, los encontró siempre en poder de mujeres medio desnudas, y sólo amenazando quemarlos consiguió que los montaraces varones volviesen a sus hogares.

El pensamiento le vino alguna vez de despoblarlos, y sólo la dificultad de distribuir las gentes en lugares propicios lo contuvo. A estas causas de tan lejano origen se deben el eterno alzamiento de La Rioja y el último del Chacho. La familia de los Del Moral hace medio siglo que viene condenada a perecer, víctima del sordo resentimiento de los despojados.

Para irrigar unos terrenos los abuelos desviaron un arroyo, y dejaron en seco a los indios ya de antiguo sometidos. En tiempo de Quiroga fue esta familia, como la de los Campos y los Doria, blanco de las persecuciones de la montonera.

Cinco de sus hijos han sido degollados en el último levantamiento, habiendo escapado a los bosques la señora con una niña y caminando a pie dos días para salvarse de estas venganzas indias.

¿Cómo se explicaría, sin estos antecedentes, la especial y espontánea parte que en el levantamiento del Chacho tomaron no sólo los Llanos y los Pueblos de La Rioja, sino los laguneros de Guanacache, los habitantes de Mogna y Valle Fértil, y todos los habitantes de San Juan diseminados en el desierto que se extiende al este y norte de la ciudad, y hasta el pie de las montañas por la parte del sur, con el Flaco de los Berros que tanto dio que hacer?

Para terminar con este cuadro en que, en país estéril y mal poblado, va a trabarse la lucha de aquellas poblaciones semibárbaras por apoderarse de las ciudades agrícolas, comerciantes y comparativamente cultas que están al pie de los Andes: Mendoza, San Juan, Catamarca, debe añadirse que esta parte de la República, a que hemos dado el nombre de Travesía, estaría condenada a eterna pobreza y barbarie por falta de agua y elementos que fomenten la futura existencia de grandes ciudades, si por el sistema de las compensaciones de la Infinita Sabiduría, no hubiesen en su suelo otros ramos con que la industria humana pudiese compensar tantas desventajas.

El valle que ocuparon los pueblos de la terminación en "gasta", divide de la cadena central granítica de los Andes, otra paralela del terreno secundario y metalífero. Desde Uspallata hasta Catamarca, abundan los veneros de oro, plata, cobre, plomo, níquel, estaño y otras sustancias minerales, siendo ya asientos conocidos de minas Uspallata, el Tontal, Castaño, Famatina, y varios en Catamarca, de donde compañías inglesas extraen abundante plata y cobre. En ramificaciones inferiores, otra cadena de montañas en Guayaguaz, Huerta, Marayes, y aun las sierras de los Llanos, ofrecen el mismo recurso, y aun depósitos de carbón de piedra apenas explorados.

El censo de Chile en 1855 dio el número de habitantes de Copiapó, provincia esencialmente minera, diez mil habitantes argentinos, que son riojanos en su mayor parte, por ser ésta la provincia colindante. Este aprendizaje de los que se expatrían en busca de trabajo, y los irregulares laboreos de los antiguos minerales de Famatina, ofrecieran medios de cambiar los hábitos semibárbaros que la dispersión en el desierto ha hecho nacer, si con los capitales que requiere aquella industria, una política conocedora de las necesidades peculiares de esta vasta región que ocupan cinco provincias se contrajese a remediarlas. Desde San Juan se intentó algo con tolerable y animador éxito durante la azarosa época que vamos a recorrer, y en la esfera que podía hacerlo un gobierno de provincia que estuvo condenado a mantenerse en armas, para evitar la disolución completa que amenazaba a la sociedad culta, tan mal colocada en aquel extremo apartado de la República. Pero algo más vasto ha de emprenderse, y ésta es la tarea que viene deparada al gobierno nacional cuando se halle desembarazado de los conflictos que en la hoya del Paraná le dejaron errores de la colonización española con las misiones del Paraguay. El ferrocarril central, que ya está trazado hasta Córdoba y el límite occidental de la pampa, no se aventurará a internarse más al oeste de la Travesía, si las faldas de los Andes no le preparan carga de metales para transportar a los puertos del Atlántico, y los mantos de carbón de piedra que en varias partes asoman a la superficie, pábulo abundante y barato para el consumo de la locomotiva.

2. Tratado de la Banderita (mayo de 1862)
Isaac Castro, Sarmiento y la montonera, *Buenos Aires, Litex, 1970, pp. 81-83.*

Manifiesto del general Peñaloza

"En el lugar de las Banderitas (en los Llanos de La Rioja) el día 30 de Mayo de 1862, el general que suscribe, en presencia de la Comisión Pacificadora del Oeste, compuesta del doctor don Eusebio de Bedoya y del señor Manuel Recalde, y a la faz de todos los pueblos de la República,

declara:

Que en este momento recién comprende a virtud de las explicaciones de la comisión el objeto de la guerra que se le hace.

Que no ha recibido ni directa ni indirectamente hasta hoy la noticia oficial de haberse cambiado en la República el personal de las autoridades nacionales.

Que nunca tuvo, ni tiene ni tendrá jamás la idea de rebelarse, ni mucho menos hacer armas contra dichas autoridades ni contra el gobierno de ninguna provincia.

Que el hecho de hallarse hoy con las armas en la mano solo debe explicarse por el instinto natural de su propia conservación.

Que él se ha visto acometido y perseguido como un malhechor a su vuelta de una expedición, a la que había marchado en cumplimiento de órdenes del gobierno de su provincia y con el sano designio de interponer su influencia personal entre provincias que estaban por abrazarse en guerra civil.

Que desde este momento en que se hace comprender que no se trata de su esterminio sino de restablecer la paz y el imperio de la ley en toda la extensión de la República, él se apresura gustoso a declarar que queda terminada toda resistencia por su parte, que es para él un deber muy grato reconocer en la persona del ilustre brigadier general Bartolomé Mitre el encargado del Ejecutivo Nacional, y ofrecerle como a tal su completa sumisión y obediencia.

Que en prueba de esta sumisión depone las armas en manos de la comisión pacificadora y se retira a sus hogares con los que le han acompañado a esperar tranquilo las órdenes que se le trasmitan a nombre del Ejecutivo Nacional o del de la provincia para darles entero cumplimiento.

Que de las garantías ofrecidos por la comisión a nombre del señor general Paunero, encargado por el Ejecutivo Nacional de la pacificación de la República, solo acepta aquella que se refiere al indulto prometido a todos los individuos que lo has acompañado, confiando por su parte en que aquel gobierno atendiendo a la exposición que precede, y en vista de los antecedentes de respeto y sumisión a las autoridades que siempre ha demostrado el que suscribe, sabrá hacer uso de su equidad y disponer lo que considere justo respecto de su personal.

Firmado – *Ángel Vicente Peñaloza*

3. Peñaloza solicita al General Mitre una subvención nacional para reparaciones de guerra en La Rioja. Comunicación del General Peñaloza al General Paunero (21 de julio de 1862), en *Archivo del General Mitre*, Tomo XI, "Después de Pavón", pp. 186-188.

[...] Antes de recogerme a mi hogar no había comprendido tan bien la verdadera situación de miseria y orfandad á que han quedado reducidos mis paisanos, por el completo exterminio de todo recurso vital á que les ha dejado reducido el prolongado desabrimiento por que ha cruzado esta provincia [...]

Se encuentran innumerables familias no solamente privadas de todo recurso con que antes pudieran contar, sino reducidas también a la más completa orfandad, por haber perecido en la guerra las personas que pudieran proporcionarles la subsistencia. Todos los días estoy recibiendo en mi casa estos infelices, y por más que yo desee remediar siquiera sus más vitales necesidades, no puedo hacerlo después de haber sufrido yo el mismo contraste; mis tropas impagas y desnudas, y sin hallar recurso para tocar para el remedio de estas necesidades [...]

Así es que yo no he encontrado otro que recurrir al encargado del P.E.N., por una subvención, que aunque pudiera clasificársele de imprudente, es de absoluta necesidad; sin que por esto deje V.S. de empeñar su influencia para que oportunamente sena reconocidos los gastos de la provincia [...]

En particular sobre la jurisdicción territorial, hasta donde puede extenderse mi poder, lo cual hasta la fecha no está destinada, por lo que aun tienen que permanecer á mi lado algunos de mis fieles compañeros de armas, pertenecientes á las provincias vecinas, temerosos de que arribando á jurisdicción extraña, pudiera sobrevenirles algún mal miramiento [...] Particularmente el gobierno de San Juan que rehúsa de todo punto la aprobación de los tratados celebrados por V.S y se parapeta con un pie de ejército que al presente está levantando [...].

4. Popularidad del federalismo en La Rioja
Carta de Juan Francisco Orihuela a Ricardo Vera (Jáchal, 14 de septiembre de 1862), en Archivo del General Mitre, Tomo XI, *"Después de Pavón", p. 258.*

En días pasados, conversando con un tucumano, me dijo que, al pasar por La Rioja, había notado que allí reinaba la mazorca en todo el furor, pues que los militares vestían de chiripá, sabanilla y gorra, todo colorado, y que esta última llevaba una cinta de divisa del mismo color, y que á cara descubierta gritaban en las jaranas Viva Urquiza! Muera Mitre!, y esta misma noticia me la acaba de dar Avelino Páez, recién llegado de Tucumán, con el agregado que hasta la orilla de las caronas de ensillar llevan una faja colorada, y que al pasar por La Rioja le dijeron que ya Urquiza hostilizaba nuevamente á Buenos Aires con un numeroso ejército.

5. Terror a los soldados de Buenos Aires en los llanos de La Rioja

Carta de Régulo Martínez al General Mitre (La Rioja, 14 de enero de 1863), en Archivo del General Mitre, Tomo XI, *"Después de Pavón", pp. 265-266.*

Tanto por librarme de pasar la cuesta que hay entre Famatina y La Rioja, cuanto por visitar la aduana de Tinogasta que está en el mismo valle de Famatina al Norte, me trasladé hasta aquel punto, y pude convencerme á las muy pocas leguas de la villa de Famatina, del terror que inspiran los soldados del comandante Arredondo, puesto que la gente del campo confundía á los cuatro gendarmes de la policía de San Juan que me acompañan con soldados del ejército de Buenos Aires. Se veía a mi llegada á cada pequeño pueblo, huir los hombres á los cerros. [...] Seguí ese día hasta las diez de la noche, llegando á otro pueblito en que hubo una disparada en masa de toda la población masculina, viniendo los gauchos tarde de la noche á grandes distancias a dar alaridos, pero sin aproximarse. Rogué a la dueña de casa hiciera llamar al capitán de aquel departamento para prevenirle no debía tener alarma, y aunque permanecí todo el día siguiente, no pude ver un solo hombre. Permanecían los gauchos reunidos y armados á grandes distancias y siempre en actitud de huir. Probablemente se figuraban que mi gente era vanguardia del terrible comandante Arredondo, verdadera pesadilla de las chusmas de estos lugares.

6. El General Ángel Vicente Peñaloza explica al Presidente Bartolomé Mitre las razones que lo obligan a tomar las armas. Carta de Peñaloza al Presidente Mitre (16 de abril de 1863), en *Archivo del General Mitre*, Tomo XXVI, "Presidencia de la República", pp. 192-194.

[...] Después de una guerra exterminadora por que ha pasado el país, y después de todos los medios puestos en juego para terminar ese malestar de todas las provincias, muy conformes y llenas de fe en el programa de V.E., han esperado los pueblos argentinos una nueva era de ventura y progreso; han esperado ver cumplidas las promesas hechas tantas veces á los hijos de esta desgraciada patria.

Pero muy lejos de ver realizado su sueño dorado, muy lejos de ver cumplidas sus esperanzas, han tenido que tocar el más amargo desengaño al ver la conducta arbitraria de sus gobernantes, al ver despedazadas sus leyes y atropelladas sus propiedades y sin garantías para sus mismas vidas. Los gobernadores de estos pueblos convertidos en otros tantos verdugos de las provincias, cuya suerte les ha sido confiada, atropellan las propiedades de los vecinos, destierran y mandan matar sin forma de juicio á ciudadanos respetables sin más crimen que haber pertenecido al partido federal y sin averiguar siquiera su conducta como partidarios de esa causa. Yo mismo, que he esperado ver realizadas las promesas hechas á esta provincia y las demás, según el tratado celebrado conmigo, he sufrido hasta el presente la más tenaz hostilización por parte de los gobiernos circunvecinos, ya tomando y mandando ejecutar á los hombres que me han acompañado, á pesar de la garantía que por ese mismo tratado tenían, ya requiriéndome tales ó cuales individuos que estaban asilados á mi lado para evitar la muerte segura que les esperaba si creyendo en esas garantías volvían al seno de su familia; y por último, despedazando mi crédito y haciéndome pasar por el hombre más criminal, sin más causa que por haber comprendido mi deber y no haber querido prestarme á servirles de agente en sus criminales propósitos. [...]

Es por esto, señor Presidente, que los pueblos, cansados de una dominación despótica y arbitraria, se han propuesto hacerse justicia, y los hombres, todos, no teniendo ya más que perder que la existencia, quieren sacrificarla más bien en el campo de batalla, defendiendo sus libertades y sus leyes y sus más caros intereses atropellados vilmente por los perjuros.

Esas mismas razones, y el verme rodeado de miles de argentinos que me piden exija el cumplimiento de esas promesas, me han hecho ponerme al frente de mis compatriotas y he ceñido nuevamente la espada que había colgado, después de los tratados con los agentes de V.E. No creo merecer jamás por esto el título de traidor, porque no he faltado a mis promesas, sino cuando á mí se me ha faltado, y cuando se ha burlado la confianza de todos los argentinos.

No es mi propósito reaccionar el país para medrar por la influencia de las armas, ni ganar laureles que no ambiciono. Es mi deber el que me obliga á sostener los principios y corresponder hasta con el sacrificio de mi vida á la confianza depositada en mí por los pueblos. Es, en una palabra, el amor á la patria, ese sentimiento natural en todos los corazones y que debiera ser el que dirija la conducta de los primeros mandatarios, para corresponder á la fe con que el pueblo argentino depositara en ellos su suerte.

V.E., como jefe de toda la Nación, es el padre de todos los argentinos, y es de quien deben esperar sus hijos el remedio para estos males, y si desoyendo la voz de ellos no pusiese término á esta terrible situación, veremos con pesar correr á torrentes la sangre de todos los argentinos y las consecuencias pesarán sobre los que la hicieron verter. [...]

7. Urquiza protesta contra las acusaciones del diario porteño La Nación Argentina acerca de su participación en los recientes levantamientos federales encabezados por Peñaloza

El Uruguay *(Concepción del Uruguay, 19 de mayo de 1863), reproducido en Beatriz Bosch,* Presencia de Urquiza, *Buenos Aires, 1963, pp. 208-210.*

El Capitán General Justo José de Urquiza a sus amigos.

No es raro en nuestro país, verse obligado a levantar la voz para rechazar con la energía de una convicción tranquila, las acusaciones odiosas que las pasiones políticas se empeñan siempre en arrojar al camino de los que cansados de grandes sacrificios en favor de la patria, ya no exigen otro premio que el respeto de su fama.

Como si la anarquía fuese una cosa tan extraña donde hace tantos años los partidos se han despedazado con furor y después del violento sacudimiento que ha cambiado recientemente la situación, en vez de buscar sus móviles, cuando reaparece localmente, en los hechos especiales que la causan, los espíritus malévolos se empeñan en hallarlo en la voluntad del hombre que más se ha esforzado por extirparla, para que el imperio de la ley garantice una conquista que ha hecho toda su gloria, ¡la Libertad!

No me preocuparía tan injustificado reproche, fundado en el dicho de quien se interesa probarlo, a pesar de su falsedad, sino viese la sospecha acogida en cierto modo por la "Nación Argentina", periódico de Buenos Aires que se ha conquistado con razón un lugar distinguido en la prensa del Plata, y cobijada para ser lanzada al exterior.

Me debo a mí mismo, me debo a mi patria para quien mi nombre es una propiedad de su historia, limpiar mi frente de las sombras que se intentan arrojarle, cuando aquella le acordó laureles de que puedo jactarme todavía con honra. [...]

La prescindencia que guardo en general y que puedo acreditar en caso necesario, es la condición precisa de la actitud que me he señalado por deber, contentándome con ofrecer un ejemplo de abnegación que se honrará alguna vez, yo lo espero, si Dios permite a los hombres un destello de justicia.

Y si he creído conveniente decir estas palabras, a la faz de todos, es porque siento que conviene a la causa del orden y de las instituciones contar decidido a su servicio, a quien más contribuyó a fundarlas; es porque hay argentinos agradecidos al bien que he podido hacer a quienes interesa mi reputación, es porque debo luchar contra la injusticia y ofrecer la garantía de mi palabra a los que deben confiar en las ventajas que la tranquilidad promete a estas hermosas regiones.

Justo José de Urquiza
Uruguay, mayo 17 de 1863

8. La lealtad del Chacho al federalismo y a Urquiza
Carta del Chacho Peñaloza a Urquiza (Olta, 10 de noviembre de 1863), en Fermín Chávez, Vida del Chacho, *Buenos Aires, Theoría, 1974, pp. 183-184.*

Olta, 10 de Nobre. de 1863

Exmo. Sor. Capitán Gral D. Justo José de Urquiza

Mi digno gral. y amigo:

Después de repetidas veces que me he dirigido V. E. oficial y particularmente, no he conseguido contestación alguna, mientras tanto he continuado yo con los valientes que me acompañan luchando con la mayor decisión y patriotismo contra el poder del Gob. de Buenos Aires, y en cien luchas sucesivas le he probado a ese Gob. que si bien algunas veces no he triunfado por la inmensa desventaja de la posición y circunstancias, no por eso ha sufrido menos su Ejército, que ha perdido la mitad de sus mejores jefes y de su tropa de línea.

Todos estos sacrificios y esfuerzos y los que en adelante estoy dispuesto a hacer, han sido y son Sor. Gral., con el fin de quitar a Buenos Aires los elementos y el Ejército que sin esto habría sacado de las Provincias, y hasta la mitad de su tropa de línea la tiene constantemente ocupada en hacerme la guerra, quedando hasta el presente muchos de esos cuerpos completamente deshechos.

En una palabra, con la guerra que les hago, le quité cuanto podía tener para llevar la guerra a Entre Ríos, y a cualquier otro poder que puede servir de inconveniente a las pretensiones funestas que contra nuestra Patria tiene ese Gob.

En medio de esta asarosa y desigual lucha nada me desalienta si llevase por norte el pensamiento de V. E. me ha dado, es por esto en esta vez me dirijo a V. E., y mando al Teniente Cl. D. Tomás Geli y al de igual clase D. Ricardo Rodríguez, quienes de viva voz manifestarán a VE la situación en que nos hallamos y cuanto se puede hacer con que VE me dirija una contestación terminante y pronta, que será la que en adelante me servirá para mi resolución, en la inteligencia que si en ella se negase a lo que nos hemos propuesto, tomaré el partido de abandonar la situación retirándome con todo mi ejército fuera de nuestro querido suelo Argentino, pues estos me dicen diariamente que si VE se negase, con gusto irán conmigo a mendigar el pan del Extranjero antes que poner la garganta en la cuchilla del enemigo.

Esta es mi invariable resolución de la que quedará VE bien instruido por las explicaciones que a mi nombre le darán mis inviados, a las que espero dará entera fe y crédito porque ellos se la comunicarán con toda franqueza, como que me merecen la más plena confianza.

Termino la presente, Señor Gral, reiterándole las seguridades de mi más particular distinción, subscribiéndome SS y amigo

Ángel Vicente Peñaloza

9. José Hernández critica duramente el asesinato del Chacho

José Hernández, Rasgos biográficos del General D. Ángel Vicente Peñaloza *[Paraná, 1863], Buenos Aires, Caldén, 1968, pp. 131-133.*

Los salvajes unitarios están de fiesta. Celebran en estos momentos la muerte de uno de los caudillos más prestigiosos, más generoso y valiente que ha tenido la República Argentina. El partido federal tiene un nuevo mártir. El partido unitario tiene un crimen más que escribir en la página de sus horrendos crímenes. El general Peñaloza ha sido degollado. El hombre ennoblecido por su inagotable patriotismo, fuerte por la santidad de su causa, el Viriato Argentino, ante cuyo prestigio se estrellaban las huestes conquistadoras, acaba de ser cosido a puñaladas en su propio lecho, degollado, y su cabeza ha sido conducida como prueba del buen desempeño del asesino, al bárbaro Sarmiento.

El partido que invoca la ilustración, la decencia, el progreso, acaba con sus enemigos cosiéndolos a puñaladas.

El partido unitario es lógico con sus antecedentes de sangre. Mata por su índole perversa, mata porque una sed de sangre lo mortifica, lo sofoca, lo embrutece; mata porque es cobarde para vencer en el combate y antes que mirar frente a frente a su enemigo, desliza entre las tinieblas y el silencio de la noche el brazo armado del asesino aleve, para que vaya a clavar el puñal en el corazón de su enemigo dormido.

¡Maldito sea! Maldito, mil veces maldito, sea el partido envenenado con crímenes, que hace de la República Argentina el teatro de sus sangrientos horrores.

La sangre de Peñaloza clama venganza, y la venganza será cumplida, sangrienta, como el hecho que la provoca, reparadora como lo exige la moral, la justicia y la humanidad ultrajada con ese cruento asesinato.

Detener el brazo de los pueblos que ha de levantarse airado mañana para castigar a los degolladores de Peñaloza, no es la misión de ninguno que sienta correr en sus venas sangre de argentinos.

No lo hará el general Urquiza. Puede esquivar si quiere a la lucha su responsabilidad personal, entregándose como inofensivo cordero al puñal de los asesinos, que espían el momento de darle el golpe de muerte; pero no puede impedir que la venganza se cumpla, pero no puedo continuar por más tiempo conteniendo el torrente de indignación que se escapa del corazón de los pueblos.

Cada palpitación de rabia del partido unitario, es una víctima más inmolada a su furor. Y el partido unitario es insaciable. Vuelve a todos lados su rostro sangriento, sus ojos inyectados en sangre, sus manos manchadas con sangre de hermanos; y sus ojos están siempre buscando una víctima, y sus manos van siempre a cebarse a las entrañas de sus enemigos. La historia de sus crímenes no está completa. El general Urquiza vive aún, y el general Urquiza tiene también que pagar su tributo de sangre a la ferocidad unitaria, tiene también que caer bajo el puñal de los asesinos unitarios, como todos los próceres del partido federal.

Tiemble ya el general Urquiza; que el puñal de los asesinos se prepara para descargarlo sobre su cuello, allí, en San José, in medio de los halagos de su familia, su sangre ha de enrojecer los salones tan frecuentados por el partido unitario.

Lea el general Urquiza la historia sangrienta de nuestros últimos días: recuerde a sus amigos Benavides, Virasoro,

Peñaloza, sacrificados bárbaramente por el puñal unitario; recuerde los asesinos del Progreso, que desde 1852 lo vienen acechando, y medito sobre el reguero de sangre que vamos surcando hace dos años, y sobre el luto y orfandad que forma la negra noche en que está sumida la República.

No se haga ilusión el general Urquiza.

Recorra las filas de sus amigos y vea cuántos claros ha abierto en ellas el puñal de los asesinos. Así se produce el aislamiento, así se produce la soledad en que lo van colocando para acabar con él sin peligro.

Amigos como Benavides, como Virasoro, como Peñaloza, no se recuperan, general Urquiza.

No se haga ilusión el general Urquiza; el puñal que acaba de cortar el cuello del general Peñaloza, bajo la infame traición de los unitarios, en momentos de proponerle paz, es el mismo que se prepara para él en medio de las caricias y de los halagos que le prodigan traidoramente sus asesinos.

No se haga ilusiones el general Urquiza con las amorosas palabras del general Mitre: Represéntese el cadáver del general Peñaloza degollado, revolcado en su propia sangre, en medio de su familia, después de haber encanecido en servicio de la patria, después de haber perdonado la vida a sus enemigos más encarnizados, después de haber librado de la muerte hasta al bárbaro instrumento que los unitarios han empleado para hundirlo en el cuello del caudillo más valiente y más humano que ha tenido el interior del país.

¡En guardia, general Urquiza! El puñal está levantado, el plan de asesinaros preconcebido; la mano que descargue el golpe la comprará el partido unitario con el oro que arrebata al sudor de los pueblos que esclaviza.

¡En guardia, general Urquiza! Estas hordas que con el bárbaro Flores abrazan la República Oriental, formadas y pagadas con el oro de la Nación Argentina, mandadas en los buques de guerra argentinos, son la vanguardia de los iroqueses que en Buenos Aires aguardan el momento de concurrir al festín del degüello que se divisa en San José.

No son las protestas de los traidores encubiertos; no son las seguridades de los consejeros incautos, las que han de desviar la mano aleve que espía vuestro cuello en la soledad y en la sombra. Es vuestro propio valor. Es vuestra propia energía. ¡Alerta!, general Urquiza.

10. El Chacho en la memoria popular
Olga Fernández Latour de Botas, Cantares históricos de la tradición argentina, *Buenos Aires, 1960, pp. 224, 228, 235-236.*

a) Alto y ¿quién vive?

—Alto y ¿quién vive?
—La Patria.
—Qué gente?
—Paisana.
—¡Viva Chacho con su gente!
—¡Viva Pueblas el valiente!

b) Sin Patria no hay religión

Sin patria no hay religión,
sin religión ya no hay patria,
sin Peñaloza, opinión,
ya todo será desgracia.

Yo soy militar constante
cargado de munición;
para que nuestra bandera
no la ultraje con rigor.

Gracias a Dios qu'he oido un tiro
a favor de nuestro pueblo.
Esta no es revolución
sino por cambiar gobierno.

c) Dicen que al Chacho lo han muerto

Dicen que al Chacho lo han muerto,
yo digo que así será,
tengan cuidado magogos
no se vaya a levantar.

¡Viva Dios, viva la Virgen!
¡Viva la flor del melón!
¡Muera la celeste y blanca!
¡Viva la federación!

¡Viva Dios, viva la Virgen!
¡Viva la flor del nogal!
¡Viva la mujer que tenga
tratos con un federal!

¡Viva Dios, viva la Virgen!
¡Viva la flor del melón!
¡Viva el general Paunero
en la boca de un cañón!

¿Qué es aquello que relumbra
debajo de aquella mesa?
Son ojos de los salvajes
que están haciendo promesa.

Dicen que al Chacho lo han muerto
yo digo que así será;
no se descuiden magogos
que vaya a resucitar.

d) Peñaloza se murió

Peñaloza se murió,
derechito se fue al cielo
y como lo vio celeste,
se volvió para el infierno.

e) A la bandera de Mitre

A la bandera de Mitre,
a ella no m'hi rendir.
Si viviera Peñaloza
por él sí he de morir

11. Impopularidad del liberalismo y de Buenos Aires en el Interior (1864)

Carta del Gobernador de Santiago del Estero Manuel Taboada al Presidente Mitre (Santiago del Estero, 30 de abril de 1864), en Archivo del General Mitre, *Tomo XXV, Presidencia de la República, pp. 290-291.*

[E]l general Urquiza, que tantas protestas ha hecho a Vuecencia de su adhesión y amor a la paz, soy de opinión que no ha sido extraño a los movimientos que han tenido en armas a estas provincias, pues lo revelaban así los documentos que tomé en La Rioja y que remití a V.E. por intermedio del doctor Posse [...] Hoy que el poder reaccionario armado ha sido vencido en todas partes, aquel no cesa de significar a cuantos se acercan a él que pronto se pondrá de pie para reivindicar los derechos hollados de las provincias, por el poder de Buenos Aires; teniendo de este modo al partido vencido de que es alma y el brazo de continua exitación, haciéndoles comprender a la vez que tiene un plan organizado y que cuenta con elementos en las provincias y aun fuera de la República también. [...]

Es preciso conocer a fondo el modo de ser de nuestros pueblos y no dejarse alucinar con las manifestaciones de los que se hallan al frente de ellos, pues no siempre estos tienen en sus manos los medios de acción para convertir en realidades sus mejores concepciones; y mucho más en épocas como la presente, en que es aun de transición, porque no se puede cambiar en un día los hábitos adquiridos en largos años, ni borrar de un soplo las afecciones que ciertos hombres han sabido a aquellos imprimirles. Esto no es sino obra del tiempo y de la paz, de que no quieres dejarnos gozar aquellos, porque comprenden bien que ella los mata y aniquila moralmente. Ahora bien, si esto es efectivo, como nadie puede dudarlos, de ello se desprende como consecuencia lógica que en casi todas las provincias la mayoría no profesa los principios triunfantes en Pavón y que por lo tanto ella estará dispuesta a ponerse siempre de pie para combatirlos.

Quizá fundado en estos antecedentes, es que el general Urquiza sueña en una reacción que si pretendiese llevarla a cabo, no dude V.E. que encontraría quienes secundasen su propósito. Hay gobiernos muy débiles, que caerían al menor amago, y que hoy se sostienen en el poder porque comprenden los enemigos de la actualidad que un movimiento aislado les daría un triunfo efímero y de poco momento, y quieren más bien economizar sus fuerzas para emplearlas tal vez más tarde con mejor suceso.

12. Las ideas de Felipe Varela: federalismo y unión americana (1868)

Rodolfo Ortega Peña y Eduardo Luis Duhalde (eds.), ¡Viva la Unión Americana! Manifiesto del Jeneral Felipe Varela a los pueblos americanos sobre los acontecimientos políticos de la Republica Arjentina en los años 1866 y 1867 *[Sucre, 1868]*, Buenos Aires, Sudestada, 1968, pp. 73-89.

II

En efecto, la guerra con el Paraguai era un acontecimiento ya calculado, premeditado por el Jeneral Mitre.

Cuando los ejércitos imperiales atraídos por él, sin causa alguna justificable, sin pretesto alguno razonable, fueron a dominar la débil República del Uruguai, aliándose con el poder rebelde de Flores en guerra civil abierta con el poder de aquella República, comprendió el Gobierno del Paraguai que la independencia Uruguaya peligraba de un modo serio, que el derecho del más fuerte era la causa de su muerte, y que por consiguiente las garantías de su propia libertad quedaban a merced del capricho de una potencia más poderosa.

Pesaron estas razones en la conciencia del Jeneral Presidente López de la República Paraguaya, y buscando una garantía sólida á la conservación de sus propias instituciones, desenvainó su espada para defender al Uruguai de la dominación brasilera á que Mitre lo había entregado.

Fue entonces que aquel Gobierno se dirijió al Arjentino solicitando el paso inocente de sus ejércitos por Misiones, para llevar la guerra que formalmente había declarado el Brasil.

Este paso del Presidente López, era una gota de rocío derramada sobre el corazón ambicioso de Mitre, por que le enseñaba en perspectiva el camino más corto para hallar una máscara de legalidad con que disfrazarse, y poder llevar pomposamente una guerra Nacional al Paraguai: guerra preeditada, guerra estudiada, guerra ambiciosa de dominio, contraria á los santos principios de la Unión Americana, cuya base fundamental es la conservación incólume de la soberanía de cada República.

El Jeneral Mitre, invocando los principios de la más estricta neutralidad, negaba de todo punto al Presidente del Paraguai su solicitud, mientras con la otra mano firmaba el permiso para que el Brasil hiciera su cuartel jeneral en la Provincia Arjentina de Corrientes, para llevar el ataque desde allí a las huestes paraguayas.

Esa política injustificable fue conocida ante el parlamento de Londres, por una correspondencia leída en él del Ministro Inglés en Buenos Aires, a quien Mitre había confiado los secretos, de sus grandes crímenes políticos.

Testualmente dice el Ministro Inglés citado: "Tanto el Presidente Mitre como el Ministro Elizalde, me han declarado varias veces, que un que *por ahora* no pensaban en anexar el Paraguai a la República Argentina, no querían contraer sobre esto compromiso alguno con el Brasil, pues cualesquiera que sean al presente sus vistas, las circunstancias podía cambiarlas en otro sentido".

He aquí cuatro palabras que envuelven en un todo la verdad innegable de que la guerra contra el Paraguai jamás ha sido guerra nacional, desde que, como se ve, no es una mera reparación lo que se busca en ella, sino que, lejos de eso, los destinos de esa desgraciada República están amenazados de ser juguete de la cavilosidades de Mitre.

Esta verdad se confirma con estas otras palabras del mismo Ministro Inglés citado: "El Ministro Elizalde, que cuenta como cuarenta años de edad, me ha dicho que espera vivir lo bastante para ver a *Bolivia, el Paraguai y la República Arjentina, unidos formando una poderosa República en el Continente*".

Estas han sido las aspiraciones del Jeneral Mitre y los propósitos de su política, desde que entregó á la dominación de la corona, la vecina é inofensiva República del Uruguai. [...]

No es el Emperador el responsable ante el mundo de los grandes crímenes políticos del actual Presidente de la Arjentina: es éste el que debe dar cuenta ante Dios, su patria y los pueblos de América, de esos acontecimientos sin parangón en la historia de los traidores de la América del Sud.

Las provincias arjentinas, empero, no han participado jamás de estos sentimientos, por el contrario, esos pueblos han contemplado jimiendo la deserción de su Presidente, impuesto por las bayonetas, sobre la sangre arjentina, de los grandes principios de la Unión Americana, en los que han mirado siempre la salvaguardia de sus derechos y de su libertad, arrebatada en nombre de la justicia y de la lei.

Cuando los pueblos arjentinos penetraban la política del Jeneral Mitre al travez del humo y de las llamas en que se abrasava la heroica Paisandú, lágrimas de indignación, aguardando con ansiedad el desenlace de ese sangriento drama, y estaban todas sus simpatías al lado de los mártires que se sacrificaban defendiendo su suelo patrio y su libertad. [...]

Se llevó la guerra al Paraguai: miles de ciudadanos fueron llevados atados de cada provincia, el teatro de aquella escena de sangre: ese número considerable de hombres honrados perecieron de las funestas ambiciones del Jeneral Mitre, y un nuevo continjente de víctimas pedido por segunda vez á esos pueblos infelices, fué toda la cuanta que ese mandatarios les dió de los llevados primeramente.

III

[...] Entonces, llevado del amor á mi Patria y á los grandes intereses de la América [...] creí un deber mio, como soldado de la libertad, unir mis esfuerzos a los de mis compatriotas invitándolos a empuñar la espada para combatir al tirano que así jugaba con nuestros derechos y nuestras instituciones, desertando sus deberes de hombre honrado, y burlando la voluntad de la Nación.

I en efecto, así lo hice, lanzando á los pueblos arjentinos, desde la cumbre de la cordillera de los Andes, en 6 de diciembre de 1866, la siguiente invitación:

Proclama

¡Arjentinos! El hermoso y brillante pabellón que San Martín, Alvear y Urquiza llevaron altivamente en cien combates, haciéndolo tremolar con toda gloria en las tres más grandes epopeyas que nuestra patria atravezó incólume, ha sido vilmente enlodado por el Jeneral Mitre gobernador de Buenos Aires.

La más bella y perfecta Carta Constitucional democrática republicana federal, que los valientes Entrerrianos diéron á costa de su sangre preciosa, venciendo en Caseros al centralismo odioso de los espurios hijos de la culta Buenos Aires, ha sido violada y mutilada dese el año sesenta y uno hasta hoi, por Mitre y su círculo de esbirros.

El Pabellón de Mayo que radiante de gloria flameó victorioso en los Andes hasta Ayacucho, y que en la desgraciada jornada de Pavón cayó fatalmente en las ineptas y febrinas manos del caudillo Mitre –orgullosa autonomía política del partido rebelde– ha sido cobardemente arrastrado por fangales de Estero-Bellaco, Tuyutí, Curuzú y Curupaití.

Nuestra Nación, tan feliz en antecedentes, tan grande en poder, tan rica en porvenir, tan engalanada en glorias, ha sido humillada como una esclava, quedando empeñada en más de cien millones de fuertes, y comprometido su alto nombre á la vez que sus grandes destinos por el bárbaro capricho de aquel mismo porteño que, después de la derrota de Cepeda, lacrimando juró respetarla.

Compatriotas: desde que Aquel, usurpó el Gobierno de la Nación, el monopolio de los tesoros públicos y la absorción de las rentas provinciales vinieron a ser el patrimonio de los porteños, condenando al provinciano á cederles hasta el pan que reserva para sus hijos. Ser porteño, es ser ciudadano exclusivista; y ser provinciano, es ser mendigo sin patria, sin libertad, sin derechos. Esta es la política del Gobierno Mitre.

Tal es el odio que aquellos fratricidas tienen á los provincianos, que muchos de nuestros pueblos han sido desolados, saqueados, guillotinados por los aleves puñales de los degolladores de oficio, Sarmiento, Sandez, Paunero, Campos, Irrazabal y otros varios oficiales dignos de Mitre. [...]

¡Valientes entrerrianos! Vuestros hermanos de causa en las demás provincias, os saludan en marcha al campo de gloria, donde os esperan. Vuestro ilustre jefe y compañero de armas el magnánimo Capitan Jeneral Urquiza, os acompañará, y bajo sus órdenes venceremos todos una vez más á los enemigos de la causa nacional.

A Él y á vosotros obliga concluir la grande obra que principiamos en Caseros, de cuya memorable jornada surgió nuestra redención política, consignada en las pájinas de nuestra hermosa Constitución que en aquel campo de honor escribisteis con vuestra sangre. [...]

¡Compatriotas! A las armas!... ¡Es el grito que se arranca del corazón de todos los buenos arjentinos!

¡Abajo los infractores de la lei! Abajo los traidores á la Patria! ¡Abajo los mercaderes de Cruces en Uruguayana, á precio de oro, de lágrimas y de sangre Arjentina y Oriental!

¡Atrás los usurpadores de las rentas y derechos de las provincias en beneficio de un pueblo vano, despota é indolente!

¡Soldados federales! *Nuestro programa es la práctica estricta de la Constitución jurada, el órden común, la paz y la amistad con el Paraguai, y la unión con las demás Repúblicas Americanas. ¡¡Ay de aquel que infrinja este programa!!*

¡Compatriotas nacionalistas! El campo de la lid nos mostrará el enemigo; allá os invita a recoger los laureles del triunfo ó la muerte, vuestro Jefe y amigo.

Felipe Varela
Campamento en marcha, Diciembre 12 de 1866.

13. Urquiza se distancia del levantamiento de Felipe Varela

Carta de Urquiza a Salustiano Zavalía (11 de febrero de 1868), en Bosch, Presencia de Urquiza, *pp. 303-306 (reproducida en Ortega Peña y Duhalde,* Folklore, *pp. 110-115).*

"Varela y su montonera, producto legítimo de los excesos del poder y de una política bastarda, jamás pudo ser para nadie, la expresión o el agente de mis ideas. La mejor prueba era que el abusaba de mi nombre, sin que ningún hecho mío lo autorizase. Los que han abusado del nombre de Dios y de la Religión para explotar a las masas crédulas, tienen tanta razón para ser creídos, como la que ha tenido Varela, si sus bandas se entregaban a la disolución a al pillaje.

Si mis enemigos personales han podido explotar semejante patraña, no han podido ser atendidos, no digo por mis amigos, por ningún argentino a quien le sean conocidos loa hechos de mi vida pública.

Usted a tenido ocasión de conocer mis sentimientos personales. Mi patria sabe que soy hombre de principios, y no de partido, y menos de montonera: jamás las he tolerado siquiera.

Reprobé todas las que se lanzaron a Buenos Aires en tiempo de su rebelión contra la República. El paso de mis fuerzas, no digo sólo en el país, sino en el extraño, han sido señalados por la mayor moralidad y disciplina conservada a fuerza de la mayor rigidez. No usé el recurso miserable de lanzar bandas sueltas, ni contra los tiranos. Sé aventurarme a la cabeza de fuerzas regulares, cualquiera que sea su número y las del enemigo, y he sido el primero en lanzar el grito de guerra, cuando los altos intereses del país, me lo han señalado como deber imprescindible.

Conoce usted mis tres campañas a Buenos Aires. La de Caseros, con su anticipado y heroico pronunciamiento que me valió del pretencioso tirano el dictado de borracho y loco, en que no desprendí ni una partida, en que no esperé al aliado para acabar en el Estado Oriental con el poder que allí tenía la tiranía. La de Cepeda, en que a pesar de las instancias de muchos amigos, evité la invasión de fuerzas irregulares a Buenos Aires por esperar la oportunidad de una transacción, dando tiempo a que allí se organizasen fuerzas en la frontera, campaña en la que renuncié a completar la victoria por evitar el asalto a la ciudad más rica de la República, para impedir los desórdenes consiguientes. La de Pavón, en que me sustraje a la continuación de la lucha, después de una batalla indecisa, y en que mayores había de nuestra parte, porque no se podía continuar la lucha, sino como lucha de recursos, sacrificando hasta mi prestigio, con tal de no cargar con la responsabilidad de los desórdenes y la ruina que causaría una guerra larga y azarosa.

Mi diferencia hasta con los enemigos que me insultaban, mi respeto al gobierno que surgió de la preponderancia de mis enemigos, a quienes había allanado el camino, con la esperanza de que fuesen capaces de dar a mi patria días de paz y de ventura, mi tolerancia a todas las opiniones, mi prescindencia cuando la Constitución no me llama con el imperio de su voz bien determinada, el haber combatido siempre y estigmatizado siempre los odios políticos, tantos hechos ¿no bastan a salvarme de la imputación absurda de alentar una lucha como la que ha hecho Varela? No, le podría comprender, si no existiese la intriga interesada en la perversión de las masas, haciendo prevalecer los errores. – Por eso Varela y muchas de las fuerzas que lo han combatido, hay empleado los mismos medios; por eso la ruina del país y la violación de todos los principios, no sólo de la soberanía provincia, sino de aquellas garantías más inmediatas al individuo ha sido el resultado de una lucha que parece prolongada de propósito.

Pero el origen de ella misma en Mendoza ¿no está mostrando que tuvo su razón de ser puramente local, y que por mala política no fué ahí limitada y sofocada?

El gobernante de una provincia, entonces muy influyente se costeó a Buenos Aires a empeñarse porque el gobierno nacional me comisionase para terminar la lucha o lo comisionase al mismo o con mi apoyo, temiendo que por la acción de los Pauneros y los Arredondos, se perpetuase con cruentos sacrificios. Semejante proposición fué rechazada por el finado Vicepresidente ¿sabe usted con qué razón? con ésta muy digna de toda la conducta de aquel funcionario. "No: se que acabaría pronto con la montonera, pero también quedaría fijada su elección para la futura Presidencia". No comprendía aquel sujeto que yo no era de su talla, que sólo podía deber un puesto público a alguna causa pequeña. A mil presidencias renunciaría yo por evitar al país las calamidades que ha sufrido, como hubiese sido capaz de hacer por salvarlo.

¿Qué palabra, qué hecho mío ha acreditado las proclamas de Varela? ¿A qué amigo de los que tengo en las provincias he escrito sin condenar semejantes esfuerzos tan estériles como dolorosos y desacreditados para el país?

Unos me pedían que me pronunciara para dar forma a esa revolución; otros que la condenase para desacreditarla. Ni una, ni otra cosa hice; la primera, porque no soy, ni puedo ser de los que se aprovechan del desorden para ganar un puesto público; porque soy hombre de principios y he tratado de acreditar el mayor respeto a la autoridad que se fundaba en la ley de que yo había dotado al país, aunque fuesen extremos los abusos, y sobre sí mismos se hiciesen pesar sin consideración alguna. Lo segundo, porque tocaba a la autoridad reclamar mis servicios, y no salir usurpándole su vez, de una manera que tampoco podía honrarse porque era desacreditar yo mismo una influencia decisiva sobre aquella gente, que obraba precisamente contra todos mis consejos.

Y la autoridad tenía una prueba de mi abnegación, para acreditarlo que hubieses sabido prestarle mi concurso, si lo hubiese solicitado, si bien no para hacer una guerra de exterminio que le diese pábulo y aliento al mismo tiempo que se combatía, como lo hacen ésos que llevando la autoridad de la ley la causa de la República por bandera, no llevan otra pasión y otro objeto que los intereses de partido. Esa prueba a que alude es la guerra del Paraguay.

Largamente me esforcé con el señor Mitre para evitarla, antes que estallase; le mostré sus inconvenientes, le auguré su duración y las calamidades de que podía ser consecuencia, en una extensa correspondencia que alguna vez será del dominio público, cuando ya no pueda importar sino para la relación crónica de los sucesos; pero la guerra estalló, el Presidente solicitó mi concurso, y se lo presté arrastrando forzadamente a un pueblo, para quien era esa lucha terriblemente antipática. Todo lo que es personal lo expuse, y los hechos probaron que ese esfuerzo era superior a lo que humanamente podía exigirse, si bien bastó a contener al enemigo (desconózcanlo la ingratitud y la deslealtad) y a dar lugar a que se organizase un ejército capaz de empujar la guerra sobre el territorio enemigo. Después de eso, es esta provincia la que relativamente ha conservado hasta hoy mayor contingente en el ejército, hecho cuyo conocimiento sorprenderá a usted, aunque el Presidente me lo acredite en su correspondencia privada.

No; yo no he alentado esa lucha desordenada; por el contrario, he hecho esfuerzos poderosos por salvar al litoral de comprometerse en ella, y de ello se me hacer por otros, un crimen."

14. Felipe Varela en la memoria popular

Rodolfo Ortega Peña y Eduardo Luis Duhalde, Folklore argentino y revisionismo histórico (la montonera de Felipe Varela en el cantar popular), *Buenos Aires, Sudestada, 1967, pp. 18-22.*

a) *¡Viva el General Varela!*

> ¡Viva el general Varela
> por ser un jefe de honor!
> ¡Que vivan sus oficiales!
> ¡Viva la Federación!
> La República Argentina
> siempre ha sido hostilizada
> porque los que gobernaban
> en su mala fe caminan.
> Ahora el que viene encima
> levantando su bandera,
> la gloria y la primavera
> florecen por los caminos.
> Gritemos los argentinos:
> *¡Viva el general Varela!*
> Esta Patria que ha reinado
> no nos era conveniente,
> al que más bien se ha portado
> lo han marchado al contingente.
> Nada vale ser prudente
> ni amistoso en la ocasión,
> al pobre con más razón,
> porque no razones tiene.
> Hoy Varela nos conviene
> *por ser un jefe de honor.*
> Ya Córdoba se ha ganado,
> San Luis, Mendoza y San Juan,
> sólo falta Tucumán,
> pero está desamparado.

Campos solito ha quedado
marchando en casos tales,
estos son actos formales
de verse desprotegido.
¡Viva el jefe que ha venido!
¡Que vivan sus oficiales!
La pretensión de un Varela
que ha venido hoy en día
a borrar esta anarquía
levantando su bandera.
Unirse con la chilena,
esa era su pretensión,
para la constitución
dos repúblicas hermanas,
de donde bien nos dimana.
¡Viva la Federación!

b) *Canción Federal*

Al enemigo guerra
y muerte a los tiranos
A nuestro bravos hermanos
Salud y protección
y a los heroicos jefes
De Urquiza y de Varela
Argüello, Saa y Videla
Honor y bendición!
¡Escuchad... Es que gime la tierra
De la Patria vendida, al clamor!
Argentinos, arriba!!! a la Guerra
Al salvaje, el tirano opresor!
Ya exhalaron los pueblos el grito
¡Libertad, igualdad, reacción!!!
Y su eco potente y bendito
Del tirano partió el corazón

Al enemigo guerra, etc.
¡A las armas! La Patria los llama
El cañón ya se siente tronar...
Nuestro honor esta vez lo reclama
o morir o al tirano acabar.
Sea nuestra sagrada divisa
El con gloria morir o vencer
Nuestro bravo Varela y Urquiza
Nuestra causa, el honor y el deber
Al enemigo guerra, etc.
Adiós madres y esposas queridas
Que al campo se van del honor
A enseñar a los liberticidas
Lo que es patria, civismo y amor.
Basta ya de sangrientos ladrones
Basta ya de sufrir y llorar
De esclavo tras viles mandones
De degüello y bárbaro ahorcar.
Al enemigo guerra, etc.
Que la patria levante su frente
Que humilla ese déspota vil
y que muera el salvaje impotente
y que caiga el abyecto Brasil!!!
¡¡¡Argentinos, arriba!!! corramos
A salvar nuestra noble nación
y de gloria sin fin la cubramos
Rejurando su Constitución.
Al enemigo guerra, etc.

15. Juicio y sentencia de Aurelio Zalazar, montonero riojano de Felipe Varela (1869)

Rodolfo Ortega Peña y Eduardo Luis Duhalde, Felipe Varela contra el Imperio Británico, *Buenos Aires, Sudestada, 1966, pp. 319-326.*

Sumario: 1º) El hecho de sublevar y disolver un contingente del Ejército Nacional, es un acto de sedición.

2º) El levantar fuerzas para apoyar el derrocamiento de un Gobierno de Provincia, entregándolas después a un jefe rebelde a la Nación, es un hecho que constituye el delito de rebelión.

3º) Los delitos comunes cometidos con motivo de la rebelión, son castigados con la mayor pena que les corresponde por las leyes respectivas.

4º) La confesión judicial de hacer ordenado asesinatos, confirmada con la declaración de tres testigos, de los cuales el una afirma haber visto el lugar del asesinato y oído a la tropa que el confesante mandó a matar, y los otros dos que estuvieron con él confesante cuando dio la orden, hace plena prueba sobre el delito de homicidio.

5º) La circunstancia de haber formado parte del ejército rebelde, no es causa bastante, para anular la declaración de un testigo sobre el hecho de un homicidio perpetrado durante ella, y en el que el testigo no tomó parte.

6º) El delito de homicidio voluntario, perpetrado con motivo de la rebelión, es castigado con la pena ordinaria de muerte.

Caso: Aurelio Zalazar fue acusado por el Procurador Fiscal de la Sección de La Rioja, por los delitos de rebelión, sedición, homicidio y traición a la Patria, y pidió contra él la pena ordinaria de muerte, fundando en los hechos que se detallan en el siguiente.

Fallo del Juez de Sección
Rioja, Abril 14 de 1869

Vista esta causa criminal seguida contra Aurelio Zalazar por atribuírsele los delitos de traición a la Patria, sedición y rebelión de la que resultan los siguientes hechos: a últimos del mes de Junio de mil ochocientos sesenta y cinco estalló en los Llanos, jurisdicción de esta Provincia, una sublevación con el propósito ostensible de derrocar el Gobierno de la Provincia y disolver el contingente de Guardias Nacionales que la misma enviaba por orden del Gobierno Nacional para la guerra con el Paraguay.

Esta sublevación fue encabezada por el procesado Aurelio Zalazar quien disolvió el contingente que se hallaba fraccionado en dos puntos, Catuna y Posta de Herrera; según aparece de las declaraciones corriente de fojas 4 y 7 de Juan Carisso, de fojas 7 y 9 de Pascual Lara, de fojas 49 a 50 de Agustín Barrionuevo, documentos de fojas 2 y 9, nota del Gobierno de fs. 3 vuelta, y la serie de documentos que corren desde fojas 18 hasta 47 y desde 68 hasta 78, que son órdenes impartidas, partes y solicitudes que se le dirigían como a tal jefe, partes oficiales de fs. 80 y 81, y por fin su propia declaración de fs. 82 en que revela el plan que se propuso llevar a efecto, que fue derrotar el Gobierno del a Provincia y disolver el contingente que marchaba al Paraguay; plan que por su parte ejecutó en lo que a el correspondía, que fue tomar el expresado contingente con la gente que reunió al efecto, atacando a la fracción que se hallaba en Catuna, al mando del Comandante Vera, y después la otra en la posta de Herrera (Hedionda) a las órdenes del Comandante Linares, consiguiendo disolverlas, teniendo además y después de esto varios combates con las fuerzas hasta que fue hecho prisionero en el lugar de Lasquino.

Durante el tiempo que Zalazar anduvo a la cabeza de los sublevados, se cometieron por estos, asesinatos, robos y violaciones en la Cruz del Eje, Provincia de Córdoba, y en los Llanos de ésta; apareciendo de la declaración de dicho Zalazar que el mismo dio orden para la muerte de dos hombre Pedro el Tuerto y Juan el Manco.

Procesado por estos delitos y estando ya la causa en estado de sentencia, Zalazar se fugó de la cárcel el 7 de enero de 1867 en altas horas de la noche; apareciendo en esta ciudad en el mes siguiente con fuerza armada de los Llanos y en apoyo de la revolución que estalló el día 2 del mismo y derrocó el Gobierno legal.

Después de esto Zalazar se fue otra vez a los Llanos a reunir más fuerzas para apoyar a Felipe Varela que vino desde Chile y se puso al frente de las fuerzas de Guardias Nacionales de esta Provincia, movilizadas por los revolucionarios y en abierta rebelión contra el Gobierno de la República.

No habiendo asistido al combate de Vargas por hallarme a la sazón en los Llanos, como queda dicho, Zalazar volvió a esta ciudad tan luego como el Ejército del Norte, al mando del General Taboada, después de vencer a Varela en el expresado combate evacuó la Provincia, consiguiendo Zalazar hacer fugar al Gobernador y posesionarse de aquella. Durante su permanencia en esta ciudad, Zalazar exigió y sacó contribuciones de efectos de tienda de varias casas de negocio. La ocupación de la ciudad por Zalazar al mando de fuerzas de los Llanos, facilitó el regreso de Varela ala misma, que no tardó en efectuarlo, permaneciendo en ella y en la Provincia hasta que nuevamente invadida esta por el General Taboada, hizo su retirada hacia las provincias del Norte.

Zalazar acompañó a Varela en toda esa larga campaña de devastación que terminó con la huida de éste a Bolivia, y en la que se dieron los combates de la Cuesta de Chilecito, de los Molinos, Cachi, y el último en las calles de la ciudad de Salta.

Habiendo vuelto Zalazar de Bolivia en Enero de 1868, vino a esta Provincia y estuvo escondido hasta que, cansado (son sus propias palabras) de las persecuciones del Gobierno Provincial, él y otros jefes más, sin ánimos de hostilizar al Gobierno Nacional, resolvieron sublevarse contra aquél, derrocarlo y crear otro que los garantiera. Al efecto, reunió fuerza en los Llanos y vino a esta ciudad, le puso sitio y la rindió, sometiéndose luego al Comisionado General D. Octaviano Navarro, que llegó con sus fuerzas después de rendida la plaza, habiendo sido posteriormente capturado y puesto a disposición de ese juzgado en veinte y siete de Enero del presente año. Resultando que el procesado Zalazar es acusado del crimen de Traición a la Patria, o por lo menos de sedición armada, cuya acusación se funda en el hecho probado de haber disuelto el contingente que por orden del Gobierno de la República marchaba de esta Provincia a incorporarse al Ejército Nacional, en operaciones contra el Paraguay, siendo Zalazar el jefe de las fuerzas sublevadas que produjeron ese hecho, calidad plenamente probada en autos por las declaraciones y documentos ya citados y por la misma confesión del reo que al hacérsele cargos por haber ordenado las muertes de Pedro el Tuerto y Juan el Manco, dice: que la ordenó en atención a que no figuraba otra autoridad en sus fuerzas que la de él. Resulta que el Procurador Fiscal *ad hoc* pide contra él la pena ordinaria de muerte, ya se considere el crimen que se persigue como traición a la Patria, ya se le califique de sedición; fundándose en que, en el primer caso, Zalazar como jefe superior quedaría sujeto a la pena establecida por la ley de 14 de Setiembre de 1863, cuyo artículo 2º dice: "Los autores o cabezas principales de la traición... serán castigados con la pena ordinaria de muerte", y en el 2º caso, estableciendo la misma ley, en su art. 24, que los delitos particulares ejecutados en la sedición o con motivo de ella, sean castigados con la pena mayor que corresponde a esos delitos, merece la misma pena ordinaria de muerte, por cuanto dice, ha cometido durante la sedición o con motivo de ella delitos que la ley castiga con esa pena, tales son los asesinatos ejecutados por sus fuerzas en la Cruz del Eje en las personas de León Juárez, Luis Paz, Ramón Olmos, José Chávez, Esteban Saber y Mariano Maldonado; habiendo esas mismas fuerzas cometido violaciones, robos y salteos, según todo consta de las declaraciones corrientes desde fs. 115 hasta 117; cuyos crímenes, sin embargo de no constar en autos que fueron ejecutados por el procesado o por su orden, consta al menos por la declaración del testigo Domingo Olmos corrientes a fs. 115, que ellos fueron el resultado de órdenes generales que tenía impartidas entre los individuos de su tropa respecto de los estremos a que debían recurrir en caso de resistencia por algunos de los moradores de aquel lugar pues el expresado testigo en el lugar citado dice: que en el reclamo que se hizo sobre el saqueo y muerte de D. Esteban Saber por su yerno D. Nolasco López, Zalazar le contestó: que tenía dada la orden que al que se resiste lo maten. A lo que se agrega, que siendo Zalazar el jefe de esas fuerzas, y no habiendo contenido esos excesos, se ha hecho responsable de ellos.

Resultando además que se le acusa de los asesinatos perpetrados en las personas de Ramón Ibañes, Pedro el Tuerto, Juan el Manco y el sargento de línea Quiroga, muertos por su órden, cuyos fundamentos son, respecto al asesinato de Ibañes: 1º La declaración de Dionisio Quiroga que a fs. 139 dice "que estando en la capilla de San Isidro vió que llegó Carlos Ortiz comandando como cinco o seis hombres, y que por las prendas que traían y el modo como llegaron, juzgó que lo habían muerto a Ramón Ibañes y que vulgarmente se dijo entre la tropa que Zalazar había mandado a dicho Ortiz que fuese a asesinar a Ibañes y que probablemente ya lo habían muerto, por cuanto el espresado Ortiz le traía varias prendas como ser el caballo y la montura, y finalmente que al otro día le dijo el mismo Ortiz que el lo asesinó porque le ordenaron que lo hiciese, no diciendo quién lo mandó, pero que á los dos días de esto, estando en conversación el declarante con Aurelio Zalazar, se le descubrió diciendo que él fué quién mandó a que lo asesinasen; 2º La declaración de Roque Vargas a fs. 114 vuelta que dice: "que sabía por haber venido por su casa la Comisión mandada por Zalazar encabezada por Carlos Ortiz, ayudante, y Pedro Florez del mismo grado, y estos dijeron en casa del declarante que venían mandados por Zalazar a matar a Ramón Ibañes como sucedió el mismo día que al parece fué el 2 de Noviembre; 3º La declaración de Juan Vicente Mercado que a fs. 142 dice: "que había oído decir que había venido una comisión encabezada por Carlos Ortiz a asesinarlo a Ramón Ibañes y lo asesinaron por orden de Zalazar"; 4º La declaración de Manuel Falcón: que a fs. 142 vta. dice: "que a Ramón Ibañes lo sepultó el declarante en el templo de San Isidro el día 3 de Noviembre del año pasado, y que generalmente oyó decir que Aurelio Zalazar lo mandó asesinar con una comisión encabezada por Carlos Ortiz"; 5º Finalmente, la declaración de Julián Barrionuevo que a fs. 143 dice: "que con respecto a Ibañes oyó decir varias veces que lo asesinaron en las minas, pero que no supo por que orden, sólo si oyó decir que la gente de Zalazar fué la que lo asesinó". Este testigo como los anteriores declaran de público y notorio, de pública voz y fama. Respecto del asesinato del Sargento Quiroga se funda el Fiscal en la declaración de José Pío Sánchez que a fs. 138 dice: "que sabía y le constaba por haber leído la orden dada por el mismo Zalazar a Carmen Guevara para que fusilase al Sargento de línea Quiroga; esto sabía el declarante por haber ido preso junto con Quiroga y D. Abelardo Ocampo, y como ninguno de ellos sabía leer, le hicieron leer al declarante la orden, y en su presencia lo fusilaron a dicho Quiroga en la plaza de San Antonio".

Respecto del asesinato de Pedro el Tuerto se funda el Procurador Fiscal en la declaración de Juan Escudero que a fs.

140 dice: "que sabía y le constaba que la comisión que asesinó a Pedro el Tuerto salió con orden de Zalazar, y que la comisión que salió en alcance de Pedro era comandada por Carmen Guevara, y lo alcanzaron en Ulapes, y de Ulapes al Norte, distancia de una legua, lo mataron el día 22 de Agosto; y en la declaración de Juan Manuel Guzmán que en la declaración de fs. 140 dice: "que sabe y le consta que la comisión iba mandada por Carmen Guevara, y que en Ulapes lo alcanzaron y lo hicieron contramarchar y a la legua lo asesinaron, y que esto sucedió el 22 de Agosto del año pasado, y esto lo sabía evidentemente por haber estado con Zalazar el declarante, y que de otros asesinatos no sabía por haberse a los pocos días desertado junto con Juan Escudero de las filas de Zalazar".

Respecto del asesinato de Juan el Manco se funda el Fiscal en la declaración que José Pío Sánchez que a fs. 138 dice: "que a más sabía que estando toda la montonera en el Pozo Cercado, oyó decir a la tropa de montoneros el declarante, que lo habían muerto a Juan el Manco por orden de Zalazar a poca distancia de aquel lugar, y que viniendo de marcha la montonera para el Norte, le mostraron al declarante donde lo habían degollado a dicho Juan; fundándose además en la confesión del reo respecto de este asesinato y del anterior". Resultando igualmente, que se le acusa al reo Zalazar del crimen de rebelión contra el gobierno de la República, fundándose para ello en las declaraciones del 3er cuerpo de autos que corren desde fs. 2 hasta fs. 12 y en la misma declaración del reo de fs. 12 a 15, de los que aparece que Zalazar se fugó de la cárcel, estando procesado por los delitos referidos, que vino a esta ciudad con fuerza armada e hizo todo lo que al principio queda relacionado:

Y considerando:

1º) Que la traición a la patria, según la define la Constitución en su artículo 103, consiste únicamente en tomar las armas contra ella, o unirse a sus enemigos, prestándoles ayuda y socorro; 2º) Que aunque el inciso 5º del art. 1º de la ley penal de 14 de setiembre de 1863, dice: "Se traiciona a la Patria impidiendo que las tropas Nacionales reciban en tiempo de guerra los auxilios y noticias indicadas por los incisos 2º y 3º, es decir, caudales, armas, embarcaciones u otros medios directos para hostilizar"; tal disposición debe entenderse que se refiere al caso en que, el que tales actos ejecuta se halla dentro de los términos establecidos por aquella definición, es decir en armas contra la Nación o unido a sus enemigos; por lo que la ley de 14 de Setiembre, siendo reglamentaria de aquel artículo de la Constitución, no puede ni ampliar ni restringir el principio en él establecido, limitándose únicamente a determinar la forma y modo de su ejecución; 3º) Que sin embargo de que, Zalazar por el hecho de haber disuelto el contingente impidió que el Ejército de la República recibiera entonces el auxilio que el importaba, no constando de autos ninguna de las condiciones exigidas para la traición a la Patria, pues no aparece que tomara las armas contra el pueblo Argentino, ni mucho menos que lo hiciera de acuerdo ni en unión con los enemigos; no puede por consiguiente calificarse ese delito de traición a la patria. A lo que se agrega, que la interpretación de ese artículo debe ser restrictiva, tanto porque el pensamiento de los legisladores revelado en su espíritu, ha sido ese, cuanto por que la historia nos enseña que tan feo delito ha servido de arma poderosa a las pasiones para herir injustamente al adversario (*Story*, Coment. Sobre la Constitución de los EE.UU., Cap. XLIV); 4º Que el hecho de la sublevación y disolución del contingente ejecutado por Zalazar, siendo él el cabezilla principal, si bien no puede calificarse como traición a la patria, importando él un alzamiento para impedir la ejecución y cumplimiento de una providencia administrativa del Ejecutivo Nacional en conformidad de una ley del Congreso, es por lo tanto un acto de sedición previsto por el art. 20 de la ley de 14 de Setiembre ya citada; 5º) Que respecto de los delitos particulares, si bien los asesinatos, robos y violaciones cometidas en la Cruz del Eje por las fuerzas de Zalazar, según consta de autos en el lugar citado, no han sido ejecutados por él personalmente ó por su orden, arrojan sin embargo sobre él mismo una grave responsabilidad por cuanto ha sido el Jefe y autor principal de la revuelta; 6º) Que no aparece plenamente probado que los asesinatos de Ramón Ibañes y el Sargento Quiroga hayan sido ejecutados por órden de Zalazar, pues las declaraciones de los testigos del sumario que atribuyen esas muertes a Zalazar, respecto del primero, son puramente de oídas, y respecto del segundo no hay sino un testigo que dice haber leído la orden de Zalazar y presenciado la muérte, según queda arriba relacionado (Ley 28, tit. 16, Part. 3, Goyena, tomo 5º, libro 4º, tit. 22, sec. 6º, pág.628, nº 536, y ley 32, tit.16, Part. 3); 7º) Que respecto de las muertes de Pedro el Tuerto y Juan el Manco existen la confesión del reo que afirma fueron ordenadas por él, y de las declaraciones de los testigos Juan Escudero a fs. 140, de Juan Manuel Guzmán a fs. 140 vta.y de Josá Pío Sánchez a fs. 138, que en corroboración de aquella dicen los dos primeros, dando ambos por un hecho indubitable el asesinato; que la Comisión que mató a Pedro el Tuerto, les constaba por haber estado con Zalazar, llevó orden para ello del mismo; y el tercero que oyó a la tropa de montoneros, que Zalazar lo hizo matar a Juan el Manco y vió el lugar en que lo mataron que fué cerca del Pozo Cercado; 8º) Que la confesión del reo Zalazar con respecto de estas muertes hace prueba completa por cuanto reune las condiciones legales que la elevan a ese grado (Leyes 2, 4 y 5, tit. 13, Part. 3); pués el confesante es mayor de edad, no ha sido atormentado para arrancarsela, no la ha hecho por error, pues da la razón que tuvo para ordenar esas muertes al ratificar su declaración con ella, es también capaz de hacer lo confesado, ha confesado delante de Juez competente, y por fin, ha recaído su confesión en un delito cuya existencia está comprobada por las declaraciones ya citadas, que no ha contradicho el reo, y por la circunstancia de no haberse producido prueba en contra, ni durante los 14 meses o más que duró esta primera causa, ni ahora que después de 2 años se ha mandado acumular con la segunda; pués le habría sido fácil al reo saber que esos hombres que son *ciertos y determinados*, viven, si realmente no estuvieran muertos, a lo que se agrega que Zalazar, tanto en su declaración como en su confesión, da por un hecho indudable la muerte de los mismos; declaraciones y circunstancia que importa la demostración del cuerpo del delito y que bastan par que se aplique al reo confeso la pena señalada (Goyena, tom. 5, tit. 4, lib, 18. sec. 5, pág. 589. Tejedor, derecho Criminal, tom. 2, pág. 146, que hablando de los requisitos para que la confesión haga prueba completa dice: 6º Que conste el cuerpo del delito o que por lo menos haya, según los autores, un concurso de indicios y circunstancias que lo hagan verosímil y formen la convicción del Juez, Ley 5, tit. 13, Part. 3, cuya glosa nueve dice: Et quid si neque appareat vivus nec mortuus? Videtur quod non noceat confessio – Quod limita misi compitens esset aliquis assesinus malea conditiones, el famae, excelcens latrocinia propelittus maris... Secundo limita... nisi confessio referatur ad certum hominem occisum, de cujus vita, si vivat, facile potest liquere, et confidenti; et ejus amici defensio reservari: montune perjudicaret confessio – Curia Felipica, P. 13, nº 14); 9º) Que además, los testigos espresados están conteste con Zalazar respecto a los lugares en que se ejecutaron esas muertes, Ulapes y Pozo Cercado, cuya circunstancia agregada a las otras da mayor fuerza al considerando anterior; 10º) Que sin embargo de que los testigos Juan Escudero y Juan Manuel Guzman han andado en la montonera con Zalazar, no puede esa circunstancia invalidar sus declaraciones, pués deponen sobre un asesinato en que no aparecen complicados ni como meros ejecutores; a lo que se agrega, que corroboran un hecho confesado paladinamente por el reo, desapareciendo por lo tanto la razón de la ley 21, tit. 16, Part. 3, que invalida la declaración de los cómplices; debiendo decirse otro tanto de la declaración de José Pío Sánchez que fue arrestado o preso por Zalazar, pués deponiendo sobre un hecho confesado por el reo, la muerte de Juan el Manco, desaparece la presunción de deponer por odio o por venganza; 11º) Que además, consta de los autos acumulados que posteriormente a estos crímenes, Zalazar, después de haberse fugado de la cárcel pública de esta ciudad, ha levantado fuerza en los Llanos y venido en apoyo de la revolución del 2 de febrero de 1867 que derrocó las autoridades legales de esta Provincia, entregándola con todos sus elementos a Felipe Varela, rebelado contra el Gobierno de la República; 12º) Que dicho reo Zalazar ha servido a las órdenes de Varela y prestándole como caudillejo de los Llanos, toda la ayuda que ha podido, tanto con su persona, como con la influencia; 13º) Que sirviendo en dichas filas ha sacado contribuciones y asistido a combates en que se ha derramado sangre, siendo uno de los más constantes en seguir a Varela, en sus excursiones vandálicas, pues de las declaraciones del sumario y de la suya propia, consta que le acompañó hasta en Bolivia. Y omitiendo otras consideraciones eh hecho y en derecho que de los autos surgen, declaro; que el procesado A. Zalazar es reo de los crímenes de *rebelión* con las circunstancias agravantes de haber sacado contribuciones de efectos de tiendas y asistido a combates con las fuerzas fieles al Gobierno, de *sedición* con las circunstancias también agravantes de haber disuelto el contingente que iba al Paraguay, de haber sido el cabeza principal de ella y dado varios combates, y, por fin, de *homicidio* perpetrado durante la sedición en las personas de Pedro el Tuerto y Juan el Manco; y definitivamente juzgando: fallo: que debo condenar, como en efecto condeno al reo Aurelio Zalazar a la pena ordinaria de muerte, de conformidad al art. 24 de la ley penal de 14 de Setiembre de 1863, y leyes 1, tit. 21, lib. 12 Novísima

Recopilación, y 2, tit. 8, Part. 7, con más el pago de las costas procesales. Hágase saber. – *Arsenio Granillo.* – Apelada esta sentencia por el defensor fue confirmada por este.

Fallo de la Suprema Corte
Bs. As., Julio 27 de 1869

Vistos: por los fundamentos relativos a los delitos comunes cometidos con ocasión de la rebelión por el procesado, de conformidad con lo expuesto y pedido por el Sr. Procurador General, y sin tomar en consideración el cargo por el delito de traición a la patria, que no se ha discutido en esta Instancia; se confirma la sentencia apelada de foja 48 vta. y a los efectos consiguientes, remítase el proceso original al Poder Ejecutivo con el correspondiente oficio. – *Francisco de las Carreras – Salvador María del Carril – Francisco Delgado – José Barros Pazos – Benito Carrasco.*

[Causa LXXV Criminal contra Aurelio Zalazar por sedición, rebelión y homicidio, en Fallos de la Suprema Corte de Justicia Nacional, Buenos Aires, 1886, T. VII, pág. 356 y ss.]

16. El asesinato de Urquiza en una copla popular
Olga Fernández Latour de Botas, Cantares históricos, *p. 312.*

Ya bajó a la tumba Urquiza

Ya bajó a la tumba Urquiza,
el grande libertador,
aquel que llenó de honor
nuestra federal divisa,
ahora todas son cenizas:
Libertá y Constitución,
la guerra civil volvió

a abrir su fatal camino.
Quien tenía los destinos
de gloria ya se acabó.

El suelo que vio nacer
al grande libertador
que recoja con valor
la sangre que vertió en él;
guardemos fresco el laurel
con que la patria ha adronado,
persigamos los malvados
que a puñal asesinaron
y a los jueces sin reparo,
démoslos pata juzgarlos.
[C]asi solo se ha quedado
Ricardo López Jordán,
sin darle tiempo a rehacerse
persigamos al malvado.
Sólo le queda el Chunviado
y otros tantos malechores
que de horror hacen primores,
y no hay un departamento
que no haya dicho al momento:
¡Guerra, guerra a los traidores!

17. Ricardo López Jordán acepta el gobierno de Entre Ríos.
Discurso de Ricardo López Jordán ante la Legislatura provincial (14 de abril de 1870), en Aníbal S. Vásquez, Caudillos Entrerrianos. López Jordán, Rosario, Peuser, 1940, p. 150.

Señores Diputados: Tengo sólo una palabra, sólo un sentimiento para responder a la honra que acaban de hacerme los representantes del pueblo entrerriano. Esa palabra franca y leal, ese sentimiento nace ardiente y profundo en el seno de mi corazón. Esa palabra y ese sentimiento es la Constitución, en cuyo nombre he derrocado a la tiranía rodeado del pueblo; en cuyo nombre quiero que se me derroque a mí el día que desconozca la Constitución. [...]

He deplorado que los patriotas que se decidieron a salvar las instituciones, no hubieran hallado otro camino que la víctima ilustre que se inmoló, pero no puedo pensar en una tumba cuando veo ante mis ojos los hermosos horizontes de los pueblos libres y felices.

Representantes del Pueblo: debo esperar de vosotros una eficaz cooperación en favor de los preciosos intereses de la Provincia, que han sido siempre para mí un pedazo de mi corazón. Sin el pueblo, sin el apoyo de la opinión pública, los gobiernos no pueden nunca llenar eficazmente su cometido ni representar otro sentimiento que la pasión personal. Y el día que yo comprenda que el pueblo no me rodea seré el primero en declinar la honra que me hacéis.

18. Los jefes políticos de Entre Ríos se pronuncian a favor de la revolución de López Jordán

Carta del jefe político de Concepción del Uruguay, Salvador Espeleta, a López Jordán (17 de abril de 1870), en Fermín Chavez, Vida y muerte de López Jordán, *Buenos Aires, Theoría, 1970, p. 301.*

Mi querido General y compadre:

Cumplo con mi deber de soldado entre-riano y adicto a V.E. poniendo a vuestra disposición todo cuanto está en mí es decir en mi espada y la mejor voluntad que pueda animar á uno de vuestros más leales y adictos servidores.

En los días de la muerte de Don Justo me hallaba recorriendo la campana de Gualeguay y Gualeguachú, y puedo asegurarle a V.E. que su nombre se hallaba en boca de todos los hombres de esta campana, nombrando desde ya a V.E. como el solo hombre que reunía en sí la simpatía general de la provincia y el único gobernador que querían. Si hay algunos descontentos, son tan pocos y se hallanban unidos de tan cerca al finado gobernador, que no merece la pena hacerles entrar en cuenta.

19. La rebelión de López Jordán en coplas populares
Olga Fernández Latour de Botas, Cantares históricos, *pp. 314-315.*

a) Aunque me maten, mi amor

Aunque me maten, mi amor,
y aunque me roben el pan,
será mi gobernador
Ricardo López Jordán.

b) ¡A las armas, entrerrianos!

¡A las armas, entrerrianos!
Con entusiasmo y valor,
rechazar los enemigos
que nos viene la invasión.

¡Qué importa que ellos traigan
el prusiano remingtón,
si nosotros con la lanza
iremos hasta el cañón!

¡A las armas, entrerrianos!
¡A las armas con valor!
Que a estos se gana la gloria
defendiendo la Constitución.

López viejo es un gran trucha
si no hay vichos nos da pingos
para apretarnos el gorro
por si se asoman los gringos.

20. Proclama de Ricardo López Jordán al pueblo de Entre Ríos (Concepción del Uruguay, 23 de abril de 1870)
Aníbal S. Vásquez, Caudillos Entrerrianos, *p. 150.*

Entrerrianos! Os acabo de dar libertad y derecho. Nuestros eternos enemigos no los quieren reconocer, trayéndonos la guerra, y aquí me tenéis con la lanza en la mano para defenderlos. Si queréis ser libres, venid a acompañarme, donde ya dos mil leales Entrerrianos me rodean dispuestos a morir antes que dejarse ultrajar. Nuestra guerra no es sino en sostén de la autonomía de Entre Ríos, que desconocen y pisotean invasores acostumbrados a hacer lo mismo con todas las provincias. Y una prueba de ello es, que se han respetado las autoridades y las rentas de la nación, así como los fueros y propiedades nacionales, todo lo cual entraba en los propósitos de mi gobierno.

Entrerrianos! Vuestros representantes me han elegido para defender la Constitución y esos infames enemigos desconocen y pisotean vuestro gobierno, vuestros representantes y la Constitución. La guerra pues! Esto manda el honor y la libertad.

Soldados! Pueblo todo de Entre Ríos! La guerra! Ya que no han querido la paz! La guerra heroica, que nos dará en breves días la libertad y el progreso! El que no defienda a Entre Ríos es un traidor! Al que lo defienda, la Patria le ofrece una corona! La muerte antes que la esclavitud!

Estos son los propósitos firmes de vuestro gobernador constitucional y amigo.

Ricardo López Jordán.

21. Las tropas nacionales en Entre Ríos

Carta de Dalmacio Vélez Sarsfield al Ministro de Guerra y Marina Gral. Martín de Gainza (Buenos Aires, 19 de abril de 1870), en Fermín Chavez, Vida y muerte de López Jordán, *pp. 306-307.*

El Sr. Presidente ha dispuesto que V.E. se traslade al [Concepción del] Uruguay y se ponga en contacto con el General en Gefe del Ejército, suponiendo efectuado el desembarque en conformidad con las instrucciones dadas. El objeto del desembarque es establecer el ejército en el punto que el Presidente lo juzgue conveniente, para los fines con que ha sido enviado al Entre Ríos.

El Sr. Presidente desconoce al Gobernador de Entre Ríos por autor confesado del asesinato [de Urquiza] y ordena al pueblo de esa Provincia que le niegue obediencia. El Ejército debe servir de base y apoyo para que la opinión se pronuncie, pues no lo hacen muchos por temor. Desde allí se esparcirá el movimiento.

El pensamiento del Presidente es que se apuren todos los medios para impedir que se organice el poder de López Jordán, porque es una reacción sanguinaria que tiene por objeto conmover toda la república y trastornar el orden establecido. V.E. lleva por objeto conocer bien la situación, ver el aspecto que las cosas presentan y acordar el medio de estar en comunicación directa e inmediata con el ejército.

V.E. cuidará de no tomar resolución de reembarcarse sino después de agotar los medios para conservarse en la posición ocupada y en la espectativa cierta de fuerzas tales que hagan más tarde o difícil la retirada. Para ello V.E. tendrá presente que desconociendo el Gobierno de López Jordán, la guerra es inevitable y debe empezar, si es posible, por golpes de nuestra parte que infundan respeto al enemigo y no aparezcan nuestras armas esquivando la acción.

Por lo tanto: si por razones insuperables hubiese de ordenarse el reembarco general procurará hacer un fuerte reconocimiento, dispersando toda fuerza que tenga a la vista para herir la conspiración. Un combate, pues, sería de desear procurarlo.

22. Manifiesto del Gobernador Constitucional de la Provincia de Entre Ríos, a los Pueblos de la República Argentina (Concepción del Uruguay, 23 de abril de 1870)
Aníbal S. Vásquez, Caudillos Entrerrianos, *p. 152-162.*

La Provincia de Entre Ríos debe a la República Argentina y a la América que nos observa, una explicación franca y leal de los sucesos que han dado por resultado la guerra a que se le provoca de una manera tan inconsiderada como injusta y una exposición tranquila y verídica de las elevadas consideraciones que la compelen a rechazar con toda su energía la violenta agresión que se perpetra contra ella. [...]

Hace 30 años que Entre Ríos cumple la noble misión de fecundizar con su sangre el árbol de la libertad, a cuya sombra viven felices, ricos y prósperos los pueblso hermanos, mientras él sacrificado en dilatadas campañas, volvía a su hogar a encorvarse bajo el yugo del despotismo personal.

Jamás le alcanzaron los beneficios de la libertad que llevaba con sus armas victoriosas al otro lado del Uruguay y al otro lado del Paraná, y como hijo desheredado de la justicia y del derecho, el pueblo grande y generoso gemía bajo la mano férrea que había oprimido a dos generaciones.

La libertad, la ley, la justicia, el derecho, las garantías, la propiedad, todas esas grandes conquistas con que se enorgullecen las sociedades modernas, que las impulsan por el ancho camino de su prosperidad, eran en Entre Ríos sólo una bella promesa para el provenir; una perspectiva lejana, a que se oponía siempre la ambición personal de un hombre que había hecho de la provincia su patrimonio.

El porvenir la brindaba con sus riquísimos dones; pero la voluntad tiránica la sujetaba amarrada, deteniéndola en su marcha, y alejándola del término de prosperidad que le prometían sus inmensas riquezas, su vasto comercio, su ventajosa situación, su clima benigno, sus fértiles llanuras, sus ríos abundantes, sus tradiciones gloriosas, el espíritu de libertad, de orden y trabajo que anima a todos sus hijos, y los gérmenes fecundos que guardaba en su seno, esperando que el día de la libertad viniera a hacerlos fructificar.

Entre Ríos quería ser libre –necesitaba ser libre.

Y ese santo amor a la libertad, esa aspiración sublime de los pueblos, que los lleva hasta el martirio, esa conciencia de su derecho por tanto tiempo hollado y desconocido, armó su brazo en el glorioso movimiento del 11 de abril, en que se dispuso a poner término al prolongado sufrimiento. [...]

He ahí el crimen de que se le quiere responsabilizar, trayéndole una guerra injusta, asoladora y cruel.

Parece que no existe para Entre Ríos el derecho de ser libre!

Parece que se le quiere negar el derecho que tienen todos los pueblos de sublevarse contra sus opresores!

Parece que se pretendiera establecer la monstruosa doctrina de que Entre Ríos estaba obligada a soportar eternamente a un tirano, porque él se había servido de sus fuerzas para ofrecer y llevar la libertad a los pueblos y a los estados vecinos. [...]

Parece que se pretende que Entre Ríos debía pagar con su resignación la deuda de gratitud que los demás pueblos tenían para su opresor, por los beneficios que habían recibido de él!

Hay en todo esto una tremenda injusticia para con Entre Ríos, y ella acusaría el egoísmo de los pueblos, si no fuera como es, la obra de un gobierno pavoroso y extraviado. [...]

[E]l Gobierno Nacional, fundado por delegación de los Estados, con fines y facultades claramente determinados, y por lo tanto inasibles; falseando la nobleza y rectitud de su misión, violentando los objetos para que fue instituido, hollando la ley que le traza la esfera dentro de la cual debe girar, desoyendo los consejos de la prudencia y los dictados del deber, olvidando los grandes intereses de los pueblos que le han encomendado si dirección determinándoles el modo de administrarlos sin detenerse a meditar con sano y elevado criterio sobre la injusticia que nos hacía y sobre la gravedad de los males que pueden afligir a la República; acallando todas las voces del patriotismo y lanzándose en una senda extraviada [...]; el gobierno nacional, sin detenerse a medir la profundidad del abismo que abre tan imprudentemente, ha dirigido a la República su palabra oficial desconociendo las autoridades legítimamente constituidas de la provincia, adulterando la verdad de los hechos ocurridos, y excluyendo a Entre Ríos de la comunidad de los pueblos amparados por la ley que él mismo contribuyó a cimentar. [...]

Llevado su extravío hasta la exageración, ha dirigido también a los leales hijos de Entre Ríos una proclama incendiaria y sediciosa, concitándolos a la revolución, al desconocimiento de sus autoridades constitucionales, pidiéndoles y hasta ordenándoles la desobediencia, derramando así en el seno de una sociedad que vive unida y en paz, el gérmen de la división y de las discordias, cuyos frutos debían ser la anarquía, y por consiguiente la ruina de todos. [...]

Entre Ríos protesta su ninguna responsabilidad en la guerra que se le trae tan sin razón y sin derecho; y hace responsables ente la Patria a los que la han promovido, para que con la justa condenación de los buenos, caiga sobre ellos la responsabilidad de la sangre que va a derramarse y de los incalculables sacrificios que la lucha va a imponer al país.

Nada ha alcanzado a desviar al Gobierno Nacional de sus propósitos de hostilidad contra nosotros, y desobedeciendo el tenor expreso de la Constitución que le prohíbe terminantemente intervenir en una provincia sin ser requerido por sus autoridades, fundándose en argucias y sutilezas indignas en tan grave asunto, ha traído a Entre Ríos una intervención armada, violando el pacto federal que la liga a los pueblos en una comunidad indisoluble y haciendo de la soberanía provincial un escarnio tan vejatorio y depresivo, como contrario a los fundamentos de nuestra organización política. [...]

Y en nombre de sus más altos y legítimos intereses; en nombre de la justicia, de la libertad y del sagrado derecho que le asiste como estado federal; en nombre de la ley fundamental violada por el Gobierno Nacional; en nombre de su soberanía y la de todas las Provincias Argentinas, tan interesadas como ella en que la autoridad general no extralimite sus facultades, llevando su acción más allá de los términos fijados por la ley; en nombre del derecho natural de su propia defensa, y en el de las exigencias de su honor y de su dignidad, Entre Ríos, por el órgano de su legítimo gobierno, declara que rechazará con la fuerza el ataque injusto, atentatorio y violento de que es víctima; defendiendo así sus derechos, atropellados sin consideración y sin respeto; declinando de su parte toda responsabilidad por los cruentos sacrificios que demande la lucha; poniendo a Dios por testigo de la rectitud de sus propósitos; invocando en su favor el patriotismo de todos los argentinos, jueces de esta contienda del derecho contra el abuso, y protestando a la faz de los pueblos su ardiente anhelo por la paz, así como la alta justicia que le asiste para responder a la guerra con la guerra

Ricardo López Jordán

23. Proceso a López Jordán (1879)
Fermín Chavez, Vida y muerte de López Jordán, *pp. 319-320.*

Vista del Procurador General de la Nación, Eduardo Costa

[...] He estudiado este voluminoso proceso con la atención que la espectabilidad del caso requería, y, debo declarar que no encuentro en ninguna de las imputaciones que se han hecho al procesado, fundamento bastante que no pueda aún acordársele la excarcelación que solicita.

Los fusilamientos, los saqueos, los degüellos y demás hechos criminales de que se le hace cargo, no pueden considerarse delitos comunes. No es justo ni posible considerar todos estos hechos con presecindencia de las circunstancias especiales en que tenían lugar. [...]

Ninguno de los hechos de que se hace cargo a López Jordán reviste los distintivos esenciales que caracterizan los delitos comunes. Ni el deseo de vengarse de un enemigo particular, ni el de apropiarse los bienes ajenos ha podido inspirarlos. En todos y en cada uno de ellos, dado el caso de que le fueran probados, no puede dejarse de tener en cuenta la posición en que se encontraba: todos y cada uno de ellos han sido cometidos bajo la influencia de una situación política excepcional y extraordinaria y para estos casos nuestra constitución contiene una excepción que no es posible olvidar por un momento.

En las mismas condiciones se encuentra el asesinato del General Urquiza. La circunstancia de haber asumido su responsabilidad en una proclama es el único cargo que se la hace, y él ha negado que esta circunstancia importara asumir la responsabilidad del asesinato y declararse asesino [...]. El ha explicado que fué sólo su intención asumir aquella responsabilidad, en vista de la situación creada y ponerse a su frente para evitar los males consiguientes a la anarquía. En todo caso nunca podría prescindirse con respecto al acusado de la pasión política en su más grande exaltación, siquiera como una causa atenuante que no es posible dejar de tener en cuenta. [...]

No es posible esperar que el resultado de esta causa fuera hoy una condenación capital. Ya sea entonces la pena de prisión o la de destierro lo que haya de imponerse al procesado, ella puede ser garantida sin peligro de que se vea frustrada la justicia que es el único objeto de la prisión durante la causa.

Cronología

1820

Sublevación de Arequito. El ejército del norte se subleva contra el gobierno directorial.
1º de febrero. Batalla de Cepeda. Los caudillos litorales Estanislao López y Francisco Ramírez derrotan al ejército directorial. Caída del Directorio y del Congreso.
Fin de la preponderancia de Artigas en el Litoral que se exilia en Paraguay.
Córdoba provincia independiente, Juan Bautista Bustos gobernador.
Tratado del Pilar entre Santa Fe, Buenos Aires y Entre Ríos.
Tratado de Benegas entre Santa Fe y Buenos Aires. Rechazo al Congreso de Córdoba.
Organización de la provincia de Santiago del Estero, Felipe Ibarra gobernador.

1821

Buenos Aires. El Partido del Orden al poder: gobierno de Martín Rodríguez, ministerio de Bernardino Rivadavia. Leyes organizativas de la provincia.
En el interior. Muerte de Güemes y organización de la provincia de Salta.

El Supremo Entrerriano, Francisco Ramírez, es asesinado por orden de su antiguo aliado López.

1822

Tratado del Cuadrilátero entre Buenos Aires, Corrientes, Santa Fe y Entre Ríos. Preparación del Congreso en Buenos Aires.

1824

Reunión del Congreso Nacional en Buenos Aires. Juan Gregorio de Las Heras gobernador de Buenos Aires.

1825

Ley Fundamental: las provincias delegan las relaciones exteriores en el gobernador de Buenos Aires, y se reservan la aceptación o rechazo de la Constitución Nacional a sancionarse.

1826

Guerra con el Brasil por la Banda Oriental.
Creación del Poder Ejecutivo Nacional: Bernardino Rivadavia presidente de las Provincias Unidas del Río de la Plata.
Guerra civil en el interior: expansión de la hegemonía de Facundo Quiroga sobre el oeste y centro.
Constitución unitaria: rechazo de la mayoría de las provincias.

1827

Convención preliminar de paz con Brasil; rechazo del Congreso, renuncia del presidente Rivadavia.
Disolución de las autoridades nacionales. Las provincias reasumen su soberanía. Manuel Dorrego (federal), gobernador de Buenos Aires.

1828

Paz definitiva con Brasil: Uruguay estado independiente.
1º de diciembre: sublevación militar de carácter unitario

encabezada por Juan Lavalle, quien comanda las tropas llegadas del Brasil. Lavalle gobernador de Buenos Aires. Fusilamiento de Dorrego (13 de diciembre).

1829
Sublevación de la campaña de Buenos Aires contra Lavalle. Combate de Puente de Márquez, derrota de Lavalle, quien se refugia en la ciudad. Negociaciones de Lavalle con el nuevo hombre fuerte del federalismo porteño, Juan Manuel de Rosas. Rosas gobernador de Buenos Aires con facultades extraordinarias, restauración de la Legislatura disuelta en 1828.
Acción del General José María Paz en el interior. Batalla de La Tablada: Paz derrota a Quiroga y desplaza a Bustos como gobernador de Córdoba.

1830
Nueva derrota de Quiroga a manos de Paz en Oncativo. Conformación de la Liga del Interior, Paz ejerce el Supremo Poder Militar.

1831
4 de enero. Firma del Pacto Federal entre las provincias litorales. Luego de una breve resistencia Corrientes se une al pacto.
El general Paz cae prisionero de una partida de López. Gregorio Aráoz de Lamadrid, Jefe de la Liga del Interior, es derrotado en La Ciudadela (Tucumán) por Quiroga. Las provincias interiores se unen al Pacto Federal. Emigración de unitarios del interior.

1832
Rosas se retira de la gobernación de Buenos Aires al rechazarle la Legislatura la renovación de las facultades extraordinarias.

Juan Ramón Balcarce gobernador, Enrique Martínez ministro.

1833

Escisión en el federalismo porteño: apostólicos (rosistas) y cismáticos. Revolución de los Restauradores: renuncia de Balcarce, interinatos de Viamonte y Maza.

1835

Quiroga es comisionado por Buenos Aires para mediar en el conflicto entre los caudillos federales de Tucumán y Salta, Alejandro Heredia y Pablo de la Torre. Asesinato de Pablo de la Torre. De regreso hacia Buenos Aires, Quiroga es asesinado en Barranca Yaco. Hegemonía de Alejandro Heredia en las provincias del Norte.
Rosas es electo gobernador de Buenos Aires por segunda vez, con la suma del poder público. Juicio a los asesinos de Quiroga en Buenos Aires, ajusticiamiento de los Reynafé.

1837

Se crea el Salón Literario, lugar de reunión de los jóvenes intelectuales románticos.

1838

Bloqueo francés del puerto de Buenos Aires.
Muerte de Estanislao López.
Fundación en Buenos Aires de la Asociación de la Joven Argentina (o Asociación de Mayo) formada por los intelectuales románticos. Emigración.
Inicio del período del "Terror" en Buenos Aires.

1839

Genaro Berón de Astrada, gobernador de Corrientes, se rebela contra Rosas. Urquiza lo derrota en Pago Largo.
Campaña del "Ejercito Libertador" de Lavalle por el Litoral.

Revolución de los Libres del Sur en la campaña de Buenos Aires.

1840

Fin del conflicto francés (Tratado Arana-Mackau).
Formación de la Coalición del Norte.
Oribe, al servicio de Rosas, derrota a Lavalle en Quebracho Herrado.

1841

Derrota de Lavalle en Famaillá y de Lamadrid en Rodeo del Medio. Fin de la Coalición del Norte, el ejército rosista ejerce una feroz represión en las provincias del oeste y norte.
Muerte de Lavalle en Jujuy.
Victoria del General Paz (escapado de su prisión el año anterior) en Caaguazú (Corrientes) frente a Pascual Echagüe, gobernador rosista de Entre Ríos.

1842

Comienza el sitio de Montevideo, que dura hasta 1852.

1844

El General Paz nuevamente en el Litoral. Los hermanos Madariaga (Corrientes) enfrentan a Rosas.

1845

Bloqueo anglo-francés de Buenos Aires. Combate de Vuelta de Obligado.

1847

Justo José de Urquiza (gobernador federal de Entre Ríos) derrota en Laguna Larga a los hermanos Madariaga, hombres fuertes de Corrientes. Fin de la rebelión correntina.

1850
Tratado de paz con Francia e Inglaterra.

1851
1º de mayo. Pronunciamiento de Urquiza contra Rosas. Alianza de Entre Ríos, Corrientes, Uruguay y Brasil contra Buenos Aires y Rosas. Formación del Ejército Grande.

1852
3 de febrero. Batalla de Caseros. Rosas renuncia y huye a Inglaterra.
Reunión de gobernadores en San Nicolás. Acuerdo de San Nicolás (31 de mayo). Urquiza es nombrado encargado de las relaciones exteriores, director provisional, y general en jefe de los ejércitos.
11 de septiembre. Rebelión de Buenos Aires, que se separa formalmente de la Confederación.

1853
1º de mayo. Constitución Nacional.
Urquiza presidente de la Confederación Argentina.

1854
Primera constitución escrita del Estado de Buenos Aires. División política de los liberales porteños: autonomistas (Alsina) y nacionalistas (Mitre).

1857
Triunfo del autonomismo: Valentín Alsina gobernador de Buenos Aires. La tensión entre Buenos Aires y la Confederación aumenta. Guerra económica: Ley de Aranceles diferenciales.

1859

Guerra entre Buenos Aires y la Confederación. Batalla de Cepeda: derrota porteña.
Pacto de San José de Flores: Buenos Aires se incorpora a la Confederación; la Aduana debe ser nacionalizada. Buenos Aires se reserva el derecho de hacer reformas a la Constitución Nacional.

1860

Santiago Derqui presidente, Bartolomé Mitre gobernador de Buenos Aires. Urquiza se retira a la gobernación de Entre Ríos.
Convención Constituyente: reforma de la Constitución de 1853.

1861

Urquiza enemistado con el presidente Derqui por lo que considera su complicidad con los liberales de Buenos Aires.
Conflictos políticos en San Juan entre liberales pro-porteños y federales. Tensión entre Buenos Aires y la Confederación. Buenos Aires se desvincula de la Confederación.
17 de septiembre. Batalla de Pavón: triunfo de Buenos Aires. Renuncia de Derqui. Mitre, árbitro de la situación política.

1862

Reunión del Congreso Nacional en Buenos Aires. Mitre es elegido presidente de la Nación reunificada. Federalización de la ciudad de Buenos Aires rechazada por la provincia. Ley de compromiso: las autoridades nacionales residen en Buenos Aires como huéspedes de las provinciales.
Resistencias en el interior al avance de las tropas porteñas. Primera rebelión del "Chacho" Peñaloza. Tratado de la Banderita con el ejército nacional.

1863

Segunda rebelión de Peñaloza con apoyo de montoneras de La Rioja, Catamarca, San Juan, San Luis y Córdoba. Rendición de Peñaloza ante las fuerzas nacionales, asesinato y decapitación.

1865

Guerra de la Triple Alianza contra el Paraguay, muy impopular en el interior, pues en diversas regiones se realizan reclutamientos forzosos.

1867

Rebelión de los Colorados en el oeste andino, derrota a manos de las tropas nacionales.
Rebelión de Felipe Varela. Derrota en Pozo de Vargas. Huida a Bolivia y saqueo de la ciudad de Salta en el camino.

1868

Domingo Faustino Sarmiento es elegido presidente de la Nación.

1869

Nueva rebelión de Felipe Varela, derrota y exilio definitivo en Chile.
Primer Censo Nacional: la Argentina tiene una población total de poco menos de dos millones de habitantes.

1870

Muerte de Felipe Varela en el exilio a causa de la tuberculosis.
Derrota del Paraguay, fin de la guerra de la Triple Alianza.
Rebelión de López Jordán en Entre Ríos: asesinato de Urquiza. Sarmiento envía tropas a la provincia que reprimen la rebelión al año siguiente. López Jordán se exilia en Brasil. Intenta una nueva rebelión en 1873, que fracasa.

Bibliografía

Álvarez, Juan: *Estudios sobre las guerras civiles argentinas*. Buenos Aires, 1914.
Barba, Enrique M: *Unitarismo, federalismo, rosismo*. Buenos Aires, CEAL, 1982.
— *Correspondencia entre Rosas, Quiroga y López*. Buenos Aires, Solar-Hachette, 1958.
Bosch, Beatriz: *Urquiza y su tiempo*. Buenos Aires, Eudeba, 1971.
Burgin, Miron: *Aspectos económicos del federalismo argentino*. Buenos Aires, Hachette, 1975.
Chávez, Fermín: *Vida y muerte de López Jordán*. Buenos Aires, Theoría, 1957.
— *Vida del Chacho*. Buenos Aires, Theoría, 1974.
Chiaramonte, José Carlos: *Ciudades, provincias, Estados. Orígenes de la Nación Argentina*. Buenos Aires, Ariel, 1997.
De La Fuente, Ariel: *Children of Facundo. Caudillo and Gaucho Insurgency during the Argentine State Formation Process (La Rioja, 1853-1870)*. Durham, Duke University Press, 2000.
De Paoli, Pedro y Manuel G. Mercado: *Proceso a los montoneros y guerra del Paraguay. Aplicación de la justicia social de clases*. Buenos Aires, Eudeba, 1973.
Duarte, María Amalia: *Tiempos de rebelión, 1870-1873*. Buenos Aires, Academia Nacional de la Historia, 1988.

Fradkin, Raúl: *La historia de una montonera. Bandolerismo y caudillismo en Buenos Aires, 1826*, Buenos Aires, Siglo XXI, 2006.

Goldman, Noemí y Ricardo Salvatore (comps.): *Caudillismos rioplatenses. Nuevas miradas a un viejo problema*. Buenos Aires, Eudeba, 1998.

Halperin Donghi, Tulio: "Estudio preliminar", en Lafforgue (ed.), *Historias de caudillos argentinos*, pp. 19-48.

— *Proyecto y construcción de una nación (Argentina 1846-1880)*. Buenos Aires, Ariel, 1995 (Biblioteca del Pensamiento Argentino, II).

— *Guerra y finanzas en los orígenes del estado argentino (1791-1850)*. Buenos Aires, Editorial de Belgrano, 1982.

— *De la revolución de independencia a la Confederación rosista*. Buenos Aires, Paidós, 1972 (Historia Argentina 3).

— *Revolución y guerra. Formación de una elite dirigente en la Argentina criolla*. Buenos Aires, Siglo XXI, 1972.

Irazusta, Julio: *Vida política de Juan Manuel de Rosas a través de su correspondencia*. Buenos Aires, Albatros, 1941-1961 (6 vols.).

Lafforgue, Jorge (ed.): *Historias de caudillos argentinos*. Buenos Aires, Alfaguara, 2000.

Levene, Ricardo: *La anarquía de 1820 en Buenos Aires*. Buenos Aires, Jackson, 1933 (Junta de Historia y Numismática, Biblioteca de Historia Argentina y Americana XII).

Lynch, John: *Juan Manuel de Rosas, 1829-1852*. Buenos Aires, Emecé, 1984.

Míguez, Eduardo: "Guerra y orden social. En los orígenes de la nación argentina, 1810-1880", *Anuario IEHS* 18, Tandil, Universidad Nacional del Centro, 2003, pp. 17-38.

Myers, Jorge: *Orden y virtud. El discurso republicano en el régimen rosista*. Bernal, Universidad Nacional de Quilmes, 1995.

Molinari, Diego Luis: *Viva Ramírez!* Buenos Aires, Coni, 1938.

Ortega Peña, Rodolfo y Eduardo Luis Duhalde: *Felipe Varela contra el Imperio Británico*. Buenos Aires, Sudestada, 1966.

Pérez, Joaquín: *Historia de los primeros gobernadores de la Provincia de Buenos Aires. El año XX desde el punto de vista político social.* La Plata, Archivo Histórico de la Provincia de Buenos Aires, 1950.

Ravignani, Emilio: "La Liga Litoral: proceso de su formación y predominio", Introducción a *Relaciones interprovinciales. La Liga Litoral.* Buenos Aires, FFyL-UBA, 1922 (Documentos para la Historia Argentina, Tomo XV).

Salvatore, Ricardo: *Wandering Paisanos. State Order and Subaltern Experience in Buenos Aires During the Rosas Era.* Durham, Duke University Press, 2003.

Scobie, James R.: *La lucha por la consolidación de la nacionalidad argentina, 1852-1862.* Buenos Aires, Hachette, 1964.

Segreti, Carlos: *El país disuelto. El estallido de 1820 y los esfuerzos organizativos.* Buenos Aires, Editorial de Belgrano, 1982.

Zorrilla, Rubén: *Extracción social de los caudillos 1810-1870.* Buenos Aires, La Pléyade, 1975.

Esta edición
de 1000 ejemplares
se terminó de imprimir en
A.B.R.N. Producciones Gráficas S.R.L.,
Wenceslao Villafañe 468,
Buenos Aires, Argentina,
en septiembre de 2007.